대학생을 위한

# 글과 사고

대학생을 위한

# 글과 사고

전미옥 · 권정언 공저

(주)백산출판사

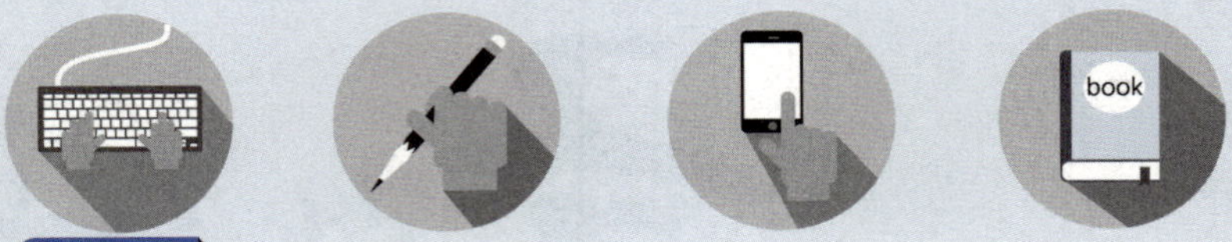


# 시작하는 말

## 글쓰기는 즐겁게 덤벼야 잘 한다

우리는 글쓰기가 즐거웠던 기억이 별로 없다. '숙제'와 '일기', '논술'에서 벗어나서, 마음에서 우러나 쓰고 싶어서 글을 쓴 경험이나 추억이 없다. '글짓기'였을 뿐 내 삶을 충만한 기쁨과 성장으로 이끄는 '글쓰기'였던 적이 없는데, 어느 때부터 글쓰기 요청이 물밀 듯이 들어온다. 대학에 들어오니 과제물은 뭐든 '쓰라' 한다. 차라리 문제집 한 권을 풀라 하지 뭘 자꾸 쓰라고 한다.

역시 글을 잘 못 쓰는 게 분명하다. 대학이 학생들의 글쓰기 수준을 심각하게 본다. 웬만한 대학은 글쓰기 강좌가 있는데, 그것도 선택이 아닌 교양필수로 못 박아둔 곳이 많다. 학교가 요구하는 글쓰기 수준이 다시 '논술' 수준일 경우가 많지만, 대학생이라고 해도 어느 하나 그렇게 만만하지 않다. 그냥 보고 느낀 대로 짧게 쓰는 자유로운 감상문도 쉽지 않은데, 서론 – 본론 – 결론을 갖춘 논리적인 글을 써야 한다니 다시 도망치고 싶은 사람이 많을 것이다.

학교에서 피했다고 해도 글쓰기는 직장생활에서 더 거대한 실전으로 마주하게 될 것이다. 직장인들은 직장생활하면서 이렇게 글을 많이 쓰게 될 줄 몰랐다고 말하는데 조금도 엄살이 아니다. 비즈니스 하는 데 커뮤니케이션 도구로 문서 아닌 것이 없다. 기획하고 실행을 하고 보고를 하는 데 문서화하지 않는 것이 없다. 거래하고 계약을 하고 협의를 하고 회의를 하고 협조를 요청하고…, 이 모든 과정을 증거로 남기고 증빙하며 서류화한다. 전자메일 답장, 홈페이지 관리, SNS 관리, 업무용 메신저, 사내 커뮤니티 게시판, 여기서도 언제든 글을 써야 할 일이 생긴다.

한 가지 위로 혹은 안심은 글쓰기가 어려운 건 모두 마찬가지라는 점이다. 정답이 한 가지인 공부도 아니고 사실 완벽한 글은 없다. 못 쓰는 사람은 쓸 게 없어서 어렵고, 잘 쓰는 사람은 어떻게 해도 100%가 될 수 없는데 만족할 수 없어서 써도 써도 어렵다. 어떻게 쓰면 된다는 것을 머리로는 알아도, 세상의 그 모든 것을 재료로 할 수 있으니 주제로 가는 수십 가지의 방법에서 길을 잃기도 한다.

이제 기억할 것은 "피할 수 없다면 즐겨라!"라는 말이다. 이 책에선 글쓰기를 '쓰고 싶어서 쓰는 글'에 목적을 두었다. 먼저 쓰고 싶은 마음이 우러나서 쓴 글 힘이, 더 어려운 글을 쓸 때도 포기하지 않을 내공이 된다. 글쓰기는 즐겁게 우러나는 마음이면 더 잘 쓴다. 즐거워서 자꾸 쓰게 되고 많이 쓰면 실력이 좋아지는 건 필연이다. 아기가 첫걸음 떼고 나서 넘어져도 자꾸 일어나 다시 걸을 때처럼, 한 단어 한 문장이 처음인 것처럼 또박또박 써보자.

"글쓰기가 이런 것이었나? 이렇게 마음에 큰 무늬를 남기는 것이었나?" 새로운 첫 경험을 할 때 큰 나무가 될 글쓰기의 씨앗이 비로소 마음에서 싹이 튼다. 초보적인 것 같은 이 경험이 소중한 건, 이 경험을 하지 않고는 풍성한 잎과 열매가 가득한 글쓰기 나무로 키울 수 없기 때문이다.

2018년 8월 개강을 앞두고

저자 전미옥 권정언

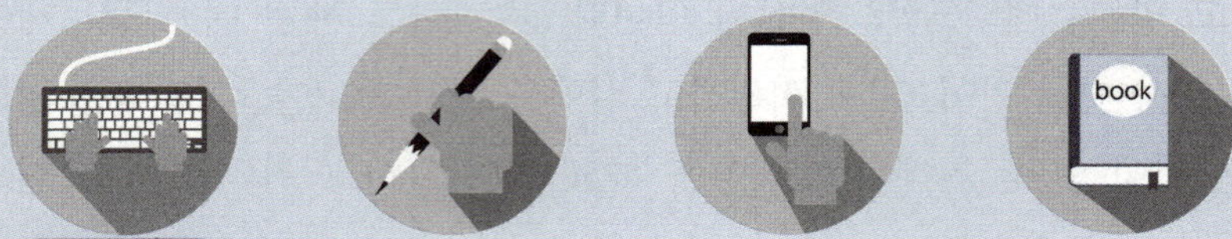


# 차 례

## 3장 기초적인 글쓰기 / 41



## 4장 매력적인 나를 드러내는 글쓰기 / 59



## 5장 스피디한 글쓰기 / 77



## 6장 전략적 글쓰기 / 93

## 7장 구체적인 글쓰기 / 111



## 8장 핵심 메시지 담기 / 125



## 9장 풍성한 글쓰기 / 141



## 10장 세련된 글쓰기 / 157

## 11장 결정적 글쓰기 / 177



## 12장 완성으로 가는 글쓰기 / 193



## 13장 바로잡는 글쓰기 / 209



## 14장 끈기 있는 글쓰기 / 225

# 1장

# 대학생 글쓰기 훈련의 필요성

# 1장 대학생 글쓰기 훈련의 필요성

## 1. 글쓰기를 제대로 배워본 적 없는 우리들

글은 자기 생각을 나타내기 위해 쓰는 것이라고 말하지만, '누구에게 보이기 위해 쓰는 글'에서 출발한 우리나라 글쓰기 교육은 글쓰기를 어렵게 만드는 최대 장애물이다. 쓰고 싶어서 쓰는 글이어야 하는 데 억지로 써서 검사 맡거나 수상을 목적으로 하는 글들이 대부분이다. 담임 선생님께 보여야 하는 초등학교 때 그림일기부터 시작해서 독후감, 모두 같은 한 가지 주제로 쓰는 글짓기 대회, 백일장 등은 쓰고 싶지 않은 글을 억지로 쓰는 대표적인 사례였다.

그러다 보니 글 쓰는 방법을 충분히 배우지 못하고 남에게 칭찬을 기대하며 거짓으로 적당히 읽기 좋게 꾸며서 쓴 글들이 좋은 글이라고 평가 받고, 실제 그런 글들이 잘 쓴 글인 줄 알았다. 어릴 때부터 자기 안에서 우러나오는, 쓰고 싶어서 쓴 글을 제대로 표현하는 방법을 배우지 못하다 보니, 성인이 되어도 어디서부터 어떻게 글을 시작해야 할지 모르는 사람들이 대부분이다.

글쓰기의 가장 첫 단계는 자기가 체험한 것을 바탕으로 쓰고 싶은 마음이 들어 쓰는 글이어야 하는데, 어릴 때 이 단계부터 잘 되지 않았기 때문에 글쓰기가 그 다음 단계로 더 나아가지 못했다. 결국 글쓰기는 산발적으로 흩어져 있는 생각을 글로 정리하는 과정에서 사고력을 높이는 중요한 교육 과정이다.

그런데 대학 입시 준비가 본격적으로 시작되는 중 · 고등학교에 가면 책 읽는 것조차 학교 생활기록부를 채우기 위한 활동으로 급변한다. 초등학교 때까지도 책을 많이 읽던 학생들은 중학교에 들어가고 난 뒤 독서량이 크게 줄어든다[1]. '교과서 볼 시간도 없는데 책은 무슨 책…' 하는 것이다. 책을 읽는 건 사고의 폭을 넓히는 것이지만, 아이가 공부는 안하고 책만 읽는다고 고민하는 부모의 말이 이상하거나 놀랍게 들리는 않는 것이 현실이다. 그래서 우리나라 성인 평균 독서 수준이 초등학교 5, 6학년 수준에 머물러 있다는 말이 사실일지 모른다. 학교에서 독서교육도 안 되는데 글쓰기 교육까지 기대할 수 없는 것이 현실이었다.

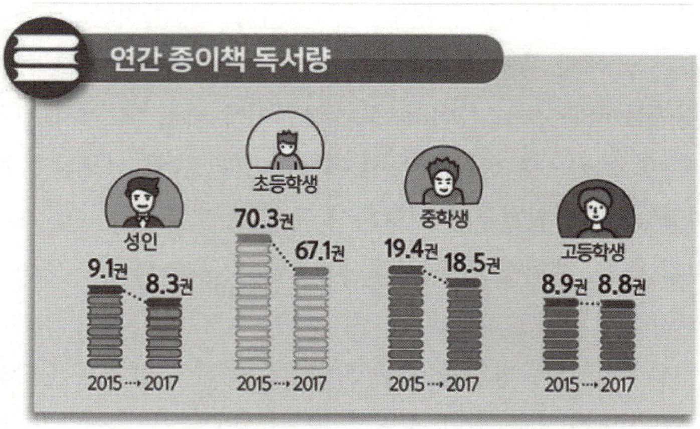


1) 문화체육관광부(2017) 국민독서실태조사 발표, 1년간 평균 8.3권 종이책 읽고, 전자책은 어른이 14.1%, 학생 29.8%로 웹소설로 인한 비율 증가가 나타남. 책 읽기가 어려운 이유 1위는 일이나 공부 때문에 책 읽을 시간이 없다, 2위는 어른이 휴대전화, 인터넷, 게임을 하느라, 청소년은 책읽기가 싫고 습관이 되지 않았다고 답함. 출처: 뉴스컨택(2018.5.9.) https://m.post.naver.com/viewer/postView.nhn?volumeNo=15574631&memberNo=40974637&vType=VERTICAL

현실은 이런데도 대학에 들어가려면, 혹은 대학에 들어왔을 때 요구되는 글쓰기의 수준은 이 단계를 몇 개나 뛰어넘는 수준 높은 것일 때가 많다. 모두가 아는 것처럼 대학에 들어가기 위해 쓰는 자기소개서부터가 그야말로 마른 걸레 짜는 일과 다름 없다. 없는 것을 짜내야 하는 어려움도 있지만, 있는 것도 어떻게 요리해야 할지 몰라서 타인의 도움을 받아 자기를 소개하는 글을 쓰는 웃지 못하는 상황이 흔하게 일어난다. 더구나 논술로 입학 전형을 치르려 한다면 글쓰기의 난이도와 글의 주제는 한없이 올라간다. 이런 수준인데 대학에 들어오면 글을 써야 하는 과제물이 많아진다. 대학생이 된다고 해서 저절로 글쓰기 수준이 높아지는 건 아니기 때문에 글로 보여주어야 하는 과제물이 많아질수록 고민이 깊어진다.

대학생 평균 글쓰기 실력이 심각하다는 것은 많은 교수들이 느끼는 것이다. 학생들이 대학에 입학하기 전까지 책을 읽고 생각을 하고 글을 써 본 적이 거의 없고, 시험에 나올만한 유형의 문제를 다루는 주입식 교육을 따라가기 급급해 제대로 된 글쓰기 교육이 부족했다. 많은 대학생들은 자신의 작문 실력에 대한 점수가 매우 낮고, '나는 국어 공부가 필요하다'고 느낀다. 그래서 대부분의 대학들은 보고서, 자기소개서, 실험보고서, 논문, 프로젝트 보고서 등 대학생활에 필요한 모든 종류의 글쓰기를 가르치며 구상단계에서부터 실제 문서 작성까지 해보게 한다.

문제는 단순히 일상에서 보고 듣고 느낀 것을 글로 잘 표현하며 원초적인 '글쓰기의 즐거움'을 느껴보지 못한 학생들이 장르가 있는 글, 형식이 있는 글, 학술적인 글을 쓴다는 건 고역이다. 이런 글들을 잘 써내야 하는 절박함은 잘 알지만, 글쓰기의 신세계는 글쓰기의 즐거움을 조금이라도 맛봐야 다가올 것이다. 이제부터 새로 '가나다라' 글자를 배우듯, 내 마음과 내 생각을 표현하며 글쓰기의 즐거움을 알아가는 시간을 갖게 될 것이다. 대학수업 중의 글쓰기를 보고서 쓰기나 논문 쓰기가 아닌 자기표현을 위한 글쓰기로 잡은 건 관계 속에서 소통의 도구로서 더할 수 없이 중요하기 때문이다.

글쓰기는 사람 교육의 핵심이다. 사람이 자기 생각이나 마음조차 말과 글로 제대로 표현하지 못한다면, 사람들과 관계를 맺으며 한 사람으로 온전히 성숙하기 어렵다. 우리가 무엇으로 세상을 살아가는 자기 힘을 가질 수 있을까? 디지털 시대에 아무리 글을 쓰는 방법이 여러 가지라 할지라도 오래도록 변치 않는 한 가지가 있다. "글쓰기는 지름길이 없다"는 점이다. 천천히, 한 걸음씩 나아갈 수밖에 없다. 그것은 우리 삶과 닮아 있다. 하루 이틀 배운다고 당장 일사천리로 리포트를 써내려갈 수 없을지 모른다. 그래서 금방 좋은 점수로 나타나지 않을 수 있다. 그렇다고 글쓰기 훈련을 자꾸 미룬다면 매번 아쉬운 건 우리 자신이다. 학생들은 공부에 떠밀려 아르바이트에 지쳐 비록 자신을 돌아볼 새도 없이 하루하루를 살지만, 그럴수록 글을 쓰며 자기를 돌아보고 나아갈 길을 찾는 과정은 절대 포기해서는 안 된다. 자기표현의 길이기 때문이다. 사람들 누구나 글을 쓰며 마음의 숨을 쉬어야 한다. 자기를 되돌아보고 길을 찾아 나아갈 수 있어야 한다.

## 2. 글쓰기 공포를 극복해야 하는 현실

우리 생활에 컴퓨터와 인터넷이 등장하고 나서는 말로 소통하기보다 문자나 영상으로 소통하는 일이 많아졌다. 그러나 여전히 '말하기'는 글쓰기보다 더 기본적인 소통인 건 틀림없지만, 오늘날은 문자를 통한 자기표현 능력이 예전보다 훨씬 많이 요구되는 시대라는 것은 부정할 수 없다. 휴대전화 문자 메시지부터 장문의 전자메일에 이르기까지 문자는 중요한 소통 수단이 되었다.

모든 일의 처음과 끝이 글로 시작해서 글로 끝난다. SNS 메신저에 답글 쓰기, 우리 집 대문 앞에 자꾸 주차하는 사람에게 기분 나쁘지 않게 부탁하거나 누군가에게 나를 잘 드러내주는 멋진 한 줄 표현을 생각하는 일도 사소해 보이지만 결국 글쓰기 능력이다. 대학생활이나 사회생활 모두 보통 '어른'이라

하는 사람들, 위에서 뭔가 가르치거나 지시를 하는 역할을 가진 사람들은 어떤 일을 문서화해서 보여주는 것을 좋아한다. 또 사람들은 서면으로 만들어진 계약서를 말로만 하는 약속보다 더 신뢰한다. 사람들이 말보다는 글을 더 신뢰하는 이유는 아무래도 글쓰기는 즉흥적으로 나올 수 있는 말보다는 한 번 더 생각한 후에 하는 행위이기 때문이다. 그리고 말이 녹음이나 녹화가 되지 않는 이상, 글보다는 '물증'으로서 역할이 약하기 때문이다.

학교 다닐 때는 대학 입시에 유리한 과목 공부에 목숨을 걸고 살았다. 다른 과목을 아무리 잘해도 점수 비율이 높은 국어, 영어, 수학성적이 든든하지 않으면 불리하다는 말은 삼척동자도 다 아는 상식이 되어버렸다. 그 가운데 국어는 자기도 모르게 홀대할 수 있다. 국어는 상대적으로 '우리말'이라는 프리미엄이 붙어 어릴 때부터 듣고 자라고 읽고 쓴 덕분에 외국어나 수학보다 조금은 만만하게 보는 경향이 있다. 다른 과목보다 공부를 조금 덜해도 웬만큼은 성적을 낼 수 있다는 근거 없는 자신감도 있다. 하지만 국어 성적이 좋은 학생들조차 글쓰기에 대한 '원초적 공포'에서 자유롭지 않다.

대학 공부까지 하고 많은 책을 읽고 경험을 쌓은 어른들이라고 다르지 않다. 대학을 졸업하고 직장생활을 시작한 사람들의 말을 들어보면 직장생활 중에 글을 쓸 일이 이렇게 많을 줄 몰랐다고 그 당황스러움을 토로한다. 실제 대학을 졸업하면, 직장인들은 수학의 방정식이나 미적분을 쓸 일은 없어도 말을 하고 글로 뭔가를 써야 할 일은 계속 생긴다. 기획서, 보고서, 제안서, 설명서…, A4용지 한 장이 가장 크게 보이는 순간이다. 어떻게 무슨 내용으로 깨알 같은 글자로 채워나갈지 고민스러운 경험은 조금도 나아지지 않는다.

공문이나 서류 같은 수많은 문서 속에서 자유로울 수 있는 직업인은 많지 않다. 외국어 능력이 꼭 필요한 직장을 다닌다고 해도 우리말이나 글에 대한 자유로운 표현 능력이 없으면 외국어 실력에도 뚜렷한 한계가 있을 수밖에 없다. 하루에도 수십 통씩 오가는 메일 답장은 그나마 가벼운 축에 속한다. 긴 회의 끝에 막상 정리하려면 종이 한 장을 채우지 못하는 회의록, 일을 시작할 때와 마칠 때 이중삼중 써야 하는 보고서, 종종 주말까지 희생해야 하는 기획서부터 하다못해 옆 자리 동료의 전화 메모까지. 글쓰기가 알게 모르게 근무시간 전체를 지배한다고 해도 지나치지 않을 정도다. 글쓰기로 하루하루 쉽지 않은 관문을 통과하며 산다.

미국대학위원회 산하 '미국 가정 · 학교 · 대학을 위한 전국글쓰기위원회(NCW)'는 2004년 비즈니스 라운드테이블 회원사 120개 대기업의 인사 담당자를 대상으로 기업 활동과 글쓰기의 관계를 조사했다고 한다. 응답자는 글쓰기 능력이 필요한 일자리는 전체의 3분의 2 이상이라고 생각했지만 경영진의 생각은 그보다 더 높다고 보았다. 경영진들은 보통 글쓰기 능력과 거리가 있다고 생각하는 시급제 일자리나 기술직, 현장 근로직도 글을 잘 쓰는 능력이 필요하다고 생각했다. 그럴 수밖에 없는 것이 응답자들조차 '거의 항상' 기술 보고서(59%), 공식 보고서(62%), 각종 기록과 통신문(70%) 등을 써야 한다고 답변했기 때문이다. 이것은 문서화할 일이 많다는 것을 보여주는 것으로 경영진들이 앞으로 사람을 채용할 때 글쓰는 능력을 보겠다는 답변이 80%에 이른 이유라고도 볼 수 있다.

> **읽기 자료**
>
> 우리나라에서는 대학생들이 대학 교육을 통해 길러내야 할 직업세계에서 요구되는 핵심역량을 정돈하고 이를 진단해 체계적인 준비가 가능하도록 대학생 핵심역량 진단 시스템(Korea Collegiate Essential Skills Assessment)을 운용하고 있다. K-CESA에서는 의사소통, 종합적 사고력, 자원 · 정보 · 기술의 활용, 글로벌역량, 자기관리, 대인관계의 6가지 핵심역량을 평가한다. 여기에서 알 수 있듯, 글쓰기는 소통과 사고의 개발에 중심축이 될 수 있다.

엄청난 속도로 기술이 발달하는 환경에서는 압축적이고 논리적이며 일관되게 내용을 전달하는 능력이 필수적이다. 이것은 그 사람의 명확한 사고력을 의미하기 때문이다. 앞서 말했지만 글쓰기를 잘하는 방법에 지름길은 없다. 마음만 조바심내기보다는 날마다 조금씩 해보는 것이 답이다. '읽기'는 밥

먹고 화장실 가는 일만큼 생활화되어야 하고 일기 검사 맡으려는 초등학생처럼 '쓰기'에도 적당한 부담을 가지고 날마다 써봐야 한다. 일기든, 편지든, 편안하게 자신의 생각이 글이 되어 나올 수 있는 형식이면 된다. 길지 않아도 된다. 처음엔 한두 줄에 그쳐도 포기하지 않으면 그것이 의미 있고 희망 있는 시작이 된다.

오늘날 글쓰기는 좋든 싫든 해야 하는 가장 중요한 일이 되었다. 이제라도 훈련하고 연습하지 않을 수 없는 절박한 현실을 맞고 있다. 이럴 줄 알았으면 학교 다닐 때 일기나 독후감 숙제 좀 공부가 되게 잘해볼 걸, 문학적이고 예술적인 글을 많이 접해볼 걸, 하지만 '문학적'이고 '예술적'인 글만 글이 아니다. 이미 뼈저리게 느끼고 있듯 문학적인 글 말고 써야 할 실용적인 글쓰기는 아주 많다.

글쓰기는 다행히 음악이나 미술보다 운동과 닮은 점이 있다. 그 기술을 훈련과 연습을 통해 발전시킬 수 있다는 점이다. 음악이나 미술은 타고난 재능이나 감각 또한 무시할 수 없는 분야지만 글은 타고난 재능보다 후천적인 노력이 더 필요한 분야이기 때문이다. 자전거를 못 타는 사람이 넘어지고 다치는 과정을 거치면서 서서히 남의 도움 없이도 혼자 잘 탈 수 있는 것처럼 글쓰기도 읽고 자꾸 쓰면서 잘 쓸 수 있다.

## 3. 제대로 배우면 삶이 달라진다

과거엔 많이 배우고 많이 아는 사람이 그만큼 인정받고 대접 받았다. 오늘날 정보통신이 빠르게 발달하면서부터는 지식과 정보는 어디에나 넘쳐난다. 마음만 먹으면 외국의 명문대학 수업을 내 방에서 공부할 수 있다. 인터넷을 통해 지식과 정보는 모든 사람에게 평등하게 무한대로 열려 있다. 지금은 자기만 아는 지식이나 정보라는 것은 거의 없다고 봐야 한다. 지식이나 정보를 많이 알고 있는 사람이 대접 받는 사회가 아니라, 그 지식과 정보를 알기 쉽게, 혹은 매력적으로 가공하여 원하는 사람이나 필요한 사람에게 전달할 수 있는 능력을 갖는 것이 중요하다.

자신이 가진 지식과 정보를 글이나 말을 통해 더 많은 사람들과 공유하고 그것으로 소통하는 사람들이 오늘날 인기 있는 지식인이다. 그래서 의사, 교수, 과학자, 법조인 같은 전문가 집단이 가장 열중하는 분야가 바로 글쓰기다. 블로그나 여러 매체를 통해 사설을 기고하거나 책을 써서 자신의 전문성을 대중적으로 알리면서 인지도를 높인다.

- 정신과의사 정혜신 : 예리한 심리분석과 함께 사회적 통찰이 깃든 따뜻하고 정교한 글쓰기로 정평이 났다. 저서 〈정혜신의 사람공부〉 〈당신이면 충분하다〉 〈홀가분〉

- 과학자 정재승 : 독자들이 쉽게 과학에 친숙해질 수 있도록 대중적인 과학 글쓰기를 통해 과학 전도사로 인정받고 있다. 대표저서 〈정재승의 과학 콘서트〉 〈물리학자는 영화에서 과학을 본다〉

- 성직자 차동엽 : '한국형 자기계발서'로 행복과 성공의 이정표를 제시하며 무지개 빛깔 축복을 선사한 〈무지개 원리〉의 저자. 이후 수많은 책을 통해 종교를 떠나 고단한 현대인의 삶을 위로하고 용기를 주고 있다.

- 법조인 문유석 : 현직 판사로서 보통 사람들이 막연히 어렵게만 느끼거나 나와는 관계없는 것이라고 생각하는 법과 법정에 관한 교양서를 썼다. 법과 법적용, 현실과 이상 사이의 괴리에 대한 해법을 따뜻하고도 날카로운 통찰로 제시한 저서 〈미스 함무라비〉는 드라마로 호평을 받았다. 그 밖의 저서 〈개인주의자 선언〉 〈판사유감〉

하지만 지금은 전문가들만 책을 쓰는 게 아니다. 포털사이트 파워블로거로 유명세를 타서 책을 내고 본격 작가로 활동하는 보통 사람들도 아주 많다. 공무원, 직장인, 주부, 학생 등 일반적인 분야의 보통 사람들도 많이 책을 낸다. 직업이나 특기, 취미를 살려 한 분야에 오래 빠져든 사람들이 점점 전문가 못지않은 지식과 안목을 가지고 글을 써서 독자에게 공감과 감동, 요긴한 정보를 제공한다.

자기만 알고 있기에 아까운 지식과 정보들, 혹은 자신의 일을 통해 쌓은 경험과 노하우를 많은 사람들과 나누기 위해 책을 쓴다. 글쓰기를 제대로 배워 내가 하고 싶은 말을 논리적으로 공감하도록 쓴다면 누구라도 그 글을 읽는다. 책이나 미디어를 통해서 접한 공감할 수 있는 글이나 감동적인 사건, 혹은 내가 관심 있는 분야를 골라내어 내 방식으로 걸러 '재편집' 혹은 '재해석'할 수 있는 편집 능력도 훌륭한 글쓰기 능력이다. 글을 써서 성공했다는 것은 두 가지를 보여준다. 첫째, 그 사람에게 글로 소통하고 싶을 만큼의 이야깃거리가 있다는 것이고 둘째, 이를 소통 가능한 언어로 쓸 줄 아는 능력이 있다는 것이다.

그러려면 무엇이든 문자로 자기생각을 표현하는 일에 익숙해져야 한다. 요즘 학생들이 말은 잘하는데 글쓰기는 정말 서투르다는 점을 많은 교수들은 실감한다. 정확한 의사소통이 가능한 글에 100점을 준다면 대학생의 글쓰기 점수는 평균 50점을 넘는 정도일지 모른다.

사회생활은 물론 취업 전선에서 자신의 경쟁력을 높이기 위해서는 글을 통해 의사를 자유자재로 전달할 수 있는 능력이 필수다. 글쓰기가 구직이나 사회생활에서 경쟁력이 되는 이유는 크게 세 가지다.

**첫째, 글쓰기는 소통을 위해 필요한 핵심 역량이기 때문이다.** 기업이 경쟁력을 가지려면 경영의 모든 요소들 역시 경쟁력을 가져야 한다. 경영에서 소통이 차지하는 비중은 매우 크다. 직원들이 서로 잘 통하는가, 그렇지 못한가에 따라 기업의 존폐가 달라진다. 결국 소통의 중심에는 글쓰기가 있다. 좋은 글쓰기는 양질의 소통을 낳고, 양질의 소통은 최고의 실적을 가져다준다.

사회에 나가 있는 사회초년생들이 가장 부족하다고 느끼는 게 글과 말 같은 의사소통 능력이다. 글쓰기 훈련을 제대로 받은 학생들이 취업해서 회사에 들어가 기안서나 보고서 하나라도 깔끔하게 쓰면 그 학교 출신에게 호감이 높아져 취업률이 높아질 것이다. 소통의 글쓰기가 취업 경쟁력까지 높일 수 있다. 대학마다 글쓰기를 필수과목으로 지정한 이유도 그런 이유가 크다.

**더 생각해보기**

국가가 산업현장에서 직무를 수행하기 위해 요구되는 능력을 산업부문별, 수준별로 체계화한 것을 NCS, 국가직업능력표준(National Competency Standards)이라고 한다. 특히 NCS 직업기초능력은 직무마다 공통적으로 필요로 하는 10가지 기초 능력(의사소통, 수리, 문제해결, 자기개발, 자원관리, 대인관계, 정보, 기술, 조직이해, 직업윤리)을 정돈한 것으로, 정부 부처, 공공기관, 공기업 등에서 신입사원 선발의 기준으로 삼고 있다.

**둘째, 글쓰기는 사회에서 자신을 성장시키는 강력한 도구이기 때문이다.** 개인의 가치관에 따라 다르겠지만, 일반적으로 삶에서 부나 명예를 얻는 것이 보통 말하는 성공이라고 할 때, 글을 잘 쓰는 사람들은 자신을 좀 더 특별하게 드러낼 수 있다. 예를 들어 정보를 다루는 직업을 가진 사람이 글을 잘 쓴다면 돈과 명예를 얻을 가능성이 높다. 상상 속의 스토리를 버무려 세상에 선보인 베스트셀러 작가, 무형의 정보를 글쓰기를 통해 보고서 · 제안서 · 기획서로 만들어 성과를 내는 직장인, 앞서 소개한 눈에 보이지 않는 과학 지식을 일반인도 알기 쉽게 작성한 이공계 학자 같은 사례는 쉽게 찾을 수 있다.

〈나의 문화유산 답사기〉가 없었더라면 유홍준 문화재청장이 탄생하지 못했을 것이라고 말한다. 앞서 소개한 정재승 박사는 30만부를 판매한 〈과학콘서트〉와 7만부를 판매한 〈물리학자는 영화에서 과학을 본다〉라는 책을 통해 박사학위 논문을 준비하던 젊은 과학자에서 카이스트 교수가 되었다. 글쓰기가 자기 직업을 더욱 성공적으로 이끈 강력한 도구가 된 것이다.

**셋째, 글쓰기는 아직도 경쟁자가 적은 시장이다.** 오늘날 글 잘 쓰는 사람이 많아 작가가 아니더라도 책을 내고 성공하는 사람들이 많지만, 여전히 글쓰기의 공포를 이겨내지 못한 사람들이 훨씬 많다. 아직도 글쓰기는 무섭고 두려운 사람이 많다. 반대로 생각하면 이렇게 글쓰기가 어렵고, 무섭고, 두렵기 때문에 이것을 잘할 수 있다면 충분히 경쟁력이 될 수 있다는 말이다. 다른 사람들이 가지지 못한 능력을 내가 가지면 큰 힘이 된다. 글쓰기는 어떤 분야에서든 강력한 경쟁력이 되기 때문에 제대로 배우고 익히면 생활뿐만 아니라 삶까지 달라질 수 있다.

글은 많이 써볼수록 잘 쓰게 된다. 글을 잘 쓸수록 자신의 이미지가 좋아져서 능력 있는 사람으로서 경쟁력을 갖게 된다. 이제는 글쓰기를 공부하고, 글쓰기로 취업하고, 글쓰기로 성장하는 일을 꿈꾸길 바란다. '글쓰기 덕분에' 경쟁력을 높여 나갈 것인지, '글쓰기 탓에' 자기 가치를 떨어뜨릴 것인지는 이제 나의 선택에 달렸다.

# 글쓰기 연습장

**1. 나에게 글쓰기란?** (3문장 이상)

**예)** 글쓰기는 내 삶을 잘 살고 싶은 몸부림이다.

**2. 나를 소개하라.**

1) 내 이름의 의미는? 이름의 의미에 가까운 내 특성을 쓰거나, 이름대로 살고 싶은 소망도 함께 써본다.

**예)** 소미(昭美): 밝고 아름답게

능동적인 삶을 살기 바라는 부모님의 기원대로 나는 낙천적이고 긍정적이며 계획하고 행동하는 사람이다.

2) 나를 설명하는 한 문장

**예)** 하루라도 착한 일 안하면 입에 가시가 돋는 캠퍼스 팅커벨

## 3. 나를 설명하는 어떤 것!

1) 나를 색으로 설명한다면? 왜?

**예)** 주황. 밝고 낙천적인 성격이고 그런 모습이 다른 사람들에게 에너지 넘치는 모습으로 보인다는 말도 들었다. 여러 사람들을 사귀는데 긍정적으로 작용한다. 그리고 오렌지나 귤, 자몽 같은 과일도 무척 좋아한다.

2) 나를 숫자로 설명한다면? 왜?

**예)** 8점. 10점 만점에 8점이기 때문에. 완벽한 사람은 없지만 그 부족한 2%를 위해 나는 오늘도 노력한다.

3) 나를 식물로 설명한다면? 왜?

예) 아이비. 공기정화 기능이 뛰어난 식물이다. 나는 목소리도 힘이 있고 스포츠도 좋아하며 활동적이다. 내가 어딘가를 가면 그 곳 공기를 확 바꾼다고 한다. 좋은 분위기로 공기를 바꾸는 사람이고 싶다.

4) 나를 동물로 설명한다면? 왜?

예) 고양이. 나는 내성적이지만 독립적이다. 남을 간섭하지도 않고 누군가 내 일에 참견하는 것도 굉장히 싫어한다. 혼자서도 잘 놀고 밤에 더 집중력이 높아져서 공부든 일이든 밤에 더 많이 하는 야행성이다.

# 2장

## 요리하는 글쓰기

# 2장 요리하는 글쓰기

## 1. 말하기와 글쓰기의 공통분모

그런 말이 있었다. "말 잘하는 사람 글 잘 못 쓰고, 글 잘 쓰는 사람은 말은 잘 못한다." 글 잘 쓰는 작가가 TV에 나와서 말하는 걸 보면 좀 어눌하고 답답하고 세련되지 못해 실망하는 경우가 종종 있기 때문이다. 하지만 〈장길산〉 〈오래된 정원〉 〈개밥바라기별〉 〈손님〉 같은 주옥 같은 작품으로 한국문학사에 업적을 남긴 황석영 작가는 문단에서 '황구라'라는 별명이 있을 정도로 말을 잘하고 이야기하기를 좋아하는 작가로 유명하다. '타고난 이야기꾼'이란 평가를 듣는데 말처럼 글에서도 이런 모습을 잘 보여주기 때문이다.

말과 글, 둘 다 잘한다는 평을 듣는 작가 중엔 〈그래 수다로 풀자〉 〈너무 아까운 여자〉 〈사는 게 참 좋다〉 같은 베스트셀러 책을 쓴 여성학자 오한숙희 씨도 있다. 책을 읽다보면 그녀의 지인들은 비디오를 보는 것 같다고 한다. 표정과 억양과 몸짓이 글을 읽으며 고스란히 느껴진다는 것이다. 글을 쓸 때 누군가에게 이야기해주는 심정으로 쓰는데, 그건 마음을 먹어서가 아니라 저절로 그렇게 되었다고 했다.

자신이 이런 말을 듣는 건 자신의 글이 글다운 글로 깊이가 좀 부족한 건 아닐까 싶은 마음이어서 좀 찔린다고 했다. 하지만 말하기와 글쓰기는 별로 다르지 않아서 말하기처럼 글쓰기도 즐길 수 있다는 점은 글쓰기가 어려운 사람들이나 엄두가 나지 않는 사람들에게 희망일 수 있다. 그 때문인지 오한숙희 씨는 '수다예찬론자'다.

> "수다는 너무 중요해요. **수다는 나로부터 출발하기** 때문이지요. 그런데 사람들은 다 나를 빼고 얘기하거든요. 그게 문제예요. 주관성이라는 이유로 사람들이 그걸 인정하려들지 않지만 소통의 시작은 주관성이죠. 모든 게 객관적이라면 소통할 필요가 있겠어요? 그러면 자기 얘기를 해야죠. 자신의 경험 세계를 주관성으로 착각하면 안 돼요. …(중략)… 아버지는 항상 내 생각이 무엇인지 물었어요. 우리는 무엇인가 의견을 얘기할 때 자신의 생각이 맞는지 틀린 지 고민하고 남들 생각이 무엇인지 눈치를 보죠. 남들이 자신의 생각을 어떻게 볼까 따지고요. 아버지는 그럴 때마다 눈치 보지 말고 네가 생각하는 게 무엇인지를 분명히 알라고 말했어요."

말 잘하는 사람이나 글 잘 쓰는 사람이 공통점은 모두 **'내 생각'을 표현한다**는 점이다. 하지만 글을 쓰려고 할 때 어려움은 뭘 써야 할 줄 모르겠고, 생각하라는데 생각도 잘 나지 않아 멍한 게 괴롭기만 하다는 것이다. 사실 글쓰기는 누구나 어려운 일이다. 대학 입학 후 학생들이 많은 시험에서 백지에 뭔가를 채워 써야 한다는 점을 괴로워한다. 고등학교 때는 외워야 할 게 명확히 있고 풀어야 할 문제가 확실하고 정답이 선명하게 존재하기 때문에 공부도 어떻게 하면 된다는 게 있다. 대학공부나 대학시험이 요구하는 것은 고등학교 때보다 훨씬 모호할 때가 많다. 정답도 없고 한 가지 답만 요구하지 않고 내 생각을 논리적으로 써야 할 때도 있다. 낯선 공부를 접하고 보는 시험인데, 이게 잘하는 것인지 못하는 것인지 감이 잡히지도 않아 어렵다는 것이다.

사실 우리 머리는 예측이 불가능하고 뭔가 확실하지 않은 것을 하는 걸 싫어하는 경향이 있다. 변화를 싫어하는 것도 검증된 안락함과 편안함에 그대로 있고 싶은 욕구 때문이다. 사실 글을 쓰는 일이 그 비슷한 것이다. 정답도 없고, 해답도 없다. 최고점수도 매길 수 없고 최저점수도 매길 수 없고 끝도 없다. 낱말을 바꾸는 것만으로 글맛이 달라질 수도 있고 문장을 바꾸는 것으로 글의 흐름이 달라질 수도 있으니 '끝', '완성'을 말하기 어렵다. 나름대로 '이 정도 선에서 만족'하는 것으로 펜을 놓을 수 있을 뿐이다. 전문 작가든 학생이든 이런 어려움은 모두 마찬가지다. 다만 이 어려움을 이겨내기 위해 어떤 노력을 기울이느냐가 글쓰기 실력 차이를 만든다.

철학자 데카르트는 "나는 생각한다. 고로 존재한다(I think, therefore I am)" 라는 유명한 말을 남겼다. 르네상스 전체, 나아가 태동하는 합리주의의 상징이 된 이 명언은 오늘날에도 수많은 재미있는 패러디 문장을 낳으며 친숙해졌지만, 사람이 사람으로 태어난 이상 평생 **'생각하는 나'가 되도록** 채찍질해야 한다는 분명한 메시지가 담겨있다.

## 2. 생각의 재료 다듬기

사람은 하루에도 수많은 것을 보고 느끼고 생각하면서 자신의 내면에 이런 정보들을 차곡차곡 쌓는다. 쌓고 싶어서 쌓는 것도 아니고 쌓지 않겠다고 마음먹어서 안 쌓이는 게 아니다. 그건 그냥 자기도 모르는 사이에 그렇게 되는 것이다. 이것은 모든 사람에게 해당된다. 글을 잘 쓰는 베스트셀러 작가든, 글쓰기에 두려움을 가진 보통 사람이든 자기 생활 속에서 이런 행위는 반복되는 것이고 자기도 모르게 많은 정보를 '저장'하게 된다. 이것은 말할 '거리', 글 쓸 '거리'가 모두 자기 안에 있다는 말이다. 이것을 잘 꺼내 쓰게 된다면 누구나 말도 잘할 수 있고 글도 잘 쓸 수 있다.

생각이 나지 않는다면 말하고 글 쓸 '거리'가 될 만한 일들을 관찰하고 기억하는 일에 서툴거나 소홀했기 때문일 수 있다. 소설 속에서 셜록 홈즈는 왓슨 박사에게 이렇게 말한다. "당신은 보기만 하고 관찰은 안 하는군!" 감수성 훈련은 특별한 게 아니다. 평소 겪은 일을 잘 관찰하고 기억하는 것이다. 다 기억할 수는 없다. 사람의 뇌는 의식적으로 기억하려고 애쓰더라도 망각하는 특징을 가지고 있다. 하지만 주의 깊게 관찰하고 기억하려고 애쓰던 행동은 잊더라도 언젠가 다시 생각 위로 떠오르게 만든다. 자기 안에 쌓인 기억과 추억의 그림, 관찰하고 생각하면서 쌓인 생각의 덩어리를 자주 머릿속에서 이리 굴리고 저리 굴려서 끄집어내야 한다.

훈련은 사실 그 어떤 것으로도 할 수 있지만, 한 장소를 정해서 관찰하는 것으로 시작할 수 있다. 관찰한 내용을 공책에 적는다. 사람, 사물, 날씨, 소리 등을 주의 깊게 보고 들으며 적는다. 다 적었으면 이어서 공책을 보면서 생각하는 것이다. 관찰한 사람이나 사물을 보고 뭔가 추측할 것이 있을 수 있다. 예를 들어 거리를 뛰다가 걷다가 하면서 빠르게 지나가는 사람을 보았다면, 그 사람이 몹시 급한 일이 있거나 약속 시간에 늦었다고 생각할 수 있다. 담배를 피우는 사람을 보았다면, 우리나라 금연 인구는 얼마나 될까 생각할 수도 있다. 궁금하면 인터넷에서 찾아볼 수도 있다. 가족 간의 대화 친구 사이의 대화를 기억하고 기록하기, 텔레비전에서 본 것 들은 것을 적어보기, 좋은 드라마 대사 적어보기, 강의 시간 중 교수의 말 기억해 적어보기 등은 말을 글로 변환해볼 좋은 소재들로서 흔히 접할 수 있는 일상이다.

음식을 만들 때 모든 재료를 통째로 조리하지 않는다. 다듬고 씻고 자른다. 글을 쓰는 과정도 이와 같다. "낙태죄는 폐지되어야 한다" 혹은 "낙태죄는 존치해야 한다" 같은 의견은 조리하지 않은 재료라고 보면 된다. 그것도 아직 시장에 진열되어 있는 재료다. 이 식재료를 사서 다듬고 씻고 잘라 충분히 익혀서 먹을 수 있는 음식으로 완성된 게 내 생각이다. 낙태죄가 폐지되어야 한다고 생각한다면 왜 폐지되어야 하는지, 폐지되면 있을 수 있는 부작용은 무엇인지, 그 부작용은 어떻게 예방해야 최소화할 수 있는지 등에 대한 생각까지 들어 있어야 한다.

좋은 생각은 아무것도 안 하고 누워서 입을 벌리고 있으면 갑자기 떨어지는 감이 아니다. 무엇인가 마음에서 느끼고 상상하며 변형하고 끊임없이 생각을 굴리는 과정이 반복되는 가운데 자기만의 생각이 자리잡게 된다. 양파를 까는 것처럼 수십 겹의 생각의 양파 까기가 선행되어야 한다. 모든 생각은 밖으로 꺼내기 전에 일단 내면에서 느끼고 충분히 숙성시킬 때 제 힘을 발휘한다.

### 읽기 자료 1

칙센트 미하이 박사는 '몰입'을 경험하기 위해서는 무엇보다 '즐거움'이 있어야 한다고 말한다. 우리가 게임에 잘 빠지는 이유가 재미있기 때문인 것처럼, '걷기 운동'을 즐겁게 느끼려면 수많은 다른 목표를 세워 재미를 느껴야 한다. 어디를 걸을까? 어느 길로 갈까? 걸으면서 이정표가 얼마나 많은지 확인해볼까? 내 몸에 적합한 걸음법을 개발해볼까? 가장 효율적인 동작은 무엇일까? 목표한 거리를 얼마나 빠르게 도착하였나? 흥미로운 풍경은 얼마나 있었나? 걸으면서 떠오르는 아이디어는 몇 개였나? 음식점은 몇 개나 되나? 같은 작은 미션을 매일매일 자신에게 부여하며 걷는 것이다. 다이어트를 위해 걷기운동을 시작했다고 하더라도 걷는 행위 자체에서 즐거움을 찾으면 '체중감량'이라는 멀고 고단한 목표도 잊고 긴 시간을 걸으면서도 지루하거나 힘든 줄 모르게 된다. 그런 상태가 '몰입'을 경험하는 것이다. 이런 최상의 경험을 한번 맛본 사람은 다시 이를 경험하기 위해 더 노력하게 된다. 외부환경의 유혹이 있다고 해도 걷기운동을 지속할 수 있는 힘이 생긴다.

– 칙센트 미하이, 『몰입 flow : 미치도록 행복한 나를 만난다』에서 인용

### 읽기 자료 2

세라믹 디자이너인 에바 지젤은 옛 소련의 스탈린 정권 아래서 경찰에 붙잡혀 모스크바의 한 감옥에 감금되었다. 하지만 그녀는 머릿속에서 자기 자신을 상대로 체스를 두고, 주변에 있는 재료로 브래지어를 만드는 방법을 생각하고, 불어로 가상의 대화를 나누고, 체조를 하고, 자신이 지었던 시를 기억해 내는 등 끊임없는 두뇌 활동을 통해 그 혹독한 시간 속에서 온전하게 정신을 지켜올 수 있었다고 한다.

– 로버트 루트번스타인 미셸 루트번스타인,
『생각의 탄생: 다빈치에서 파인먼까지 창조성을 빛낸 사람들의 13가지 생각도구』에서 인용

루트번스타인 부부가 저술한 〈생각의 탄생〉은 생각하는 힘을 기르고 싶은 사람들에게 놀라운 생각의 도구들이 들어 있는 보물창고의 열쇠꾸러미를 쥐어준다. '무엇을 생각할까'가 아니라, 그 무엇을 '어떻게 생각하나'에 대한 해답이다. 과학자, 작가, 화가, 음악가, 무용가 등 창조적인 생각으로 자신의 분야에서 빛나는 창조성을 발휘했던 이들의 수많은 사례를 수집해서 보여줌으로써 창조적인 생각을 키워가는 방법, 혹은 그 도구라 할 만한 키워드를 13가지로 명쾌하게 정리하였다.

의식을 깨워 바라보는 '관찰', 감각을 불러내 머릿속에 그림을 그려보는 '형상화', 복잡한 것을 단순화하여 가장 대표적인 것 한두 가지만 남기는 '추상화', 대상에게서 발견되는 일관된 법칙인 '패턴 인식', 단순한 요소를 자기만의 방식으로 조합하여 스스로 패턴을 만들어보는 '패턴 형성', 서로 다른 사물과 현상 사이의 공통적인 특징과 기능을 알아내는 '유추', 몸을 통해 느껴보는 '몸으로 생각하기', 나를 잊고 대상과 하나가 되어보는 '감정이입', 어떤 사물을 3차원 이상의 세계로 옮기는 상상력인 '차원적 사고', 어떤 대상이나 개념을 모형으로 만드는 '모형 만들기', 관습에 관계없이 기존의 한계에 장난스럽고 유머러스하게 도전해보는 '놀이', 이들 생각도구 사이에서 일어나는 변환과정인 '변형' 그리고 창조적 생각의 궁극적 목적이라고 할 수 있는 진정한 이해와 소통을 통한 여러 방식의 결합인 '통합'이다.

〈생각의 탄생〉이 소개하는 생각도구는 어떻게 보면 우리가 익히 알고 있는 것이라 그다지 새롭게 느껴지지 않을 수 있다. 하지만 '안다'는 것과 '한다'는 것 사이엔 엄청난 차이가 존재한다. '안다'는 건 '이해한다'의 수준으로 큰 발전이긴 하지만, '한다'와 비교하면 가야 할 길이 멀다. 이렇게 여러 가지 생각도구를 알았다고 해도, 이것을 머릿속에서 끊임없이 사용하고 적용하고 응용하지 않으면 소용이 없다. 창조적인 사람들과 평범한 사람의 차이는 두뇌의 차이라기보다 아는 것을 했느냐, 안 했느냐의 차이일 수 있다.

## 3. 생각의 확장

모든 글쓰기에는 상상력이 필요하다. 과거엔 확실하고 정확한 정보만 있으면 글 쓰는 일이 어렵지 않았다. 하지만 뉴스 기사처럼 단순한 사실이나 수치, 객관적인 자료, 현실적인 정보만으로는 글쓰기가 건조하고 재미없기 쉽다. 글이 매력 있으려면 '상상'이라는 요소가 필수이다. 상상을 통해 탄생한 유·무형의 콘텐츠와 기획이 곧 그 사람의 능력을 보여주는 시대다. 웹 소설이나 웹툰 하나가 드라마가 되고 영화와 연극, 뮤지컬이 된다. 보고서 한 장에도 말랑말랑한 상상력이 동원되지 않으면 안 된다.

상상이란 아무리 많이 해도 비용이 들지 않는다. 여기저기 파헤치고, 오려내고, 가져다 붙이고, 쌓아 올려도 전부 공짜다. 이 때문에 인류의 발전은 상상 속에서 모든 것이 이루어졌다. 우리가 현재 누리고 있는 모든 문명은 상상의 산물이 아닌 것이 없다. 자동차, 선박, 비행기, 첨단무기, 인공위성 등. 이것들을 탄생시킨 상상의 리더들은 인류의 삶을 획기적으로 변화시키고 발전시켜왔다. 이처럼 가치 있는 결과물을 만들어내는 창의력은 상상이 그 출발이긴 하지만 상상이 곧 창의가 되는 건 아니다. 창의력은 상상의 진화, 치열한 진행형 속에서 만들어진다.

프랑스의 쥘 베른과 미국의 마이클 크라이튼은 모두 SF소설의 거장이다. 쥘 베른의 소설 〈해저 2만리〉에서는 오늘날의 핵잠수함의 개념이 등장한다. 마이클 크라이튼은 우리가 너무나 재미있게 진짜처럼 느낄 수 있었던 영화 〈쥬라기 공원〉을 쓴 원작자다. 이들은 웬만한 과학도를 뺨칠 정도로 과학지식을 가지고 있다. 이야기가 공상보다는 차원 높은 과학지식에 기반을 두었지만 그게 사실이라고 생각하는 사람은 별로 없다. SF라는 말 그대로 과학을 모태로 했을 뿐 지어낸 이야기다.

한류 열풍의 시작이 된 대작 드라마 〈대장금〉의 실제 주인공은 조선왕조실록에 겨우 한 줄쯤으로 기록된 인물이었다. 그 한 줄에서 시작된 상상이 대단히 씩씩하고 매력적인 캐릭터로 창조되고 엄청나게 풍성한 이야기를 가공하기에 이르렀다. 영화 〈광해〉도 마찬가지다. 황조윤 작가는 〈실록〉의 광해군 편인 〈광해군일기〉를 뒤지다 보니 며칠씩 기록이 빠져 있고 15일 가량 누락된 데도 있었는데, 그 누락분 15일을 모티브 삼아 상상을 펼쳐 쓴 창의적 작품이라고 말하고 있다.

글쓰기는 창의적 상상을 필요로 한다. 뉴스 원고가 아닌 이상, 어느 글에나 새로운 관점이 필요하다. 다만 일관성은 있어야 한다. 전래 동화, 귀신 이야기라도 앞뒤는 맞아야 한다는 의미다. 그럴 듯하게 개연성이 있어야 사람을 설득할 수 있기 때문이다. 그래서 연상과 상상을 통한 창의적 글쓰기라도 자료 찾기가 병행되어야 개연성을 살릴 수 있다.

하지만 창의적 상상력이라는 잡을 수 없는 재산은 어느 날 갑자기 로또복권처럼 생기지 않는다. 아기 고양이처럼 다루어야 한다. 평소에 조금씩 키워주고 돌봐주어야 필요할 때 제 기능을 발휘한다. 하지만 오늘 같은 디지털 정보사회에서는 생각해볼 틈도 없이 즉각 손 안에서 궁금한 일들이 해결된다. 손 안의 '스마트'한 휴대기기로 그 자리에서 인터넷에 접속해서 몇 분만에 원하는 정보를 얻어내는 시대가 되다보니, 지식의 깊이가 어느 정도인가보다는 '효율적인가? 빠른가?'가 중요한 관심일 뿐이다.

그러다 보니 오히려 많은 사람들이 집중력이 떨어졌다고 하고 건망증이 심해졌다고 호소하고, 깊이 있는 사고를 하는 일이 힘들어졌다고 고백한다. 사람의 머리에 더 저장하지 않아도 되기 때문에 우리의 사고는 정보를 따라 깊은 생각 없이 떠다닌다. 소통에도 문제가 생기는 건 인터넷을 통해 정보만 추구하다보니 사람 사이의 대화 중에도 자신에게 필요한 정보만 취할 뿐 말 전체를 이해하는 데 중요한 '맥락'을 놓치기 때문이다.

이렇게 머리를 안 쓰니 굳을 수밖에 없다. 어떤 새로운 생각도 어떤 즐거운 상상도 되지 않는다. 혼자 있는 시간을 만들어 쉬어야 한다. 완전히 혼자가 되어 보아야 제대로 딴 생각도 할 수 있다. 새로운 경험을 두려워하지 않게 되고 자신감이 생기며, 익숙하게 알고 있는 것도 타성에 젖지 않고 다른 시각으로 보는 눈이 생긴다.

타인의 도움을 받아보는 것도 좋다. 나와 조금 다른 친구나 선·후배와 만나서 자극받는 것이다. 주변에 이런 사람 한두 명은 있다. 내가 옳다고 믿었던 생각을 흔들고 한 번도 생각해보지 않았던 문제를 생각해보게 하는 인물과 자주 만나보자. 생각의 폭이 얼마만큼 넓은지 잘 가늠할 수 없는 사람, 늘 기발한 생각과 순발력으로 감탄을 부르는 사람 말이다. 내가 읽지 않는 책을 읽는 사람, 내가 전혀 모르는 분야에서 일하고 있거나 알고 있는 사람, 내가 생각해보지 않은 것을 잘 물어보는 사람, 늘 어딘가 내 관점과는 문제를 다르게 보는 사람, 공부와 일로 바쁠 텐데도 여유로워 보이는 사람들이 내 생각의 틀을 깨우는 사람들이다. 이런 사람과 많이 어울리며 두뇌를 활성화시켜야 생각에도 물이 오르고 글쓰기에도 거부감이 사라진다.

### 읽기 자료 3

개는 이렇게 생각한다.
'인간은 나를 먹여 줘. 그러니까 그는 나의 신이야.'
고양이는 이렇게 생각한다.
'인간은 나를 먹여 줘. 그러니까 나는 그의 신이야.'

– 베르나르 베르베르, 『베르나르 베르베르의 상상력 사전』에서 인용

1. 올해 내가 꼭 들어가고 싶었던 동아리의 회장이 되었다.
   회장 취임사를 쓴다면?

예) 개그 동아리 회장 취임사

과인은 개그동아리 개그예스 8기 회장으로 선출된 16학번 박재호다. 이리 추대를 해주니 고맙구나. 과인은 우리 동아리의 개혁을 이끌 적임자라고 생각하는 백성들의 열화와 같은 성원에 힘입어 회장이 된 이상, 강력한 지도력으로 개그예스를 철권통치할 것을 선포하노라. 아이디어 회의에 빠지는 것은 용서할 수 없으며, 회비를 안 내고 끝까지 버티는 백성은 더더욱 용서할 수 없다. 과인의 오른팔 재무대신으로부터 처절하고도 쓰라린 독촉을 겪게 될 것이다.

먼저 동아리 방 환경을 빠르게 개선할 것이다. 이 일은 과인의 왼팔인 총무대신에게 전권을 맡길 터이니 백성들은 서로 도와 일을 도모토록 하라. 하는 거 봐서 이 거사가 끝나면 과인이 잔치를 베풀지 말지 결정하겠노라. 그러나 환경정리 후 동아리 방을 함부로 어지럽히는 백성은 총무대신의 엄벌을 달게 받아야 할 것이다. 과인보다 강성인 총무대신은 어쩌면 그대들에게 주리를 틀지도 모르나 과인은 모른 척 두 눈을 질끈 감겠다.

끝으로 곧 정기총회 공지를 할 것인데, 이때 참석하지 못하는 백성은 벌금형이나 사회봉사 명령에 처한다. 사회봉사명령은 동아리방 깨끗이 치우기, 친구들에게 과자 쏘기 등 여러 가지 안을 계발하여 총회 때 최종 결정토록 할 것이다. 이것으로 존중과 배려가 일렁이는 개그예스 회장 취임사를 갈음한다.

2. 상상력이 풍부한 인물을 찾아보고 그 이유 써보기

(주변 인물, 역사 속 실존 인물, 소설이나 드라마 · 영화 주인공 등)

예) 빨간머리 앤. 아름다운 상상력으로 고통스러운 현실을 이겨낸다.

3. 세계 여러 나라 도시 10개를 적고 이 도시들과 연상되는 것들을 한 가지 이상 적기

예) 코펜하겐 – 인어공주 / 리우 – 삼바축제 / 잘츠부르크 – 모차르트, 사운드 오브 뮤직

4. '동물'이 들어가는 속담 10개를 찾아 그 뜻을 함께 써보자.

예) 닭 쫓던 개 지붕 쳐다본다.

⇨ 하려고 애쓰던 일이 실패로 돌아가거나 같이 애를 쓰다가 남에게 뒤떨어져 어찌할 도리가 없이 민망할 때 이르는 말

# 3장

# 기초적인 글쓰기

# 3장 기초적인 글쓰기

## 1. 말을 글로 옮기기

어릴 때부터 우리는 남에게 보여주는 글을 많이 썼다. 독후감, 일기, 글짓기 대회 글 등등 선생님과 부모님의 칭찬을 듣기 위해 마음에도 없는 말을 온갖 수식어와 형용사로 가득한 문장을 쓰고, 끝엔 꼭 교훈적인 결론으로 마무리해야 한다는 압박에 갇혀 있었다. 하지만 이젠 압박에서 이젠 벗어날 수 있다. 진심으로 글쓰기에 관심을 갖고 쓰게 되면 누군가에게 보여주는 글이 아니라 글 속에서 나를 표현하게 되고 글 안에 '내'가 있음을 알게 된다. 사실 남이 어떻게 생각할까에 초점을 두고 쓴 글은 남의 마음에도 감동을 주지 못하기 쉽다. 내 생각이지만 내 생각에 공감하는 사람이 많아지면 좋은 글이다. 그 공감되는 글을 어떻게 쓸 것인가가 더욱 중요하다.

사람이 자기 생각이나 느낌을 표현하는 대표적인 방법은 두 가지다. 말하기와 글쓰기. 이 두 가지가 아주 다른 것처럼 느낄 수 있지만 실은 한 가지다. 글로 써보라고 하면 펄쩍 뛰면서 "그냥 말로 할게. 난 글은 못 써"라고 손을 내젓는다. 말하라고 하면 하겠는데 글로 쓰라고 하면 못 하겠다는 것은 말이 곧 글이라는 생각을 전혀 하지 않기 때문이다. 내 생각을 드러내는 말, 그 말을 문자로 옮기면 글이다. 글을 쓰라고 하면 금방 긴장하고 갑자기 진지하고 심각해지면서 무거운 분위기가 되는데, 글쓰기를 어디서부터 시작해야 할지 모르는 탓이다.

이 주제, 저 주제로 옮겨가며 네 남자의 고품격 수다를 보여주었던 TV 프로그램 〈알아두면 쓸데없는 신비한 잡학사전〉 일명 '알쓸신잡'은 큰 인기를 끌었다. 수다를 '비생산적 입운동' 쯤으로 생각했던 사람들에게, 프로그램이 끝나면 한 권의 인문학 서적을 읽는 것 같은 기분을 느끼게 해주었다. '말이 곧 글'이라는 점을 가장 잘 보여준 사례이다.

우리도 가족이나 친구처럼 가까운 사람들과 이야기할 때는 크게 고민하지 않고 말한다. 휴대전화 한번 잡으면 기본이 1시간, 만나서 이야기하면 수다가 기본 2시간. '수다'는 하고 싶은 말을 안 하거나 못하는 사람보다 훨씬 건강하게 자기를 표현하는 방법이다. 자기 생각을 표현이라는 점에서는 '말하기'와 '글쓰기'는 모두 '생각'이라는 것에서 태어난 자식 같은 존재이다. 생각과 느낌을 소리로 표현하면 말인 것이고, 문자로 표현하면 글일 뿐이다. 생각이 곧 말이고, 말이 곧 글이다. 생각과 감정, 말과 글은 하나로 얽혀 있다.

말하기는 쉬워도 글쓰기는 어렵다는 편견을 쉽게 버리지 못한다면 메신저 수다는 어떨까? 친구들과 수시로 아니면 수십 분씩 문자로 이야기하는 메신저 수다는 어려운 일인가? 아닐 것이다. 날마다 숨 쉬듯 밥 먹듯 쉽게 하는 일이다.

글쓰기도 여기서 출발하면 된다. 메신저에서 대화하듯 내가 하고 싶은 이야기를 쓰되, 몇몇 사람들만 이해하거나 공감하는 말 말고, 특정한 세대만 들을 수 있는 유행어나 비속어 같은 것을 자제하고, 누가 읽어도 무리 없는 적합한 말로 고치고 다듬어 문장을 만들어가면 된다. 요즘은 어린이를 위한 동화도 아예 '구어체'로 되어 있는 경우가 많다. '구어체'는 따옴표 안에서 직접 말하는 것처럼 쓴 글로, 말하자면 '입말체'라고 할 수 있다. 할아버지와 할머니가 이야기해주시듯, 엄마가 이야기해주듯 동화가 자연스러우니 아이들이 더 집중하며 즐겁게 듣는다.

방송 원고는 말하기 위해 쓰는 대표적인 글이다. 말하기 위해 쓰는 글은 연설문이나 축사, 기념사, 성명서 등이 있지만 방송 원고는 이 원고들과 판이하게 다르다. 마이크 앞에서 읽히는 원고는 '낭독하고 있다'는 느낌이 들면 안 되고 그야말로 청취자에게 '말하고 있다'는 느낌을 주어야 한다. 앞서 말한 글들은 원고를 읽고 있다는 느낌을 줘도 듣는 사람이 그러려니 하면서 듣지만, 방송 원고는 살아 있는 말로 들리게 써야 한다. 읽는 사람이 즉석에서 생각나는 대로 말하는 것처럼 들려야 한다. 이게 글쓰기라고 생각하면 어렵지만, 그야말로 말이라고 생각하면 말 그대로 쓰면 된다. 우리는 누군가에 대해 말할 때 '그', '그녀' 이렇게 표현하지 않는다. 이름을 말하거나 애칭을 쓰거나 직함을 쓴다. 또 잘 안 쓰는 한자어를 막 섞어 쓰지도 않는다. 가볍고 상쾌한 언어, 이해하기 쉽고 간결하고 선명한 언어를 고른다면 입말 그대로의 글이 성공적일 수 있다.

말이나 글은, 말을 하거나 글을 쓰는 사람이 쉽고 편하게 구사할수록 듣거나 읽는 사람도 편안하고 안정감을 갖는다. 그렇기 때문에 누군가 앞에 두고 말하는 것 같은 태도로 글을 쓰면 된다. 강연자가 청중을 마주 대하고 말하는 것처럼, 글 쓰는 이가 독자와 마주 앉아 있다는 느낌으로 쓰는 것이다. 말하면서 글로 생각하고 글을 쓰면서 말하는 것을 연상한다. 이렇게 하면 말에는 논리력이 생기고 글에도 흡인력이 생긴다. 말을 하다보면 '어, 이거 글감이다' 싶은 게 생각날 수도 있고, 글이 잘 안 풀리면 사람들과 이야기하는 것도 좋다. 누가 보는 데서 그런다면 "재 좀 이상하다"라고 수군댈지 모르지만, 혼자서 거울을 보고 대화해보기도 하고 홀로 이런저런 묻기와 답하기를 1인 2역으로 해보자. 휴대전화에 녹음을 한다거나 동영상 촬영 모드로 두고 말해보는 것도 도움이 될 것이다. 말이 곧 글인데, 말이 익숙해지면 글이 한결 쉬워질 것이다.

마치 '음성지원'이 되는 것처럼 어떤 말투 그대로 글이 된 경우도 있다. 말이 그대로 글이 된 것으로 글쓰기가 이렇게 수월할 수도 있다는 것을 보여주는 것 같다. 다만 글쓴이의 생각이나 논리가 분명하게 들어가야 재미있지만 묵직한 메시지를 얻을 수 있다.

### 읽기 자료 1

내가 재미있게 읽은 책을 소개한다면?
위녕. 엄마는 지난 주 아주 재미있는 책을 읽었다. 〈경성기담〉이라는 책이야. 실은 별 생각 없이 집어 들었는데 어찌나 재미있든지 밤이 이울도록 책을 놓지못했어. 책이 가진 오락기능(그렇다고 이 책이 유익하지 않다는 건 아니야)을 이토록 쏠쏠하게 느껴보는 것도 오랜만인 것 같아. 이 책의 저자 전봉관은 젊은 교수인데 1930년대의 잡지와 신문을 꼼꼼하게 뒤져 기이하고 재미있는 사건을 우리에게 들려준다. 우리로서는 어리둥절한 일이지만 한 가지는 알게 돼. 식민지 시대의 조선, 신문명과 구문명이 충돌하던 시절, 일제의 한국인에 대한 인권이 개목숨만도 못하던 시절에 대해서. 그리고 또 하나를 생각하게 되는데 그건 바로 어떤 시대 어떤 시기를 살아도 인간이 느끼고 생각하고 추구하는 바는 참으로 비슷하다는 거야.

– 공지영, 『네가 어떤 삶을 살든 나는 너를 응원할 것이다』에서 인용

### 읽기 자료 2

10대들에게 고백함
공부 열심히 하면 훌륭한 사람 된다? 거짓말이다. 우리나라 공교육 열심히 따라가면 시험 잘 치는 사람이 된다. 그럼 시험 잘 치면 훌륭한 사람 되나? 아니다. 시험 잘 치면 점수 잘 나온다. 하지만 점수와 훌륭한 사람과의 상관관계, 없다. 그럼 판검사나 의사들은 다 훌륭하시게? 그 양반들 중 안 훌륭한 분들도 무척 많으셔. 단 점수 높으면 연봉 높을 확률, 상대적으로 높아. 그건 맞다. 하지만 반드시 그런 건 또 아니다. 돈 버는 능력과 공부 능력, 별개다. 그럼 왜 어른들은 공부 공부 하나. 불안해서. 공부 외에 어떻게 훌륭한 사람이 되는 건지 어른들도 모르니까. 아니, 근본적으로 어떤 사람이 훌륭한 사람인지, 어른들도 모른다. 물론 공부 잘 하면 좋다. 유용하다. 하지만 공부와 훌륭한 사람, 관계없다.

– 김어준, 『건투를 빈다』에서 인용

## 2. 아이들도 이해하는 글쓰기

좋은 글은 어떤 글일까. 평생 글쓰기 교육에 헌신한 이오덕 선생은 이렇게 말씀하셨다.

> 별난 멋을 부리지 않고, 쉽고 정확하게, 누구나 읽어서 잘 알 수 있게 쓴 글이 좋은 글이다. 만약 어른들이 잘못 가르치지 않는다면 아이들은 누구나 다 이렇게 쓴다. 어른들의 글도 아이들의 글과 다르지 않다. 만약 다르다면 흔히 가지고 있는, 아이들보다 더 복잡한 생각을 될 수 있는 대로 아이들의 글같이 쉽게 읽히도록 쓰는 것이라 말할 수 있다. 그렇다. 아이들의 글같이 쉽게 읽히는 글, 이것이 어른들이 목표로 하는 가장 훌륭한 글이라 나는 믿고 있다.
>
> – 이오덕, 『바른 말 바른 글』에서 인용

좋은 글에 대한 기준이 이 한 가지만은 아니지만 분명 글은 쉬워야 한다. 아무리 좋은 내용이나 메시지를 담고 있더라도 남들이 무슨 말인지 이해하지 못하게 쓴다면 좋은 글의 기본적인 기준에 미치지 못한다. 이오덕 선생은 초등학교 5학년 정도의 아이가 읽어도 이해할 수 있는 글이 좋은 글이라고 하셨다. 초등학교 5학년 아이가 이해할 수 없는 분야의 전문적인 글을 말하는 것은 아니지만, 요즘 글 잘 쓰는 전문가라고 평가받는 저자들도 자기 분야의 전문성을 대중들이 이해하기 쉽게 쓰는 사람들이다. 읽기 쉽게 글 쓰는 것으로 유명한 유시민 작가도 이 부분에 대해서 말하고 있다.

> 글은 자기 자신을 표현하고 타인과 소통하는 수단이다. 실용적인 면에서든 윤리적인 면에서든, 읽는 사람에게 고통과 좌절감을 주는 글은 훌륭한 소통 수단이 될 수 없다. 타인에게 텍스트를 내놓을 때는 텍스트 자체만 읽어도 이해할 수 있도록 쓰려고 노력해야 한다.
>
> – 유시민, 『유시민의 글쓰기 특강』에서 인용

이해하기 쉬운 단어가 있는데 굳이 어려운 단어를 쓸 필요가 없고, 풀어서 쓰면 더 이해가 쉬운 글을 한자어 그대로 쓰거나, 대중이 독자인 책에 전문용어를 남발하며 그대로 쓴 글들은 독자에게 고통을 줄 뿐이고 읽기를 포기하게 만든다. 법조문이나 논문 같은 글들이 아직까지 너무나 어려운 말과 일본어에서 오는 자연스럽지 않은 번역체로 물든 대표적인 글인데, 쉬운 글로 바꿔어가려면 시간이 더 필요할 듯하다.

글이 읽기 쉽다고 해서 주제나 메시지가 가볍고 얕은 건 아니다. 읽기 쉽다 뿐, 잘 쓴 글들은 주제의식이 분명하고 생각의 폭이 깊다. 너무 이해하기 쉬운 말로 쓰면 글의 수준도 낮아보이지 않을까 하는 섣부른 편견을 버려야 한다.

### 1) 쉬운 단어를 쓰자

한자어를 우리말로 바꾸는 연습을 자주 하다보면 이해하기 쉬운 글이 될 뿐더러 더 부드러운 문체가 된다. 그리고 외래어 말고 외국어를 자주 쓰는 습관도 자제해야 한다.

- 독거노인 ⇨ 홀몸노인
- 고수부지 ⇨ 둔치, 강턱
- 음용수 ⇨ 먹는 물
- 회동 ⇨ 만남 (유독 정치인 기사에 많이 쓰는)
- 수준 ⇨ 눈높이
- 서빙 ⇨ 시중(접대)
- 픽업 ⇨ 태우다
- 힐링 ⇨ 치유
- 웰빙 ⇨ 참살이

### 2) 사자성어나 전문용어는 풀어쓰자

네 글자 한자어로 사자성어는 많이 알려진 경우에는 그대로 쓰기도 하지만 그래도 풀어쓰는 것이 좋다. 문화재나 유적지의 설명글들은 점차 읽기 쉬운 글로 바뀌고 있다. 국립중앙박물관이 한자식 문화재 용어를 쉬운 우리말로 바꾼 것은 문화재 애호가가 점차 젊어지는 현실에서 바람직하다. 금방 이해하기 쉽게 다가온다.

- 너 실력이 일취월장 했구나 ⇨ 너 실력이 몰라볼 정도로 성장했구나
- 죽제고비 ⇨ 편지꽂이
- 필격 ⇨ 붓받침
- 필가 ⇨ 붓걸이
- 나전상 ⇨ 자개상자
- 등경 ⇨ 등잔걸이
- 사리함 ⇨ 사리상자
- 사리장치 ⇨ 사리갖춤 (불교공예품)
- 구족반 ⇨ 개다리 소반

전문용어를 부득이하게 사용해야 한다면, 사용 후에 바로 설명을 이어주면 된다. '이 정도는 다 알고 있겠지?'라는 생각을 버리면 좀 더 친절한 글을 쓸 수 있다.

### 3) 초점을 벗어나지 말자

글의 가장 작은 단위는 글자다. 글은 단어와 문장을 이어 만든다. 문장은 간결한 것이 좋다. 하지만 문장이 짧아도 이해가 어려운 글이 될 수가 있는데, 꼭 어려운 단어가 아니라도 문장이 글 전체의 맥락과 어긋날 때다. 하고자 하는 말, 즉 주제와 관련 없는 말을 쓴 경우가 그렇다. 읽을 때 일관되게 말하고 있는 맥락을 잡기가 어렵기 때문에 이해하기 어려워지는 것이다. 아무리 분량이 신경 쓰여도 주제에서 벗어난 내용이 들어가는 것을 조심하고, 말하고자 하는 초점에서 벗어나지 않도록 신경 쓰는 것이 중요하다.

## 3. 문장 쓰기

글을 많이 써보지 않은 사람은 처음부터 긴 문장을 쓰기 어렵다. 하지만 짧은 문장만으로도 충분히 좋은 글을 쓸 수 있다. 짧은 문장은 일단 읽기 쉽다. 자기가 읽어도 무슨 말인지 모르게 쓰면 안 된다. 가장 나이 어리고 가장 경험이 적고 가장 아는 것이 적은 사람이 읽어도 이해할 수 있어야 한다. 다시 읽을 필요 없이 한번 읽는 것으로, 이해가 되는 문장이면 좋다.

문장이 길수록 주어와 서술어를 짝 맞추기가 힘들다. 긴 문장을 나누어 두 문장을 만들면서 주어와 서술어의 자연스러운 어울림을 확인해야 한다. 되도록 기본 성분으로 된 문장 (주어 – 목적어 – 서술어)을 쓰는 연습을 한다. 주어와 동사만을 가지고 쓰는 문장도 좋다. 이런 문장은 소리 내어 읽었을 때 힘과 리듬감이 느껴지기 때문에 짧은 문장의 가장 큰 장점을 살리는 것이 된다.

그리고 문장이 짧은 만큼 여러 가지를 담으려고 해서는 안 된다. 한 문장에 한 가지 생각, 한 문장에 한 가지 상황이 있는 문장이 간결해서 읽기 좋은 문장이 된다. 평범한 말이나 표현에 의미가 담긴 문장을 쓸 수 있으면 좋지만 처음부터 그렇게 되긴 어렵다.

〈칼의 노래〉 〈현의 노래〉 〈남한산성〉 등을 쓴 김훈 작가의 글은 한 문장 한 문장이 짧지만 힘이 있는 것이 특징이다. '영화계의 거장인' 임권택 감독은 김훈 작가의 소설 〈화장〉을 영화로 제작하면서 겪은 고충을 개봉 당시 이렇게 말했다.

"정말 힘들었던 것은 김훈 선생의 엄청난 문장이 주는 힘을 영상으로 드러내는 것이다. 그 문장의 힘을 영상으로 드러낸다는 것은 서로 다른 분야여서 할 수가 없는 부분인데 '안 되는 것을 하고자 했었구나' 느껴가면서 찍은 영화다."

**읽기 자료 3**

아내의 수술을 집도한 의사는 내 대학 동기였다. 학번은 같았지만 전공은 달라서 안면은 없었다. 아내가 병실에 누워 있는 동안 그는 주치의 방으로 나를 불러서 뇌종양 판정을 내렸다. 그때, 그는 설명했다. (중간 생략) 그때 나는 의사의 말을 알아들을 수가 없었다. 그의 말은 비어 있었다. 그의 말은, 죽은 자는 종양에 걸리지 않고, 살아 있는 자만이 종양에 걸리는 것인데 종양 또한 삶의 증거이기 때문에 이도 저도 아니라는 말처럼 들렸다. 나의 이해가 아마도 옳았을 것이다. 뻔한 소리였고, 하나 마나 한 소리였지만, 나는 그때 그의 뻔한 소리의 그 뻔함이 무서웠다. 그리고 그 무서움은 그저 무덤덤했다.

– 김훈, 『화장』에서 인용

짧은 문장으로 이루어졌지만 김훈 작가의 작품은 결코 가볍지 않다. 문장 자체가 이해하기 어려운 건 아니지만 등장인물의 성격이나 심리까지 엿볼 수 있다. 임권택 감독이 영상으로 표현하기 어렵다고 말한 건 바로 이런 부분 때문이었을 것이다. 물론 우리가 쓴 짧은 문장이 김훈 작가의 문장과 같은 무게를 가지려면 글쓰기 연습에 많은 시간을 써야 할 것이다. 하지만 작가들이라고 모두 어려운 표현이나 긴 문장을 잘 쓸 거라는 편견을 가지고 있다면 버려도 좋다. 오히려 작가들은 짧고 간결한 문장을 쓰는 사람들이 더 많다. 그게 글을 힘있게 한다는 것을 작가들도 알기 때문이다.

**읽기 자료 4**

비행기는 낮게 날았다. 맑은 날이었다. 창밖으로 보이는 현해탄은 햇빛을 받아 반짝거렸다. 멀리서 본 사물은 티없이 아름답기만 했다.

– 최은영, 『쇼코의 미소』에서 인용

**읽기 자료 5**

마침내 혼자 아기를 낳았다. 혼자 탯줄을 잘랐다. 피 묻은 조그만 몸에다 방금 만든 배내옷을 입혔다. 죽지 마라 제발. 가느다란 소리로 우는 손바닥만한 아기를 안으며 되풀이해서 중얼거렸다. 처음엔 꼭 감겨 있던 아기의 눈꺼풀이, 한 시간이 흐르자 거짓말처럼 열렸다. 그 까만 눈에 눈을 맞추며 다시 중얼거렸다. 제발 죽지 마.

– 한강, 『흰』에서 인용

우리말엔 품사가 9개,[1] 문장성분이 7개[2]가 있다. 문장쓰기를 이야기하는 데 이걸 가지고 설명하자면 너무 지루하고 실제로 글을 쓰는 데도 방해가 될 수 있다. 기본 뼈대를 이해하면 된다. 무조건 두 개의 덩어리를 합친다고 생각하면 된다.

__________은(는)
__________이(가) __________이다.
__________을(를) __________하다.
__________에
"나는 웃었다."
"동생이 달려왔다."
"선생님을 조용히 따라갔다."
"잠자리가 꽃밭 위를 난다."

우린 어릴 때 일기장에서 이런 짧은 문장으로 된 글을 많이 썼다. 짧은 문장이 왜 힘 있게 느껴지는가 하면 명확하기 때문이다. 버릴 말이 별로 없고 머리에 쏙쏙 들어온다. 이해가 빠르기 때문에 다음 문장 다음 문장으로 계속 이어져도 리듬감 있게 읽히고 집중도 잘 된다. 그런데 조금만 크면 이런 식의 짧은 문장은 잘 쓰지 않는다. 수준이 높아보여야 한다고 느껴서인지, 긴 문장

1) 동사, 형용사, 명사, 대명사, 수사, 관형사, 부사, 조사, 감탄사
2) 주어, 서술어, 목적어, 보어, 관형어, 부사어, 독립어

을 쓰려고 한다. 두 줄이 넘어가는 긴 문장은 자기도 정확히 어떤 말을 하고 있는지 모르면서 쓸 때가 많다. 글은 많이 아는 것처럼 보이게 쓰는 것이 중요한 게 아니라, 자기가 하고 싶은 말이 무엇인지 정확히 쓰는 게 중요하다. 문장이 두 줄이 넘어가면 이미 앞에 했던 단어를 또 쓰거나 주어가 두 번 들어가고 쉼표를 남발하며, 정리해보고 싶지만 횡설수설 잘 안 된다.

고등학생 때 영어 과목 독해 문제를 생각해보자. 문장이 너무 길고 어려운 단어 투성이다. 영어라 어려운가 싶어서 문제집 뒤에 있는 우리말 해석본을 읽어보아도 무슨 말인지 쉽게 이해가 되지 않는 경우가 흔하다. 심할 경우 한 문장이 3~5줄 되어 그대로 한 단락인 경우도 있다. 이리 자르고 저리 잘라 해석하는 사이, 앞에서 해석한 걸 잊고 무슨 뜻인지 모르게 된다. 영어를 모국어로 쓰는 외국인조차 수능영어 문제를 제대로 못 풀었다고 하니, 긴 문장은 힘 있는 문장이 되기도 어렵고 핵심을 담기도 어렵다는 것을 알려준다.

하지만 짧은 문장만 연이어 쓰는 것도 좋은 건 아니다. 글 전체가 짧은 문장만으로 토막토막 계속 이어진다면 기분 좋은 리듬감 대신 숨 가쁘게 읽는 느낌이 들 수 있다. 짧은 문장과 긴 문장이 적절히 섞인 글이어야 리듬감이 살아난다. 짧은 문장만 쓰면 긴 문장은 잘 쓰기 어렵다. 섬세하고 복잡한 것을 나타내려면 긴 문장이 필요한데, 긴 문장을 잘 쓰려면 자꾸 써봐야 한다. 문장을 잘 쓴다는 말은 "긴 문장을 짧은 문장처럼 명료하고 이해하기 쉽게 잘 쓴다"는 것이다.

우리말은 주어가 글을 이해하는 데 중요한 역할을 하지만 주어가 없어도 뜻이 통하는 말이다. 그래서인지 주어를 끝까지 생각하며 글을 쓰지 않는 경우가 많다. 문장이 길어지거나 복잡해질 때 주어와 서술어의 호응이 부자연스러워진다. 문장이 길어질 때 주어와 서술어도 멀어지는데, 글 쓰는 사람이 무엇을 주어로 했는지 잊게 되면 서술어와 호응이 이상해지는 것이다.

긴 문장을 쓸 때는 주어를 무엇으로 할 것인지 정한 다음, 그 주어에 맞게 서술어까지 완결하는 게 요령이다. 문장이 길어질 것 같으면 주어와 서술어 사이에 여러 말을 넣으려고 욕심을 부리지 않아야 한다. 그럴 때는 문장을 나누어서 정리하는 것이 좋다.

글을 많이 쓰게 되면 이 짧은 문장과 긴 문장의 적절한 배치가 더 자연스럽게 된다. 많이 써보면서 감이 생기는 것이다. '짧은 문장으로 써야 하나, 긴 문장으로 써야 하나' 하는 문제는 어떤 단정적인 규칙이 있는 건 아니다. 그 효과를 생각하면서 그때그때 선택해야 하는 문제다. 다만 이건 말할 수 있다. 짧은 문장은 좀 긴박한 상황을 전할 때, 단호한 생각을 드러낼 때, 뭔가를 직접 가리킬 때 효과적이다. 반대로 긴 문장은 내면의 생각이 흘러가는 것을 표현할 때, 여러 가지 사건 사이에 복잡한 관계를 보여줘야 할 때 효과적이다. 아래 글은 두 문장이 적절히 섞여 있다.

**읽기 자료 6**

이런 광경은 아빠도 텔레비전에서 여러 차례 본 적이 있어. 그때마다 아빠는 "기아는 부드러운 죽음이다. 점차 쇠약해지다가 마지막에는 의식이 없는 상태에서 고통 없이 죽는 것이다" 이런 식으로 아빠 자신을 세뇌시키고 있었어. 그런데 그게 아니었단다! 누더기 속에서 일그러진 작은 얼굴들은 그들이 가공할 고통을 겪고 있음을 말해주고 있었어. 작은 몸들이 흐느끼며 오그라들고 있었지. 엄마나 누이들이 때로 숨진 아이의 얼굴에 가만히 수건을 덮었어.

– 장 지글러, 『왜 세계의 절반은 굶주리는가?』에서 인용

## 글쓰기 연습장

**1. 가족이나 친구, 가까운 사람들 중 3~5명을 골라 이들이 평소 자주 하는 말이 있으면 기억나는 대로 적어보자.**

예) 엄마 : 너 밥 안 먹으면 학교 못 간다.

동생 : 어디가? 나도 갈래

**2. 말을 글로 옮겨보자.**

1) 가장 대화가 편안한 상대에게 하고 싶은 말 녹음하거나 촬영하기

⇨ 내가 한 말을 글로 옮기기

주제 예시) 최근 가장 속상했던 일, 함께 하자고 제안하고 싶은 일, 내 계획 중 말하고 싶은 일, 내 성격의 장점과 단점, 포기하고 싶은 일, 도전하고 싶은 일 등

2) 부모나 형제자매에게 하고 싶은 말 녹음하거나 촬영하기

⇨ 내가 한 말을 글로 옮기기

**주제 예시)** 말하고 싶은데 얼굴보고 말하긴 쑥스럽거나 어려운 말, 속상했던 일, 바라는 일, 오해를 풀고 싶은 일, 미안해서 사과하고 싶은 일, 감사를 전하고 싶은 일 등

3) 말하기 어려운 사람, 만나기 어려운 사람, 친해지고 싶은 사람에게 하고 싶은 말 녹음하거나 촬영하기

⇨ 내가 한 말을 글로 옮기기

**주제 예시)** 내 소개, 상대방의 첫인상, 친해지고 싶은 이유 등

**3. 아래 제시된 용어 중 바꿔 쓸 수 있는 쉬운 용어를 찾아 써넣어보자.**

예) 이머징마켓(emerging market) ⇨ 신흥시장

워킹푸어(working poor) ⇨ 근로빈곤층

■ 금융용어

상위(相違)하다 ⇨ 서로 다르다

제반(諸般) ⇨ 모든

부기(付記) ⇨ 덧붙여 적힌

날인(捺印)하다 ⇨ 도장을 찍다

만료(滿了) ⇨ 끝남 마침

명도(明渡)하다 ⇨ (점유권을) 넘겨주다, 내어주다, 내주다

상환(相換)하다 ⇨ 맞바꾸다

절사(切捨) ⇨ 버림, 끊어 버림

기장(記帳) ⇨ 장부 기록, 장부 기재

이관(移管) ⇨ 관할 변경, 관할을 옮김

■ 행정 안전 용어

내측 ⇨ 안쪽

외측 ⇨ 바깥쪽

도교 ⇨ 다리

교량 ⇨ 다리

적치 ⇨ 쌓아둠, 보관

전면 ⇨ 앞면

후면 ⇨ 뒷면

차음 ⇨ 소리차단

오수 ⇨ 더러운 물

고박 ⇨ 묶기, 고정

■ 기타

투어 공연 ⇨ 순회공연

브로커 ⇨ 중개인

앙케이트 ⇨ 설문조사

티오(T/O) ⇨ 정원

가드레일 ⇨보호난간

스피드건 ⇨ 속도측정기

백 데이터 ⇨ 참고 자료

스마트그리드 ⇨ 지능형 전력망

MOU ⇨ 업무협정, 양해각서

다운로드 ⇨ 내려받기

드라마틱 ⇨ 극적인

4장

# 매력적인 나를 드러내는 글쓰기

# 4장 매력적인 나를 드러내는 글쓰기

## 1. 매력지수 올리는 나만의 시각

나를 드러낸다는 것은 보통 사람에겐 쉽지 않은 일이고 더 나아가 두려운 일일 수도 있다. 차라리 남의 이야기를 쓰는 게 쉽지, 잘 알고 있어도 내 이야기를 쓴다는 건 어렵다. 딱히 내세울 것 없는 내 모습이라 생각되면 쓸 거리가 궁색해지고, 내세울 게 있다고 해도 자칫 자기 자랑만 한다고 할 것 같아 주저된다.

하지만 가만히 생각해보자. 책도 내고 방송도 타고 엄청난 능력이 있는 사람이라고 생각했던 어떤 유명인이, 시간이 지날수록 알려진 것보다 별 볼 일 없거나 생각보다 과장되었다고 느낄 때가 있다. 그리고 자기 분야에선 업적이 있을지 모르지만, 다른 분야로 야심차게 자기 일을 바꾸고 나서 보여준 성과가 이전 분야 업적까지 빛이 바랠 정도로 실망하게 되기도 한다. 차라리 원래 하던 거나 계속 했으면 실망할 기회가 없었을 텐데 하는 생각마저 든다.

너무 겁먹지 말라는 이야기다. 도처에 천재가 있고 영재가 흔한 것 같지만 대부분 크게 다르지 않다는 말이다. 사람의 능력이란 게 사실 큰 차이가 없다. 유명세나 명성은 실제보다 부풀려지는 경우가 많고 완벽해 보이는 사람도 단점은 있으니 영웅처럼 볼 필요도 찬양할 필요도 없고 더 나아가 기죽을 필요도 없다. 타인의 능력은 과대평가하면서 자신의 능력은 과소평가하지 말라는 뜻이다. 아무리 특별한 능력과 남다른 경험을 가진 사람이라고 해도 그 능력과 경험 속에서 얻은 게 별로 없고 느낀 게 별로 없으면 글쓰기에선 불리하다. 멀리 돈 들여 시간 들여 해외 봉사활동을 다녀왔는데 '힘들었다' '불편했다' '불쌍해보였다' 이런 식의 느낌만을 쓴다면 글의 가치가 높아지지 않는다. 날마다 타는 지하철에서 본 어떤 노인을 통해 '세대 간의 소통'에 대해 고민하는 내용이라면 평범한 경험 같아도 글맛이 달라진다.

그렇다면 이렇게 말할 수도 있다. 그럼 멋진 미사여구로 없는 말을 만들어서 '있어 보이게' 쓰라는 말인가? 스스로 그런 생각을 하면서 쓰는 글이라면 잘 쓴 글일 수 없다. 그렇게 되지 않으려면 '있어 보이는 생각'을 하는 훈련을 해야 한다. 한 가지 상황을 보고도 자기의 생각을 갖는 습관을 가져야 한다는 말이다. 작은 일에서도 어떤 의미를 찾고 작은 경험에서도 얻은 점을 생각하는 습관이다. 단순히 '즐거웠다'가 아니라 '할아버지 할머니와 우리가 함께 웃을 수 있어서 더 즐거웠다'가 되어야 한다. 앞서 말했듯, 글쓰기를 통해서 자기를 드러내는 일은 다들 비슷비슷한 능력, 아주 조금 차이가 있을 수 있는 사실이나 경험 안에서 '자기의 생각을 어떻게 표현하느냐'가 핵심이기 때문이다.

우리가 공식적으로 자기 자신에 대한 말을 하거나 글을 써야 할 때는 입학이나 (동아리나 모임의) 입회, 입사 같이 새로운 사람들과 새로운 조직 안에 들어갔거나 들어가려고 할 때다. 가장 짧은 자기소개는 1분 스피치인데, 이 스피치를 위한 원고부터 연습해도 좋다. 자기소개의 콘셉트를 먼저 정해야 한다. '나는 ○○○ 사람이다', '나는 ○○○이다'에 맞게 자신을 규정할 수 있는 장점 키워드를 찾아 정한 후 그에 맞는 내용만 짧고 굵게 드러내야 한다. 신입 직원이라면 책임감과 끈기, 봉사정신을 대학생활에서 찾아봐야 한다.

### 예시 1_자기소개 1분 스피치

안녕하십니까?
타인을 돕는 기쁨으로 사는 지원자 OOO입니다.
저는 대학생 때 봉사동아리 활동을 했습니다.
3년 간 꾸준히 양로원과 독거노인 분들을 찾아가
어르신들의 친구가 되어드렸습니다.
봉사활동이 점점 늘어나면서 타인에게 도움을 준다는 것이
얼마나 큰 보람인지 알 수 있었습니다.
저의 작은 나눔이 다른 사람에게는 큰 기쁨이 될 수 있다는 것을 알았고,
간호사라는 직업 또한 제가 할 수 있는 나눔 중 하나라고 생각합니다.
정확한 의료지식과 따뜻한 마음을 나누는,
환자를 1순위로 생각하는 간호사가 되겠습니다. 감사합니다.

대학생들에게 가장 긴장되는 자기소개는 입사지원서에 첨부되는 자기소개서일 것이다. 인턴 사원이나 때로 특별한 아르바이트 자리를 얻을 때도 자기소개서를 요구하는 곳이 제법 있다. 이 자기소개서는 대개 자유 형식이다. 관습과 정형화된 양식에서 크게 벗어나야만 좋은 것도 아니고 그렇다고 전형적이고 뻔해서도 안 된다.

기업에 지원하는 지원자들의 자기소개서도 아주 다양한 만큼 편차가 심하다. 연대기적인 단순나열에서, 한 가지 내용에만 얽매여 자신의 다른 모습은 소개하지 못하는 사람, 과장이나 미사여구만이 화려하지 진실성이 보이지 않는 사람 등 글만으로도 그 사람의 됨됨이나 자세가 그려진다. 인사담당자들은 면접을 하지 않고 글만 보고 그 사람을 판단해도 크게 다르다고 느끼지 않을 정도로 글의 힘이 보여주는 진실성은 놀라울 때가 많다고 말한다.

사람을 채용하려는 회사는 가장 먼저 '글(입사지원서)'로 사람을 거른다. 글로 자기 모습의 최선을 보여줄 수 없다면 처음부터 취업에 많은 어려움을 겪게 된다. 따라서 어떤 스타일로든 자신을 최대한 잘 보여줄 수 있는 자기소개서를 위해 평소에 경험을 업데이트하고 생각이나 느낌을 꾸준히 고쳐 써나가야 한다.

## 2. 핵심은 구체성과 공감대

기업은 늘 어떻게 하면 좀 더 빠르고 손쉽게 지원 자격이 있는 사람들을 분류해낼 수 있을까 고민한다. 보통 채용 담당자들은 불과 일주일 사이에 지원자의 서류를 보고 합격 여부를 알려줘야 하는 빡빡한 일정을 가진다. 3천 명의 지원자가 몰렸다고 할 때, 이력서와 자기소개서 분량이 한 사람당 평균 서너 장만 되어도 1만 장 이상의 서류가 된다. 모집 광고에서부터 최종 합격에 이르기까지 불과 한 달도 안 되는 기간에 모든 과정을 처리해야 되는 경우가 많기 때문에, 인사부서뿐만 아니라 거의 모든 부서의 업무가 마비될 때도 있다. 따라서 지원자가 기업의 눈을 가지고 입사지원서를 쓰는 일은 아주 중요하다. 내 모습이 기업이 원하는 인재로 드러나야 한다.

입사지원서는 쓰기는 내가 쓰지만 철저히 기업의 입장에서 인사담당자의 눈으로 보는 글쓰기를 해야 하는, 그야말로 독자를 위한 글이다. 자신의 인생을 서술한 '자서전'으로 보는 시각도 있지만, 능력과 경력이 한눈에 잘 보이도록 써서 인사담당자의 공감을 얻을 수 있는 '자기보고서'에 가깝다고 봐야 한다.

무엇보다 '귀사는 왜 나를 선택해야 하는가?'라는 부분에서 설득력을 가져야 한다. 의례적인, 통상적인, 관습적인 고정관념에서 나오는 낡은 자기소개서는 더 이상 주목받기 어렵다. 또 단순히 경력만 나열한다고 해서 인사담당자로부터 호감을 살 수 있는 것이 아니라, 그 자체에서 나의 생각과 가치관까지 잘 보여줄 수 있어야 한다. 자신의 생각이 담긴 내용이 필요하다. 객관적인 사실 외에도 자신의 경쟁력이 될 만한 여타의 경험을 설득력 있게 설명할 수 있어야 한다. 이 설득이야말로 인사담당자 입장에서 기업의 필요성과 나의 능력이 맞아떨어지는 부분에서 생기는 것이다.

대부분의 자기소개서는 아래와 같은 주제를 갖는 것이 기본이다.

- 자기소개서 내용과 주제
- 성장 배경
- 학교생활
- 성격 장단점
- 지원 동기
- 입사 후 포부

하지만 기업은 위의 내용 이면에서 지원자의 여러 면모를 보고 싶어 한다. 그러나 많은 지원자들은 순진하게도 이러한 주제 그대로 내용을 천편일률적으로 전달하고 있다. 조금 더 기업이 요구하는 측면으로 방법을 바꿔 나가야 한다. 같은 주제로도 기업은 아래와 같은 면을 보고 싶어 한다는 사실을 잊지 말고 그 의미를 새기며 글을 써야 한다.

- 성장 배경 = 이러한 직업을 생각하게 된 동기와 원인은 무엇인가?
- 학교생활 = 직업을 위해 그동안 어떤 준비를 해 왔는가?
- 성격 장단점 = 자신의 성격이 지원한 업무와 어떤 부분에서 긍정적이고 어떤 부분에서 맞지 않다고 생각하는가?
- 지원 동기 = 수많은 회사 중에서 우리 회사에 지원한 까닭은 무엇인가?
- 입사 후 포부 = 입사한다면 회사에 어떻게 기여할 수 있는가?

**예시 2**

Q. 귀하가 치근 3년 이내 공동(조직) 또는 타인의 이익을 위하여 나에게 예상되는 손해(피해)를 감수하고 일을 수행한 경험이 있다면 구체적으로 그 과정과 결과에 대하여 기술하여 주십시오.

A. 20△△년 상반기 동안 사회적 기업 동아리를 신설운영하며 스터디 및 실전 사회적기업 스타트업까지 준비하게 되었습니다.

> 우연히 대구시에서 진행한 공모사업에 선정되어 전문양성 교육을 받으면서 스타트업을 준비할 때, 팀원들 역시 처음이라 아는 것이 많지 않았기 때문에 각별한 노력이 필요했습니다. 이 교육을 정상 수료하기 위해 학교수업에 빠지기도 하였고, 시험을 놓쳐 성적관리에 어려움도 있었습니다. 하지만 이 동아리 활동과 교육을 통해 기업 운영과 관리에 대해 배울 수 있었고, 학교에서 축제가 진행되는 동안 사업 계획 내용을 바탕으로 전용 부스를 얻어 실전 판매 활동도 펼칠 수 있었습니다.
>
> – 한국전력공사 2015년 채용연계형 인턴 공개채용 모집요강
> 자기소개서 작성 양식 예시문

기업과 개인의 시각차가 이렇게 크다. 그런데도 대부분의 사람은 기업의 궁금증을 풀지 못하고 액면 그대로 드러난 물음에 똑같은 형식과 내용의 자기소개서를 제출하고 있다.

취업 전까지 많은 사람은 소비자의 입장에서 살아왔다고 할 수 있다. 하지만 사회생활로 접어들면 소비자가 아니라 공급자 모드가 되어야 한다. 채용 담당자들은 여전히 소비자 모드에 머물러 있는 뜨내기 지원자를 알아보는 무서운 눈을 가진 사람들이다. 가공되지 않은 이력서와 자기소개서를 통해 구직자의 성격부터 문서 작성 능력, 업무 스타일, 가치관까지도 볼 수 있다고 한다. 그 서류를 바탕으로 실제 면접을 해보면 서류에서 판단했던 부분에서 크게 벗어나지 않는다고 한다.

먼저 선택과 집중을 분명히 하고 시작하자. 글은 둘째 치고 일단 말하기부터 제대로 되게 한다. 사원을 뽑기 위해 면접을 하는 과정에서 가장 많이 하는 질문이 "왜 이 회사에 지원했는가?" 하는 것이다. 그런데 대부분의 구직자들이 어이없게도 뜬구름 잡는 식의 표현을 많이 한다. 자아실현, 자기계발 등 관념적인 이유를 대거나 해당 분야 전문가가 되고 싶다는 모호한 말로 답변한다.

구체성을 가져야 한다. 어떤 일에 관심이 많다거나 그 부분을 공부하고 자료를 수집해서 어떤 것을 만들어보고 싶다거나 하는 굵직굵직하지만 구체적

인 예시를 해주어야 한다. 그래야 이해도 쉽고 자신이 잘 드러나기도 한다. 글은 '소통', '이해'가 중요한 기능이지만 때로 자신의 지식을 과시하고 싶은 욕심에 어려운 말로 쓰지 않도록 조심해야 한다. 소통은 상대방이 무식해서 못 알아듣는 게 아니라 내가 잘 표현하지 못하는 무능력 때문일 때가 더 많다.

당신이 100만 원짜리 컴퓨터를 샀는데 그 값을 다 했다고 생각하기 전에 성능이나 시스템에 문제가 생겨 구입한 것을 후회한다면 얼마나 화가 나고 손해가 나겠는가. 모집 중인 인력의 연봉이 3천만원이라고 할 때 기업은 3천만원짜리 상품을 구입하는 것과 다르지 않다. 기업에 1년 동안 3천만 원어치의 일을 해줄 사람을 찾는 것이다. 기업의 입장에선 눈에 불을 켜지 않을 수 없다. 그렇기 때문에 당신의 장점과 실력을 잘 드러내줄 수 있는 글쓰기에 최선을 다해야 한다.

## 3. 콘셉트와 스토리텔링

10초 안에 담당자의 눈에 들게 하는 이력서는 무엇일까. 우선 입사지원서와 이력서를 채용 규모에 따라 구분하는 것이 유리하다. 몇 백, 몇 천 명이 몰리는 경우와 소규모 수시 채용인 경우를 구분해 작성방법을 달리하는 것이다. 지원자가 적을 경우엔 꼼꼼한 서류가 좋지만 지원자가 몰려 경쟁률이 높은 경우에는 최대한 회사 요구사항을 정확히 지켜 작성하는 것이 좋다. 소규모 채용에서는 본인의 장점을 최대한 부각시킬 수 있는 자기소개서 등 주관적인 자료가 힘을 발휘한다. 기본 양식에서 조금 벗어나더라도 자신의 매력을 발휘할 수 있는 이력서를 작성하는 것이 좋다.

입사지원서에도 시대별로 트렌드가 있는데, 오늘날은 먼저 콘셉트를 잡고 구체적인 경험을 스토리화해서 자기 강점이 잘 드러나는 경향이 대세다. 이력서와 자기소개서 전체에는 일관된 스토리가 있어야 한다. 여러 가지 경험 속에 행동가의 모습이 '느껴지게' 해야 하고 그런 행동파의 모습이 어떤 성과를 올렸는지까지 일관되게 한 방향으로 모아져야 한다. 행동파의 기질 덕분에 진행 안 되는 지지부진한 어떤 일을 해결했던 사례, 자신을 성장시켰던 부분, 누군가에게 칭찬을 들었던 부분, 어떤 문제를 해결했던 일들이 좋은 사례가 될 수 있다. 자원봉사 활동, 특별한 여행 경험, 활발한 공모전 참여와 같은 다채로운 경험 중에서 자신이 지원하는 직종과 관련된 구체적인 경험이나 능력을 쓰는 것이 중요하다. 막연하게 '능력이나 열의가 있다'식의 표현보다는 구체적인 스토리를 발굴해서 구성하는 것이 좋다.

내용을 담는 그릇, 즉 형식에도 소홀함이 없어야 완벽한 지원서의 꼴을 갖추었다고 할 수 있다. 편집을 잘하는 것은 좋은 글을 더 돋보이게 하는 능력으로 비슷비슷한 막강 지원자들끼리의 경쟁에서는 분명하게 유리하게 작용할 수 있다. 예를 들어 무역파트 지원자라면 생년월일을 '제품 출고일'로, 자신의 특기를 '제품의 특징 및 성능' 등으로 표기해 회사의 성격에 맞는 전략을 사용하여 눈에 띄게 하는 것도 좋을 것이다. 카피라이터나 광고 홍보업무에 지원한 경우 '커피 한잔과 함께 하는 아무개와의 데이트' 등 광고시안 같은 신선한 표현으로 자신이 업무에 적합한 인물임을 어필하는 것도 효과적이다.

**예시 3**

1분 자기소개 스토리텔링 예시
안녕하십니까? 수험번호 1212번 ○○○입니다.
저는 국립 암센터에서 폭포 같은 ○○○가 되겠습니다. 폭포는 여러 가지 장점이 있는데 그 중 3가지가 저와 닮았습니다.
첫째, 지친 등산객에게 시원함과 행복감을 주듯 저의 특기인 공감과 경청 능력으로 환자에게 속 시원한 행복감을 드리겠습니다.
둘째, 폭포가 고농도 산소음이온 방출하여 면역력 증강의 효과를 주듯이, 저 또한 전문적인 간호기술과 설명능력으로 환자분들의 고통 절감에 도움이 되어드

> 리겠습니다.
> 마지막으로 폭포가 푸른 하늘, 울창한 나무와 어우러져 장관을 이루는 것처럼, 저도 동기님, 선배님, 그리고 저와 함께 일하시는 모든 분들과 조화롭게 어우러져 '모두가 행복한 국립 암센터'의 일원이 되고 싶습니다.

돋보이는 편집에는 채용담당자가 알고 싶어하는 것을 두괄식으로 앞에 배치하는 것이다. 경력 사항을 가장 앞부분에 배치하는 것이 필수다. 신입사원으로 지원하는 사람이 무슨 경력사항을 쓸까 하겠지만, 경험이 곧 경력이라고 생각하면 된다. 아르바이트 경험, 봉사 경험, 인턴 경험 모두 신입 지원자에겐 경력이다. 서술식 경험의 나열이 아니라, 세부 업무의 내용을 각각 소항목으로 분류해 시각적 효과를 높인다. 업무 수행 중 경험했던 돌발 상황이나 위기상황, 시련 중에 자신의 역할로 긍정적 결과를 낼 수 있었던 사례를 스토리텔링하여 잘 표현한 후, 그런 경험에서 얻은 가치관이나 소신을 솔직담백하게 고백해 읽는 이에게 동질감과 유대감, 더 나아가 마음의 울림을 줄 수 있으면 성공이다

자신의 가치를 한 문장 정리한 후 왜 그런 사람인지 설명하는 방법도 있다. 라면을 '가장 빠르고 간편하게 먹을 수 있는 한 끼'라고 정리할 수 있는 것처럼, 쉽게 말해서 '나는 무엇이다'라고 정의하는 것이다. 이것이 명료하지 않다면 사실 다시 작성해야 한다. '평범함을 거부하는 아이디어맨'인지, '말보다 발로 뛰는 행동가'인지 자기 스스로를 간단한 한 문장으로 정의할 수 있어야 한다. 그런 후 '나는 무엇이다'라고 정의한 의도, 즉 왜 나는 그런 사람인지 부연 설명을 한다. 예를 들어 '말보다 발로 뛰는 열정의 행동가'라고 정의를 했다면, 이력서를 작성하는 사람은 자신이 열정의 행동가인 이유와 사례를 들어 작성해야 한다. 이력서를 작성한 구직자 나름의 논리와 개념이 뒷받침되어야 한다.

문장의 구성 능력 또한 중요한데, 곧 지적인 능력과 그 사람의 가치관을 판단하는 잣대가 될 수 있다. 읽는 사람의 입장을 고려하고 배려해야 하는

것은 글쓰기의 기본이다. 누구라도 이해할 수 있게 명료하게 써야 한다. 그러기 위해서는 한 문장에는 한 가지만 전달하겠다고 마음먹어야 한다. "단순한 것이 아름답다"는 말은 자기소개서에도 중요하게 적용되는 말이다. 어떤 회사에서는 두 쪽이 넘는 보고서는 아예 읽지도 않고 버린다고 한다. 간결하게 써야 한다는 것은 문장 길이와 문단 구성, 전체 분량 모두에 적용된다. 보통 한 문장에 적합한 글자수는 평균 20자, 많아야 40자 내외가 좋다. 불필요한 수식어가 들어갈 자리는 없다.

문자나 메신저, 메일로 익숙한 짧은 글쓰기에 익숙하더라도 잘 쓴 긴 호흡의 글을 많이 읽고 많이 쓰는 바람직한 훈련이 필요하다. 필요하다면 글의 논리력이나 문장력을 키워줄 수 있는 책이나 강좌로 공부할 각오까지 해야 한다. 이력서나 자기소개서 정도 쓰자고 그런 것까지 배워야 하나 하지는 말자. 그것이 당신의 미래에 지대한 영향을 끼칠 수 있고 글쓰기 능력을 통해서 당신의 인생까지도 달라질 수 있기 때문이다. 아직 학생이고 당장 어디에 입사할 계획이 없다고 하더라도 머지않아 쓰게 될 자기소개서를 평소에 꾸준히 고치고 업데이트한다면 더 좋은 결과물을 얻을 수 있을 것이다.

## ■ 완성한 자기소개서에서 확인해야 할 점

### 1. 처음 석 줄이 인사담당자의 시선을 끌 수 있는가?

자기소개서를 끝까지 읽을 것인지 말 것인지 이 석 줄에 달렸다는 것을 잊지 말자. 제목도 그냥 평범하게 '자기소개서'라고 하지 말고 좀 더 특별한 제목을 붙이는 것도 눈길을 끌 수 있다.

### 2. 문장의 길이는 적당하고 표현은 간결한가?

인사담당자는 소설을 읽고 싶어 하지 않는다. 간결하게 핵심을 잡은 글을 원한다. 문장은 쉽고 간결하며 명확한 표현을 쓴다.

### 3. 지원하는 분야와 관련 없는 내용이 들어 있지 않은가?

예를 들어 영업 분야에 지원하는데 자기 운동감각을 뽐내서는 안 된다. 영업 분야에 지원했다면 그에 따른 관련 경력이나 활동, 그리고 흥미도와 성과 등을 집중적으로 쓰면 된다. 너무 많은 내용을 쓰려하지 말고 한 가지 테마를 설정해서 깊게 써내려 가는 것이 유리하다. 입사 동기와 지원 포부에 50% 정도, 나머지를 적절히 안배하여 A4용지 2, 3장에 핵심적인 내용을 요약해 자신이 별도로 소제목을 달아 정리하는 것이 필요하다.

## 4. 남들도 많이 쓴 표현이 주를 이루지 않는가?

누구나 할 수 있는 일반적인 생각을 쓰지 말고 내 소중한 경험에서 비롯된 구체적인 표현을 한다. 가족이나 태어난 고향 얘기는 아예 쓰지 않아도 된다. 인사담당자가 정말 궁금하다면 면접 볼 때 물어볼 것이다. 희망 · 각오를 말할 때는 '열심히' '최선을 다해'라는 일상적인 표현은 자제하고 흔한 인용구도 쓰지 않아야 한다. '피할 수 없다면 즐겨라', '꿈은 반드시 이루어진다' 이런 말은 자기소개서에 가장 많이 나오는 인용구다. 자기소개서의 독창성은 대단히 중요하지만 독창성이 엉뚱함으로 번지지 않았는지도 체크해야 한다.

## 5. 너무 겸손하지 않은가?

겸손은 미덕이지만 자기소개서에서 지나친 겸손은 더 이상 미덕이 아니다. 자신을 적당히 홍보할 줄 아는 사람이 유능해 보인다. 계약직, 파트타임으로 일한 경험도 소중하다. 자신이 그 일을 하면서 얻는 생생한 경험이 중요하지 일한 시간이 중요한 것은 아니기 때문이다. 자신의 소중한 경험을 공감할 수 있게 쓰는 것이 중요하다.

1. **태어나서 지금까지 내 삶에서 기억나는 이야기나 사건을 10대 뉴스로 정리해보자.**

예) 7세. 우리 동네에서 불 난 광경을 보고 그날 밤 자다가 이불이 젖도록 오줌을 쌌다.

8세. 할머니가 돌아가셨다.

9세. 땀 흘려 일하고 용돈 받았다.

10세. 아버지와 단 둘이 지리산 정상을 올랐다.

12세. 어머니 생신날 처음으로 미역국을 끓여 드렸다.

13세. 글쓰기로 처음 칭찬 들었다.

14세. 좋아하는 친구에게 처음 고백했다가 거절당했다.

14세. 일기장을 태웠다.

15세. 내가 좋아하는 일을 찾았다.

16세. 하프마라톤에 도전했다.

**2-1. 내 미래 직업에 대한 기호 찾기**

(내 전공분야의 성공인 / 나의 롤모델 / 닮고 싶은 인물 / 내가 연구하고 싶은 분야 / 내가 갖고 싶은 직업 등 반드시 포함)

**2-2. 나를 소개 하는 한 문장"나는 ○○○다"를 완성해보자.**
**왜 그런 정의를 했는지 그 이유도 쓴다.**

예) "나는 본 적이 없는 알이다." 닭이 될지, 오리가 될지, 타조가 될지, 독수리가 될지, 공룡이 될지, 주몽이 될지 모르는 아직 정체를 알 수 없는 알이다. 내가 알에서 어떻게 깨어날지 모르지만, 언제나 가능성이 큰 사람으로 평가받고 싶다.

**3-1. 파트너 정해서 1:1 크로스 인터뷰 하기** (20문항/ 파트너와 함께 사진 찍기)

알고 싶은 점으로 인터뷰 질문지 만들기 / 답변 받기

**예)** 내가 타고난 환경 중에 가장 감사한 것은?

어려운 문제가 생기면 누구와 상의합니까?

대인관계에서 중요하다고 생각하는 점 3가지를 말해주세요.

**3-2. 타인에게 나를 소개하기** (20문항)

파트너가 한 질문 외에 알리고 싶은 점을 중심으로 스스로 인터뷰하기 & 답변하기

**예)** 내가 타고난 환경 중 가장 힘든 것은?

지금까지 살면서 내가 경험한 자랑스러운 일은?

이제까지 가장 후회스러운 결정은? 혹은 잊지 못할 실수는?

# 5장

# 스피디한 글쓰기

# 5장 스피디한 글쓰기

## 1. 가장 짧은 글, '제목' 달기

이름에 대한 난센스 퀴즈가 있다. 이미 잘 알고 있는 내용도 있고 한 번도 못 들어본 내용이 있는 것을 보면 시대가 흘러도 꾸준히 업데이트 되는 것 같다.

> 일본 최고의 구두쇠 이름은? 도나까와 쓰지마
> 프랑스 최고의 마마보이 이름은? 에밀졸라 막졸라
> 인도에서 가장 멍청한 철학자 이름은? 알간디 모르간디
> 독일의 막가파 두목 이름은? 칼 막 휘둘러

그냥 외국인 이름은 잘 잊지만 이런 식이면 한번만 들어도 잊히지 않을 것 같다. 그렇게 잊히지 않는 인상적인 이름이 있다. 선생님들은 40명이 넘는 학생들의 이름을 다 외우지 못하면 출석부에 적힌 이름을 불러 질문을 던지곤 하는데, 조금만 특이하면 선생님은 달라도 수업시간마다 질문을 받는 학생이 있기 마련이다. 매번 질문에 당첨되는 그 친구는 자신의 이름 때문에 본의 아닌 유명인이 되어 모르는 선생님이 없게 된다.

사람 이름과 마찬가지로 글이나 책에서도 제목은 중요한 역할을 한다. 한

학생의 이름을 유독 불러대던 선생님들처럼, 독자들은 제목이 좋으면 글이나 책을 읽고 싶은 충동이 일어난다. 모 기업의 부장님도 하루에도 수십 통씩의 이메일, 각종 판촉물, 부하들이 올린 보고서, 기획서 등을 받는데, 꼭 읽어야 할 것을 고를 때는 제목에서 느껴지는 강한 메시지나 인상이 있을 때라고 한다. 제목은 한 마디로 글 전체를 눈에 띌 수 있게 포장해주는 포장지와 같다.

제목 먼저 쓰고 글을 쓰는 경우도 있지만, 글을 다 쓴 후 제목을 마지막에 결정하는 경우도 있다. 먼저 제목을 정한 경우라도 글을 다 쓴 후 다시 고치는 경우도 흔하다. 책을 쓰는 사람들은 가장 먼저 하는 일이 바로 목차를 정하는 것인데, 목차를 정리하면서 단락마다의 제목을 먼저 붙인다. 제목을 먼저 붙인다는 것은 글을 쓰기 전 구상 단계에서 어떤 주제로 어떻게 전개해 나갈 것인가가 명확할 때 가능하다. 즉, 쓰고자 하는 글의 전반적인 개요가 확실할 때 제목을 뽑기가 수월하다.

대부분 글쓰기를 시작할 때 제목을 먼저 쓰기 보다는 내용을 먼저 서술하게 된다. 제목 뽑기가 어려운 것은 글을 쓰는 소재는 분명하지만 주제가 명확하지 않기 때문이다. 대부분 글을 쓸 때 '무엇에' 대해 쓸지는 정해 두지만, '어떻게' 쓸지 생각하지 않고 그대로 시작하는 경우가 많다. 무엇에 대해 어떻게 전개해 나가며 결론적으로 자신이 말하고자 하는 부분이 분명할 때 제목은 저절로 떠오르게 된다. 제목부터 쓰고 생각을 하고 글쓰기를 시작하는 습관을 들이면 훨씬 수월해진다.

**읽기 자료**

영화 "호랑이보다 무서운 겨울손님"
- 이광국 감독이 이렇게 제목을 정한 이유

'오뉴월 손님은 호랑이보다 무섭다'는 속담을 듣고 그 말에 어떤 이야기가 담겨 있을 거란 생각을 했다. 한 남자가 알 수 없는 이유로 여자 친구에게 버림받은 장면이 떠올랐고 자연스럽게 그 시절 내가 느낀 두려움과 비겁하게 도망쳤던 기억을 담게 됐다. 이야기를 잘 만들면 겨울쯤에는 촬영을 할 수 있지 않을까 해서 '겨울손님'으로 제목을 바꿨다.

## ▷ 내 글을 더욱 돋보이게 제목달기

### – 짧고, 쉽고, 정확하게

예전 스포츠 신문에 나온 기사 제목에 '○○○…… 벌떡'이라는 제목이 있다. 부상당한 ○○○ 선수가 회복해서 정상을 향해 드리블을 한다는 내용의 기사다. 제목 자체를 잘 뽑았다기보다는 '○○○ 병상에서 일어나' 등의 고정적인 형식에서 벗어나 독자의 눈길을 사로잡는 데 성공했다.

### – 어울리지 않는 단어의 조합으로 호기심을 유발하라

영화 〈살인의 추억〉은 추억이 모두 아름다운 것은 아니지만 추억에 대한 이미지는 아련하고 아름다운 것으로 인식되었다. 그 틀을 깨고 살인이라는 악의적인 것과의 조합으로 제목이 성공한 예라고 할 수 있다.

### – 흥미를 유발해라

주위를 둘러봐라. 제목의 소스가 될 것은 널려 있다. 매일 아침 읽는 아침신문을 봐도, 인터넷을 검색하다가도 우리는 무수히 많은 제목들과 접한다. 첫눈에 당신의 눈에 들어온 제목은 무엇인가? 예를 들어 인터넷 미디어의 기사를 볼 때 당신은 어떤 기사에 '클릭'을 하는가? 제목이 살아 있어야 클릭하게 된다.

### – 기사 제목 공부의 교과서

제목 없는 기사는 없다. 신문이나 인터넷 기사를 접할 때마다 들어오는 건 각각 기사들의 제목. 제목만 봐도 기사를 다 읽은 것 같은 착각이 든다. 기사를 읽게 만들려면 제목을 잘 뽑아야 한다. 그 탓에 인터넷 미디어에선 본문 기사와 관련 없는 낚시성 제목이 문제가 되고 있지만, 제목은 짧고, 쉽고, 정확하게 내용을 전달해 줄 수 있는 것이어야 한다.

## 2. 생활 속 소소한 글쓰기

우리는 원래 타고나기를 글을 잘 쓸 수 있는 사람으로 타고났다. 글을 억지로 시켜서 쓰고, 자꾸 이렇게 저렇게 써라 참견하고, 글로 하면 좋은데 말로만 하고, 카드 쓰기보다 문자 보내기를 생활화하고, 책을 읽기보다 휴대전화로 게임하기를 반복하다보니 '천부적인 글쓰기 능력에 대한 기억'을 잃어버린 듯하다. 그 기억과 습관을 되찾는 일에는 어떤 것이 있을 수 있을까.

'말로 해도 되는 것을 꼭 글로 써보는 일'이 있다. 우선 내가 다녀간 자리에 메일이나 카드, 편지가 남아 있게 한다. 예쁜 카드를 평소 많이 사다두고 특별한 날이 아니라도 가까운 사람에게 고마운 마음, 애정이 있는 마음을 수시로 전한다. '미안하다', '죄송하다' 같은 말도 손글씨로 마음을 담아 글로 전한다. 자주 안부편지를 쓰고 좋은 글을 써서 마음을 표현하는 것은 나를 다시 바라보게 한다.

사실 우리는 의식하지 못하지만 매일 글을 쓴다. 휴대전화의 문자메시지, 이메일을 통한 편지 등은 비록 짧을지라도 사람들에게 자신이 하고 싶은 말을 글로 쓰는 데 많은 용기를 준다. 포털사이트 기사 아래 달리는 게시판 댓글만 봐도 많은 사람들이 참으로 읽고 쓰는 일을 일상적으로 한다는 것을 알 수 있다. 인터넷의 익명성이 그런 용기를 가능하게도 하지만, 톡톡 자판을 두드리는 일은 생각이 바로 글이 되고 종이에 쓰는 것보다 훨씬 미미한 노동으로 글쓰기 공포를 많이 잊게 했다.

원고지에 만년필로 글을 쓰다가 애지중지하던 그 만년필을 떨어뜨려 못쓰게 된 후, 워드프로세서를 이용해 글을 쓰게 된 고 박완서 작가가 쓴 글을 읽어보자.

> 오디오나 비디오 등 가전제품의 기초적인 조작도 잘 못하는 내가 일찍부터 기계로 글을 쓴다는 걸 사람들은 신기해하고, 스스로도 좀 웃긴다고 생각하고 있다. (중략) 컴퓨터의 문서작성기능은 이런 내 불편을 일시에 덜어

> 주었다. 오죽해야 처음 워드프로세서를 써보고는 꿈의 기계라고까지 극찬을 아끼지 않았던가. (중략) 내가 컴퓨터로 글을 쓴다는 걸 알고 속도를 내는 재미에 힘 안들이고 다작을 할까봐 걱정해 주는 친구가 더러 있다. 그러나 그런 걱정은 안 해줘도 될 것 같다. 생각하는 속도가 기계를 따라가기는커녕 기계가 생각하는 속도를 따라가는지 내가 하루 쓸 수 있는 완성된 원고의 양은 손으로 쓸 때보다 오히려 줄어가는 추세이다
>
> – 故 박완서, '참을 수 없는 종이와 활자의 가벼움' 〈이 작가의 문학앨범〉 국민일보(1996.4.27일자) 인터뷰 인용

작가는 생각하는 속도 그대로 글자로 구현할 수 있는 기계의 편리함에 대해 말한다. 컴퓨터 자판은 생각이 글로 변환하는 속도가 거의 동시에 이루어진다는 점이 혁명이다. 거기에 더해 흔적 없이 글을 수정할 수 있다. 글쓰기를 의식하지 않고 말하는 느낌으로 좀 더 쉽게 대하게 된다. 그래서 인터넷 게시판에 의견을 올리는 무형식의 짧은 글부터 긴 호흡의 본격 창작물에 이르기까지 자유롭게 마음껏 쓸 수 있다는 점이 매력이다. 각종 커뮤니티 게시판에 올리는 인사말과 답변, 댓글, 쪽지와 메신저, 이메일을 통해 어느새 조금씩 글쓰기에 익숙해진다. 뭘 쓸까 고민하는 과정 없이 비교적 수월하게 쓰게 된다.

이런 과정을 통해 어느 정도 실력을 갖추고 자신의 글에 공감하는 독자가 늘어나면 서서히 자신감이 생긴다. 잠은 잘수록 늘고 말은 할수록 늘고 글쓰기 역시 쓸수록 그 실력이 는다. 어떤 방법으로든 많이 써보는 것이 중요하다. 그러기 위해선 끊임없이 읽는 일을 게을리 하지 않고 언제나 일상생활에 애정을 갖는 일이 중요하다. 내 일을 사랑하고 내 생활에 관심을 가지면 쓸거리가 생기고 쓸 방법이 생긴다. 글쓰기에 자신감이 생긴다는 것은 자기 삶에 자신감이 생기는 일이기도 하다. 자기표현 능력이 좋아지면서 더욱 적극적이고 능동적인 사람이 된다. 소극적이고 자신감 없는 사람들일수록 글에 자기 생각을 촘촘히 써보는 연습을 하면, 은근하지만 자기중심이 단단한 마음이 자리 잡고 더불어 삶의 질도 한결 높아질 것이다.

## 3. 인터넷에 만드는 나만의 글쓰기 방

블로그나 SNS는 나만의 글쓰기 자리를 만들 수 있는 최적의 공간이다. 쓰다가 쓰기 싫으면 안 쓸 자유도 있고, 바쁜 일이 많으면 한동안 안 쓰다가도 다시 쓸 자유도 있다. 내 글을 읽으려고 하는 독자가 늘어나기도 하다가 또 줄어들 수도 있다. 그러나 또 새로운 독자의 발걸음이 이어지는 곳이 사이버 공간이다. 익명성이 보장되니 부끄러울 일도 없다. 글쓰기에 대한 두려움을 가진 사람이라고 해도 사이버공간은 한층 용기를 낼 수 있는 곳이다. 재미있고 흥미로운 글쓰기의 훈련장으로 바로 지금부터 시작할 수 있다.

어떤 주제라도 하나의 테마를 정해서 글쓰기 공간을 만들어보자. 디지털 노트를 원고지 삼아 글을 쓸 때 주의할 점은 지나치게 인기 있는 글쓰기 방식과 타협하지 말라는 점이다. 다른 사람의 시선을 중요하게 생각하고 다른 사람의 눈길을 모으는 데 지나치게 신경쓰다보면 글도 그에 맞춰서 쓰게 된다. 남에게 칭찬 들을 생각, 남이 좋아할 생각에 초점을 맞추면 진지한 성찰에서 오는 글쓰기가 결과적으로 어려워진다. 블로그로 시도하더라도 그 기준이 단순한 인기 얻기라면 멀리 볼 때 진짜 글쓰기의 긍정적인 효과를 보기 어려울지 모른다. 어떤 글이냐에 따라 성격이 달라지긴 하지만, 글에 자신의 스타일이나 정체성을 담으려고 한다면 진지하고 성실한 내용이 필수적이다.

자신의 사소한 일상을 적어나가는 일기든, 여행기든 멋을 내지 말고 있는 그대로의 상황이나 사실을 그대로 그려내는 연습이 많아지면 그에 따른 생각이나 성찰은 저절로 나오게 되어 있다. 가급적이면 인터넷 매체나 TV보다는 책과 신문을 가까이 하는 것이 좋다. 또한 평소에 전공 분야뿐만 아니라 다양한 분야에서 깊이 있는 독서를 해야 한다.

## ■ 성공적인 디지털 글쓰기

① 글의 핵심이 드러나는 제목

호기심을 끌기 위한 낚시성 제목은 독자를 화나게 한다. 글이 무슨 내용인지 미리 감 잡을 수 있는 제목으로 정한다.

② 두괄식으로 전개

두괄식은 결론을 먼저 이야기하는 방식이다. 사람들은 인터넷 글에서 정보를 얻으려는 목적이다. 글이 길어지고 결론이 맨 끝에 나오는 방식은 사람들이 읽는 것을 포기하게 만든다.

③ 일관성 있게

제목을 정했으면 이 이야기 하다가 저 이야기 하지 말고 전하고 싶은 것을 일관성 있게 쓴다.

④ 나누기의 묘미 활용

디지털 매체로는 긴 글을 읽기 힘든 특성을 감안하여 가독성 있는 글쓰기에 신경 써야 한다. 가볍게 읽히도록 문단을 잘 나눠주고 한 줄을 비움으로써 더 읽기 쉽게 편집한다. 한 포스팅마다 글의 분량도 적당해야 한다. 글이 길어질 땐 (1) (2)…로 글을 나누어 싣는다.

⑤ 짧은 문장

긴 문장도 이해는 될 수 있다. 무슨 뜻인지 이해는 되지만 읽기가 힘들면 안 된다. 짧은 글로 생각도 가볍게, 이해도 빠르게 돕는 것이 좋다.

## ■ SNS와 블로그

트위터, 페이스북 혹은 블로그 같은 소셜 미디어에 글쓰기를 하는 인구는 폭발적으로 늘었다. 짧은 글쓰기로 글쓰기를 조금 더 '만만하게' 만드는 좋은 도구들이다. 하지만 손끝에서 이루어지는 이런 글쓰기는 잘 하면 그 효과가 크지만, 잘못했을 경우는 그 화가 만만치 않다. 이용하는 사람들이 많고 빠르게 전파되기 때문이다. 일단 소셜 미디어가 나에게 유용하기 위해선 다음 세 가지를 해야 한다.

### 1) 소셜 미디어의 운영 목적 정하기

일단 남들 다 하는데 나만 안 하면 왠지 외톨이가 되는 것 같고 정보에 어두워지는 것 같은 불안감에 그냥 시작하는 사람들이 많다. 소셜 미디어를 효과적으로 활용하려면 내가 이것을 운영하는 이유가 무엇인지 분명히 생각하고 하는 게 중요하다. 그래야 써야 할 글도 올릴 사진도 일정한 수위를 정하게 되고 그 안에서 관리할 수 있다.

### 2) 꼼꼼하고 성실한 관리

소셜 미디어는 일단 시작했으면 성실한 관리가 이루어져야 한다. 직장인은 이것으로 평판이 좋아질 수도 나빠질 수도 있기 때문이다. 남들 다 하니까 편하게 시작해서 크게 신경 안 쓰고 운영하다가 사진 한 장 잘못 올려 거짓말한 게 들통 나고, 글 하나 잘못 써서 주변에 미운 털이 박히는 그런 일이 생기면 안 된다.

### 3) 다 쓴 글 살피기

이미지가 중요해서 잘 나온 자기 사진을 또다시 한번 더 보정해서 올리는 것보다 더 중요한 게 있다. 길지 않은 글로 자기 이미지를 한순간에 망칠 수 있기 때문에 자기가 쓴 글을 면밀히 찾아 관리해주어야 한다.

- 기분에 취해 거친 언어로 막 뱉듯 써놓은 글은 아닌가.
- 은근히 특정인을 비방하거나 음해하는 글은 아닌가.
- 조울증 환자처럼 감정이 종잡을 수 없게 표현되진 않았는가.
- 관심 받고 싶은 나머지 하루에도 몇 개씩 새 글을 올리진 않았나.
- 맞춤법 실수가 많진 않은가.

## ■ 블로그 글을 잘 쓸 수 있는 방법

블로그는 긴 글을 쓸 수 있다는 특성이 있기 때문에 마음먹고 본격적인 글쓰기가 가능하다. 블로그를 오래 운영하면서 어디서 퍼온 글, 퍼온 사진을 올리지 않고 자기 글로 채워가다 보면 확실히 글쓰기에 자신감을 갖게 된다.

### 1. 블로그 글쓰기를 위한 동력 필요

- **독서** : 글 쓸거리가 풍부해지고 사고의 영역도 넓어진다.
- RSS : 자신만의 시각으로 잘 쓴 글을 만나면서 내 생각을 조화롭고 균형 잡는 데 도움을 받을 수 있다.
- **주변 사람** : 내 주위 사람이 하는 이야기만 잘 귀담아 들어도 어떤 생각을 하고 있는지 알 수 있고 그것을 토대로 공감할 수 있는 글을 쓸 힘이 생긴다.

### 2. 자기만의 글 틀

"나는 서론 – 본론 – 결론 이렇게 쓰겠다. 본론에선 세 가지 핵심 메시지를 만들어 넣겠다." 이런 식으로 자기만의 규격화된 글쓰기 형식을 만들어 두면 글을 쓸 때보다 빠르게 쓸 수 있고, 자신의 생각을 좀 더 일목요연하게 정리하여 쓸 수 있다. 글이 잘 안 써질 때도 그 형식에 맞춰서 중요 단어를 나열해 둔 후 글을 쓰기 시작하면 글을 한결 수월하게 쓸 수 있다.

### 3. 한눈에 볼 수 있는 글

호흡이 너무 긴 글보다는 되도록이면 한눈에 볼 수 있는 글이 메시지를 전달하기에 좋다. 이를 위해 문단이나 단락을 자주 바꿔주는 것이 필요하다. 보통 한 단락에 3~5줄이 가장 보기 편하다. 긴 글보다는 단락을 나누어서 글을 쓰는 연습을 하자.

블로그를 성실하게 운영하면서 자기 생각을 글로 차곡차곡 모아두면 큰 재산이 될 수 있다. 사고력의 성장, 인간관계의 성장, 이미지의 성장, 그리고 무엇보다 글쓰기의 성장이 이루어질 것이다. 짧거나 적당한 길이의 글을 하루 한 개씩만 써보자. 언젠가 책으로 엮을 수도 있다.

1. **인상적인 영화 제목을 3개 쓰고 영화 제목만으로 연상되거나 궁금한 것 5가지 쓰기** (실제 내용과 달라도 된다)

예) 너의 췌장을 먹고 싶어 (아직 안 본 영화)

① 딱 일본영화 느낌

② 시한부 환자의 이야기?

③ 많은 장기 중에 하필 왜 췌장일까?

④ 어떤 영화일지 전혀 감이 안 온다.

⑤ 뭔가 슬플 것도 같다.

2. **보도사진이나 작품 사진 3점 보고 각각 댓글 3줄 쓰기**

예) 케빈 카터의 1994년 퓰리처상 수상작 "수단의 굶주린 소녀"

① 아기도 마르고 독수리도 마른 땅

② 머리보다 가벼운 몸

③ 기자는 저 사진을 찍고 아기를 독수리로부터 구했을까?

### 3. 크리스마스 파티 초대장 쓰기

예) 소중한 내 친구들!

그대들의 작년 크리스마스는 어땠어?

입시에 벗어난 해방감으로 즐거웠을까?

아직 끝나지 않는 입시 때문에 구질구질한 마음이었을까?

올해는 다르다. 달라야 한다.

대학 입학 후 첫 크리스마스. 그냥 보낼 수야 없지.

장소는 이 몸이 제공할 터이니 그대들은 두 가지만 준비해줘.

① 각자 2만원 정도의 먹을거리

(해오든 사오든 자유! 단톡방에서 겹치지 않게 상의합시다!)

② 드레스코드: 상하의 중 하나. 빨강 또는 초록색

**4. 일상 글쓰기 : 감사 칭찬 일기 쓰기**

**예)** 첫 알바로 힘들었던 지난 달. 내 어려움을 다 들어준 K에게 감사합니다. 과(科)방이 어질러질 때마다 가장 먼저 정리정돈을 시작하는 민지를 칭찬합니다.

6장

# 전략적 글쓰기

# 6장 전략적 글쓰기

## 1. 손으로 생각하기

앞서 공부한 '스피드 글쓰기'는 긴 생각을 요구하지 않는 글쓰기다. SNS에 사진과 함께 글을 쓰거나 커뮤니티 게시판에 글을 쓰고, 기사에 댓글을 달 때는 금방 떠오르는 생각을 바로 쓰면 된다. 하지만 일정한 분량과 구성을 가지고 있는 블로그 글을 비롯해서 본격적으로 수필이든, 설명문이든, 논설문이든 한 편의 글을 쓰려고 하면 SNS 글처럼 그냥 바로 쭉쭉 써지진 않는다. 첫 문장 한두 줄이야 생각이 나겠지만 문단이 바뀌고 거기에 좀 더 세분화된 글을 써넣는 일은 쉽지 않다. 그래서 생각을 해야 한다. '무엇을 어떻게 쓸까'를 생각해야 하는데, 이것이 바로 글의 '구상' 단계다.

구상을 하지 않고 생각나는 것을 모두 바로바로 옮길 수도 있다. 그러나 다 쓴 글을 나중에 읽어보면 당황할 때가 많다. 앞뒤 문맥이 맞지도 않고, 앞에 했던 이야기 뒤에서 또 하고, '그래서', '그런데' 같은 접속사를 남발하고, 그러면서도 무슨 말을 하려는 건지 뚜렷한 메시지가 없다. 빨리 쓴 것 같지만 고치느라 오히려 시간이 더 많이 걸린다. 구상을 제대로 해서 어떤 내용을 쓸 것인지 차근차근 정리한 후 쓰면 시간도 적게 걸리고 짜임새 있는 글을 완성할 수 있다.

글쓰기에서 구상 단계는 생각을 떠올리고 정리하는 시간이다. 무엇을 쓸까 계속 생각하다보면 어떤 사건이나 이미지가 떠오른다. 만약 '내가 소개하고 싶은 어떤 사람'에 대해 글을 쓴다면 왜 그 사람을 소개하고 싶은지, 그 사람은 어떤 사람인지, 나와의 관계는 어떤지, 이 사람과 함께 한 잊히지 않는 일은 어떤 것이 있는지, 나에게 어떤 영향을 준 사람인지, 이 사람과 앞으로 어떻게 지내고 싶은지 등을 생각할 수 있다. 이런 생각을 간단히 메모해도 좋고 글을 이어갈 '키워드'를 나열해볼 수도 있고 그림이나 표를 그려도 좋다. 자유롭게 생각나는 대로 손 가는 대로 써본다.

그림이나 표라고 하니 어리둥절할 수 있지만 간단하게 생각을 글과 그림, 기호 등을 이용하여 정리하고 그것을 커뮤니케이션에 이용하고 활용하는 '비주얼 씽킹'을 활용하면 된다. 비주얼 씽킹에서 사용되는 그림은 나타내고자 하는 개념이나 사물의 특징을 간단하면서도 빠르게 나타내는 것이 특징이다.

### • 비주얼 씽킹의 종류

① 스케치북에 자유롭게 그리기

② 버블맵 : 우리가 알고 있는 마인드맵과 비슷하다.

③ 더블버블맵 : 두 가지 개념 혹은 사물의 공통점과 차이점을 적는 데 유리하다.

④ 서클맵 : 원모양으로 가운데 부분에 개념 혹은 대상을 쓰고 원의 바깥 부분에 설명을 쓴다.

⑤ 핑거비주얼 씽킹 : 자신의 손가락을 본떠 그리고 손가락과 손 부분을 이용하여 설명하는 데 사용한다.

아이디어 발상법이자 생각을 정리하는 방법으로 널리 알려진 '마인드맵'은 초중고 학교 수업 안에서 한두 번 쯤 해본 경험이 있을 것이다. 약도를 그리는 것처럼 정보를 정리해나가는 방법으로 이미지와 핵심어(keyword) 등을 이용하여 표현하는 것이다. 글을 쓸 때도 활용하기 좋은 방법이다. 종이와 펜만 있으면 별로 어렵지 않게 할 수 있다. 종이 위에 생각하고자 하는 핵심단어나 이미지를 넣고, 사방으로 뻗어나가며 떠오르는 주요단어나 기호를 넣으며 그림을 그리는 방식이다.

만약 소개하고 싶은 사람이 '언니'나 '형'이라고 할 때 종이 한 가운데에 형 혹은 언니라고 적고, 주요 주제에 대한 생각을 한 가지 뻗어서 단어를 하나씩 써넣는 것이다. 그 단어에서 연상되는 단어를 계속 이어간다. 더 이상 없다면 다른 쪽으로 가지를 하나 더 쳐서 다음 주제를 이어간다. 가지 수를 더 늘려나간다. 쭉 뻗은 한 가지 당 한 단락의 글을 만들어볼 수 있다.

## 2. 좋은 글에 들어 있는 공식

수학 문제를 잘 풀기 위해서는 기본 개념이나 공식을 잘 알고 있어야 문제에 적용해서 잘 해결할 수 있다. 마찬가지로 글쓰기에도 공식이 있다. 일명 육하원칙이라고 불러왔던 "누가, 언제, 어디서, 무엇을, 어떻게, 왜 했는가?"이다. 이 말은 우리 입에 착 달라붙어 있을 정도로 익숙한 공식이지만 내가 쓴 글에 이 여섯 가지가 잘 들어가 있는가를 챙기는 사람은 드물다. 하지만 이 공식에서 요구하는 여섯 가지 사항이 무리 없이 잘 녹아 있는 글이라면, 좋은 글이 될 가능성이 충분하다고 할 수 있다. 요즘은 육하원칙을 '5W1H'로 많이 부른다.

### ▷ 글쓰기 전에 살펴야 할 육하원칙(5W1H)

1) 언제(When) : 언제까지 글을 쓸 것인가?

단순하게는 글쓰기를 마치는 마감을 정하는 문제인데, 시의성이 있는 글이라면 그 시기를 잘 맞추어 김빠진 글이 되지 않도록 해야 한다. 선거 전에 투표를 독려하는 글을 쓰는데, 이미 선거가 끝난 후에 마감한다면 효과가 없다. 계절이나 특정한 날이 소재가 된 글이라면 '언제'의 문제가 더욱 중요해진다.

2) 어디서(Where) : 자료와 정보는 어디서 구할 것인가?

주제를 효과적으로 드러내는 자료 찾기는 꼭 해야 한다. 주제와 관련이 있는 자료는 많으면 많을수록 좋다. 책, 신문, 잡지, 인터넷, 그리고 자신의 체험과 남들의 입을 통해서 들은 간접체험에서 두루 찾을 수 있다.

3) 누가(Who) : 누구를 위해 쓸 것인가?

독자를 생각해야 한다. 어떤 층을 타깃으로 하는 글인지 분명하게 하고, 그에 맞는 어법이나 어휘, 표현 방법을 고르면 더 좋은 글로 독자에게 다가설 수 있다.

4) 무엇을(What) : 주제는 무엇으로 정할 것인가?

주제는 독자들이 이것만큼은 알아주었으면 하는 중심 생각을 말하는데 곧, 글의 가장 핵심적인 내용이라고 할 수 있다. 주제는 막연하거나 관념적인 것은 피하고 구체적이고 명료한 생각이나 의견이어야 한다. 가능한 범위를 좁혀야 구체적인 생각이나 의견이 생긴다. 자신이 잘 알고 있는 사실을 쓰되, 보편적인 가치로 인정받을 수 있는 주제여야 한다.

5) 어떻게(How) : 어떤 방식으로 글을 쓸 것인가?

먼저 진실하게 쓰는 것이 가장 중요하다. 그러면서 자기만의 독창성이 살아 있게 써야 한다. 과시하고 싶은 마음에 잘난 체한다거나, 이미 많은 사람들이 쓴 주제는 삼가야 한다. 독자로서는 그 밥에 그 나물일 뿐이어서 읽을 기분이 나지 않는다. 또한 짜임새 있게 구성하고 효과적인 표현을 해야 글맛이 살아난다.

6) 왜(Why) : 이 글을 왜 써야 하는가?

나의 생각이나 의견이 이 글을 읽는 사람에게 어떤 긍정적인 도움이나 영향을 줄 수 있는지에 대한 답이 있어야 한다. 이 같은 고민은 글쓰기에 책임감을 갖게 하고 더 진지하고 가치 있는 글을 쓰게 하는 나침반이 된다.

육하원칙에 맞게 여러 준비를 잘했는데도 막상 글이 안 되는 경우가 있다. 여행 가방을 챙길 때 뭘 입을지, 모자나 가방, 신발은 뭘 준비할 건지, 그밖에 필요한 게 뭔지 생각하면서 필요한 걸 그때그때 집어넣다보면 어느 순간 가방 공간이 턱없이 부족하다는 걸 깨닫는 것처럼 글도 마찬가지다. 여러 가지 자료가 많지만 그 자료를 어떻게 잘 구성하느냐에 따라 그 글에서 이야기하고자 하는 것을 아쉬움 없이 다 쓸 수 있다. 글쓰기는 주제라는 목적지까지 지도를 보면서 한걸음씩 가는 것과 같다. 지도 없이 목적지만 생각하다가는 길을 잃기 쉽다. 글쓰기 전에 우선 생각의 구성을 살펴봐야 한다. 내가 말하고자 하는 주제를 어떤 식으로 머릿속에서 풀어내느냐에 따라 글의 구성도 달라진다.

**예시 1**

'바람을 타는 즐거움, 짜릿한 즐거움'
이런 광고 카피를 사용하는 자전거 광고만 해도 두 가지 안을 생각할 수 있다.

A안 자전거
- 요즘 트렌드인 웰빙
- 사람들은 잘 살기를 바란다.
- 인라인처럼 자전거도 단순한 이동 수단이 아닌 취미와 건강으로까지 이어진다.
- 자동차와 마찬가지로 자전거를 통해 자기만의 자유로움과 바람을 가르는 기분을 느낄 수 있다.
- 자전거의 수요자는 자전거를 이용수단으로 여기기보다는 자기만의 취미로 받아들일 수 있는 이들을 대상으로 감각적인 이미지를 사용한다.

∴ 바람을 타는 즐거움, 짜릿한 즐거움을 표현해내는 이미지 광고 선택

B안 자전거
- 마니아들의 발견
- 자신만이 즐기는 스포츠가 있다. 나는 자전거의 마니아다.
- 스피드를 즐기고 산악도로를 자전거로 달리는 모험을 즐긴다.
- 자전거를 통해 나만의 자유로움과 바람을 가르는 기분을 느낄 수 있다.
- 자전거의 수요자는 자전거의 스피드와 기술을 중요시하는 마니아, 산악자전거 마니아들, 자전거 마니아를 꿈꾸는 이들을 위한 사실적인 이미지를 사용한다.

∴ 바람을 타는 즐거움, 짜릿한 즐거움을 직접적으로 표현하는 광고 선택

생각의 구성이 어떠냐에 따라 표현하는 방법은 달라진다. A안, B안 모두 같은 소재인 자전거로 바람을 타는 즐거움이란 주제를 표현했지만 머릿속의 구성이 달랐기 때문에 전혀 다른 광고 시안이 나온다. 글쓰기도 마찬가지다. 생각의 구성이 어떠냐에 따라 글도 달라진다. 이것이 바로 앞서 말했던 개요 작성이다. '길'이 글감이라면 목적지까지 여러 갈래의 길을 먼저 작성해본다.

꽃이 만발한 추억이 서린 길, 도전을 상징하는 험한 길, 자기 분야의 일을 묵묵히 해온 사람의 외길 등등, 여러 갈래의 길 중에 독자에게 주제를 확실히 보여줄 수 있는 그런 길을 선택한다.

## 3. 글의 설계도

개요는 쓸 내용과 순서를 정하는 것으로 글의 뼈대를 만드는 것이다. 너무 어렵게 생각할 필요는 없다. 앞서 말한 구상단계에서 생각한 비주얼 씽킹, 마인드맵 같은 것을 가지고 조금 더 깊이 생각해보고 그 상황을 떠올려보고 하는 구체화 과정이다. 개요는 다음 네 가지 단계로 짤 수 있다.

첫째, 글의 분량은 어느 정도 쓸 것인가? 보통 컴퓨터에서 워드작업으로 글을 쓴다면 A4 1매당 띄어쓰기 공백을 포함해서 1,600자 정도 된다. 원고지로는 8매. 이것을 알고 정하면 된다. 둘째, 문단의 수는 몇 개로 할 것인가? A4 한쪽엔 5~6개의 문단이 적당하다. 셋째, 각 문단엔 어떤 내용을 쓸 것인가? 각 문단에 쓸 내용을 정한다면 개요는 거의 다 짠 셈이다. 제목을 정하고 쓰기 시작하면 되지만, 글을 다 쓴 후 제목을 붙여도 무방하다.

> **읽기 자료 1**
>
> 저축을 잘하자.
> 우리 나라 속담에 '티끌 모아 태산'이라는 말이 있다. 비록 작은 것이라도 모으고 또 모으면 큰 것이 된다는 뜻이다. 따라서 푼돈도 모으면 목돈이 된다는 뜻도 된다. 개인 생활에도 돈이 필요하고 국가 살림도 돈이 있어야 한다. 갑자기 어려움을 당했을 때 돈이 없으면 당황하게 되기 때문에 평소에 저축하는 습관을 길러야 한다.

그러면 우리들은 왜 저축을 해야 하는지 그 이유를 더욱 구체적으로 알아보고 저축을 하는 방법도 생각해 보자.
저축은 우리들의 윤택한 삶을 보장해 준다. 평소에 꾸준히 저축을 해서 목돈이 되면 집을 사기도 하고, 가구나 가전제품 같은 큰 물품을 장만할 수도 있다. 또 갑자기 몸이 아파 병원 신세를 져야 할 때도 걱정을 덜게 된다. 또 저축은 국가 경제를 일으키는 데 도움이 된다. 우리들이 저축한 돈은 우리나라 산업 발전에 쓰인다고 한다. 그래서 저축을 하면 이자를 붙여 주기도 한다.
그런데 저축을 하는 방법에는 두 가지가 있다. 수입액의 얼마를 미리 저축하고 그 나머지 돈으로 생활을 하는 방법과 돈을 쓰고 남은 것을 저축하는 방법이 있는데, 먼저의 방법으로 저축을 하는 것이 좋다. 우리들이 용돈을 받으면 먼저 그 중의 일부를 저축한 다음에 나머지 돈을 쓰는 것이 좋은 방법이다.
이처럼 저축은 한 개인이 잘 살게 되는 길인 동시에 국가 경제에 이바지하는 길도 된다. 이제 우리는 낭비하는 태도를 버리고 저축을 해야 한다. 그러기 위해서는 평소에 검소한 생활 태도를 익혀야 하며 저축하는 데 힘을 써야 할 것이다.

윗글은 초등학생의 단순한 논설문이지만 이 글을 쓰기 전이라 생각하고 개요를 짜보면 이 정도가 될 것이다.

**읽기 자료 2**

제목 : 저축을 잘하자.
서론 : 미래 수단의 대비를 위한 수단이 저축이다.
본론 : 저축을 해야 하는 구체적 이유
　　1.윤택한 삶 보장
　　2.국가경제 이바지
　　저축하는 두 가지 방법
　　1. 수입 일부를 떼서 저축
　　2. 쓰고 남은 돈을 저축
결론 : 개인의 삶도 윤택해지고 국가경제도 튼튼해지니 검소하게 생활하며 저축하자.

간단한 수필이나 생활문 외에 조금 더 자기주장을 펴는 글은 복잡해진다. 좀더 복잡한 글을 쓸 땐 글의 설계도인 '개요'를 잘 짜야 의도한 바대로 글을 쓸 수 있다. 많은 사람들이 논술문을 쓸 때 서론, 본론, 결론의 구성 순서에 맞춰 서론부터 글을 쓴다. 그러나 그 순서대로 글을 쓰다 보면 서론에 자신의 생각을 집중해 쓰게 되고, 본론, 결론에 가서는 더는 쓸 내용이 없어서 뒷부분 내용이 빈약해지거나 앞에서 쓴 내용을 반복하는 경우가 많다. 개요 짜기를 제대로 하지 않아서 실패한 글이다.

논술문의 개요 짜기를 할 때는 결론부터 생각하는 습관을 갖는 것이 바람직하다. 예를 들어 낙태죄를 폐지해야 하는지, 그대로 존치해야 하는지 자신의 생각을 써야 할 경우, 낙태죄를 그대로 존치해야 한다고 자신의 주장을 결론으로 생각했다면, 왜 존치해야 하는지 주장의 근거를 본론에 쓴다. 그리고 서론에는 낙태죄를 폐지해야 한다고 생각하는 사람이 많아 설득하기 위해 이 글을 쓴다는 것을 밝혀 쓰면 된다. 같은 이야기라도 엮어 짜는 방식과 순서에 따라 글의 효과와 느낌이 달라지기 때문에 글이 잘 지은 집처럼 보기 좋으려면 개요 짜기에 성실해야 한다.

### 읽기 자료 3

**낙태 처벌 논란**

미국 팀 케인 버지니아 상원의원과 마이크 펜스 인디애나 주지사가 지난 4일(현지시간) TV 토론에 나섰다. 케인은 민주당, 펜스는 공화당의 부통령 후보로 지명된 정치인이다. 낙태 문제는 미국에서 이념 성향을 재는 잣대 가운데 하나다. 가톨릭 신자인 케인은 여성의 낙태 권리를 적극 인정하는 반면 개신교를 믿는 펜스는 강하게 반대하고 있다. 두 후보의 인식은 민주당과 공화당의 노선과 같다.

토론은 '펜스의 밤'으로 불릴 만큼 펜스의 우세로 끝났다. 그러나 낙태에 대한 케인의 소신 발언은 인상적이었다. "공직자는 자신의 종교관 때문에 타인의 권리를 제한해서는 안 된다"고 밝혔다. 이어 펜스가 강조한 '생명의 신성함'을 반대하지 않지만 "여성 자신이 최선의 선택을 할 수 있다는 것을 믿으라"고 주장했다. 가톨릭은 낙태를 금기시하고 있다.

미국에서 낙태 문제는 1973년 획기적인 전기를 맞았다. 연방대법원은 낙태 권리를 헌법에 기초한 사생활의 권리에 포함시켰다. 이른바 '로 대 웨이드(Roe vs. Wade) 사건'이다. 이전까지 낙태는 법으로 금지했다. 대법원은 여성이 임신 후 6개월까지 낙태를 선택할 권리를 가진다고 판결했다. 임신 3개월 이전에는 낙태할 수 있는 절대적인 권리가 여성에게 있으며, 임신 4개월이 지났을 경우에는 여성의 건강을 위해 낙태하지 못하도록 주정부가 규제할 수 있다. 임신 7개월부터는 자궁 밖에서도 생명체로 존중될 수 있는 기간으로 인정해 낙태를 금지하는 것이다. 역사상 가장 논쟁이 컸던 대법원의 판례다. 아직도 공화당에서는 낙태 합법화 저지를 위한 공세가 만만찮다.

경제협력개발기구(OECD) 회원국 가운데 상당수의 국가는 임신부의 요청이 있을 때 낙태를 허용하고 있다. 하지만 한국은 낙태에 대해 엄격하다. 모자보건법상 낙태는 '유전적 · 정신장애 · 신체질환, 전염성 질환, 강간 · 준강간, 근친상간, 산모의 건강이 심각하게 위험한 경우'만 예외적으로 인정될 뿐 나머지는 불법이다. 형법 제269조에는 낙태한 여성을, 제270조에는 낙태를 도운 의료진을 처벌하는 낙태죄를 규정하고 있다.

한국의 여성들이 최근 낙태죄 폐지를 요구하는 집회를 가졌다. 낙태 금지 법안을 폐기한 폴란드의 '검은 시위'를 본떠 검은 옷을 입었다. 보건복지부가 불법 낙태수술을 시행한 의사의 자격정지 기간을 현행 1개월에서 최대 12개월로 강화하는 의료 관계 행정처분규칙 개정안을 입법예고 하면서 낙태 논의에 불을 붙인 것이다. 낙태를 강력하게 처벌하면 출산율이 높아질 것이라는 황당한 발상은 거센 반발에 부딪혔다. 결국 개정안을 재검토하기로 결정했다. 정부는 미국의 판례조차 검토하지 않은 듯싶다. 권위적인 행정의 전형이다. 낙태 논의는 여성의 자기결정권에 대한 존중에서 출발해야 한다. 정부가 명심해야 할 대목이다.

– 김홍기, '낙태처벌논란', 서울신문(2016.10.19일자) 인용

읽기 쉬운 글이 가장 잘 쓴 글이다. 핵심이 무엇인지 독자가 쉽게 파악할 수 있는 글을 써야 한다. 예쁜 집보다는 튼튼하고 실용적으로 잘 만들어진 집이 더 훌륭한 집이듯, 좋은 글을 쓰기 위해서 개요와 목차는 든든한 뼈대가

되어준다. 그래서 글을 쓰기 전, 무엇을 어떻게 쓸 것인가에 대한 설계 단계가 필수적이다. 글의 개요를 생각해서 어떤 방향으로 글을 전개할 것인지 메모한 후 목차를 잡아보자. 그 후에 아래 단계를 밟아 조금 더 용기를 내어 글을 시작하자. 일반적으로 글은 서론, 본론, 결론으로 나누어 구성하면 무리가 없다.

▶ 서론, 서두, 도입

- 문제 제기
- 개념 정리하기
- 시사적 내용이나 에피소드, 사례로 시선 끌기
- 관심을 이끌어내는 질문하기
- 글을 쓴 동기, 목적, 방향 소개하기
- 관계된 말 인용하기
- 관련 체험 말하기 등

▶ 본론, 본문, 전개

- 다른 사람의 주장 논박하기
- 내 주장이나 의견 옹호하기
- 문제의 원인 찾아내기
- 영향 예측하기
- 조건 검토하기 등

▶ 결론, 결말, 결미

- 본론 요약하여 중요한 것 강조하기
- 독자에게 당부하기
- 제언, 전망하기
- 주제를 일반화하기 등

구성의 방법이 꼭 위와 같을 필요는 없다. 글의 내용과 성격에 따라 여러 가지가 있겠지만 가장 보편적인 방법이다.

〈개요 짜기〉

1) 신문 기사 가운데 찬반으로 의견이 나뉘어 논쟁이 될 수 있거나, 해결해야 할 과제가 있는 것을 골라 읽는다.
   예) 군 대체복무제를 찬성하는가? 반대하는가?
2) 결론에서 밝힐 자신의 주장을 결정한다.
   예) 군 대체복무제를 찬성한다.
3) 본론에 쓸 주장에 대한 근거를 찾아 정리한다.
   예) 평화를 추구하는 긍정적 종교 신념을 가진 사람을 범죄자로 만들어선 안 된다. 대체복무제는 이미 다른 나라에서도 성공적으로 시행하고 있다. 이제 사회적 합의를 보아도 될 만큼 사람들의 인식이 성숙했다.
4) 결론의 내용을 뒤집어서 서론으로 정리해본다.
   예) 요즘 군 대체복무제도가 쟁점이 되고 있으며, 찬성하는 사람들이 많다.

이 주제에 대한 신문 논설을 읽어보자.

**읽기 자료 4**

**'국방의 의무'를 재구성하자**

미국의 군사력 평가기관 글로벌파이어파워(GFP)에 따르면 한국의 군사력 순위는 올해 기준 세계 7위다. 프랑스(5위)와 영국(6위), 일본(8위) 등 전통적인 군사 강국과 어깨를 나란히 한다. 하지만 우리 군은 내실을 따지면 4차 산업혁명시대 대신 아동까지 장시간 노동에 몰아넣었던 19세기 쪽에 더 어울린다. 병력은 62만 5000명으로 20만명 안팎의 프랑스나 영국의 세 배, 일본(24만 7000명)의 두

배가 넘는다. 한국의 국방 예산이 400억 달러(약 45조원)로 다른 국가들과 비슷한 수준이라는 점을 감안하면 1인당 효율성은 절반 이하다. 몸집만 불린 채 물주먹을 휘두르는 권투선수가 딱 우리 처지다.

현대전에서 보병 위주의 지상군 작전이 불필요하다는 건 육군사관학교 교본에도 나온다. 그럼에도 '돈이 많이 든다'는 이유로 모병제를 반대한다. 이는 오답 쪽에 가깝다. 지난해 이동환 · 강원석의 '한국군 병역 제도의 모병제로의 전환 가능성 연구' 논문은 육군의 2030년 모병제 전환 비용을 7조원 정도로 제시한다. 병사 한 명당 20대 근로자 평균 임금을 지급하고, 전체 병력을 2030년 52만 2000명으로 감축한다는 정부 계획이 유지된다는 전제다. 2030년 병력 유지비 증가분은 11조 5000억원에 달한다. 지금의 국방 예산 수준을 유지한다면 12년 뒤 모병제를 도입해도 정부가 추가로 지갑을 열 필요가 없다는 뜻이다. 현재 1.3%인 인구 대비 병력 비율을 프랑스(0.6%) 수준인 30만명으로 낮추면 현재 예산으로도 당장 모병제 시행이 가능하다. 1조~3조원의 여유가 생겨 전력투자비로 돌릴 수도 있다.

우리 사회가 징병제로 과잉 병력을 유지하는 비용은 엄청나다. 프랑스 수준인 30만명을 초과하는 22만명의 병력이 경제 활동에 종사해 올해 최저시급 기준 연봉인 1700만원 정도를 받는다고 가정하면 매년 3조 7000억원의 비용이 국방 분야에 추가로 지출되고 있는 셈이다. 대체복무인력 기회비용 등까지 합치면 징병제 유지 비용은 10조원을 넘고, 반대로 모병제로 전환했을 때 국가 전체 GDP 증가 효과는 매년 35조원에 달한다는 분석도 있다. 수지 타산만 따지면 모병제가 징병제보다 낫다. 병력 감축에 따른 모병제 시행은 저출산 고령화에 따른 '인구절벽'을 앞둔 우리 현실에도 맞는 데다 전문화를 통해 정예군을 육성하는 계기도 된다.

징병제가 폐지되면 국방력이 약화될 것이라는 목소리도 있다. 하지만 '까라면 깐다'는 식의 무조건적인 충성심과 기계적인 업무만을 요구하는 군대와, 창의성과 자발성으로 무장한 군대 중 어느 쪽이 더 강할지는 누가 봐도 명백하다. 2차 대전 당시 프랑스는 마지노선 고수라는 고루한 전술을 고집한 결과 '전격전'(blitzkrieg)을 내세운 독일에 점령당했다. 병력 축소가 간부들의 '자리 축소'로 이어진다며 모병제 도입에 소극적인 육군 내부의 분위기도 있지만 이를 배려할 만큼 우리 처지가 여유롭지 않다. 징병제가 폐지되면 저소득층만 주로 군 복무를 할 거라는 우려도 나온다. 그렇다면 군대를 어엿한 일자리와 계층 상승의 수단으로 개선하는 게 정도(正道)다. 베스트셀러 '힐빌리의 노래' 저자인 J D 밴스는 쇠락한 공업지대인 '러스트벨트' 출신이지만 군 복무를 계기로 예일대 로스쿨을 졸업하고 실리콘밸리의 젊은 사업가로 변신할 수 있었다. 미 해병대에서 근무하면서 패배의식을 극복하고 학비도 번 덕분이다.
마침 28일 헌법재판소는 대체복무를 규정하지 않은 병역법에 헌법불합치 결정을 내리면서 국회에 내년 말까지 대체복무제를 도입할 것을 촉구했다. 대법원도 올해 안에 양심적 병역거부를 정당한 입영거부 사유로 인정하는 방향으로 결론을 내릴 가능성이 크다. 이참에 국민개병제에 국한돼 있는 '국방의 의무'의 개념을 재구성하는 게 어떨까. 양심적 병역거부자 외에도 일반 복무 대상자들도 복지나 안전 등 '사회복무'를 수행하면 국방의 의무를 다한 것으로 인정하는 게 예가 될 것이다. 징병제와 모병제를 혼합 운영하는 것도 검토할 만하다. 그래야 우리 군이 '4일에 한 번꼴로 군인이 자살하는 군대'가 아닌 '동북아 중심 국가에 걸맞은 작지만 강한 군대'로 거듭날 것이다.

– 이두걸, '국방의 의무'를 재구성하자', 서울신문(2018.6.30일자) 인용

## 글쓰기 연습장

1. '나의 하루'를 비주얼 씽킹으로 나타내보고 더 나아가 '내가 원하는 나의 하루'를 시간의 흐름에 따라 나타내보자.

2. '소개하고 싶은 내 주변 인물'을 마인드맵으로 정리해보자

**3. 지난 일주일 동안 경제 관련 테마 신문 사설 읽기 & 신문 사설 필사하기**

**4. 세계에서 혹은 국내에서 찬반 논쟁이 뜨거웠던 이슈 선정하고 내 생각 정리하기**

예) 난민을 받아들여야 한다 VS 자국민의 삶의 질이 먼저다.

- **받아들여야 한다**: 우리나라에도 국제사회가 약속한 난민법이 있고 그걸 지켜야 한다. 모든 무슬림을 잠재적 범죄자로 생각하면 안 된다.
- **받아들이면 안 된다**: 난민을 많이 받아들인 유럽을 보라. 손님으로 왔다가 주인 행세를 하는 사람들이 이슬람인들이다. 국내 치안의 큰 불안요소가 될 것이다.

■ 노키즈존(No Kids Zone) 이해한다 VS 그래도 그건 너무하다.

■ 퀴어축제를 찬성한다 VS 반대한다.

■ 사형제는 꼭 있어야 한다 VS 사람을 죽일 권리는 누구도 없다.

7장

# 구체적인 글쓰기

# 7장 구체적인 글쓰기

## 1. 풀어서 친절하게

이런 게임이 있다. 빙 둘러 앉아 한 명씩 돌아가며 말을 하는데, 앞 사람들이 한 말을 기억해서 말하고 그 뒤에 자기가 한 문장을 덧붙이는 방식이다.

- 1번 주자 : 단발머리를 한 여자가 걷고 있다.
- 2번 주자 : 단발머리를 한 여자가 걷고 있는데 푸른색 원피스를 입고 있다.
- 3번 주자 : 단발머리를 한 여자가 걷고 있는데 푸른색 원피스를 입고 진주귀고리가 반짝이며 달랑거린다.
- 4번 주자 : 단발머리를 한 여자가 걷고 있는데 푸른색 원피스를 입고 진주귀고리가 반짝이며 달랑거리는데 유난히 또각또각 구두소리가 컸다.
- 5번 주자 : 단발머리를 한 여자가 걷고 있는데 푸른색 원피스를 입고 진주귀고리가 반짝이며 달랑거리는데 유난히 또각또각 구두소리가 커서 쳐다보게 된다.

뒤로 갈수록 점점 기억해야 할 문장은 많아지고 새로운 문장을 만드는 데 어려움을 겪는다. 다섯 명을 넘어가지 못할 때가 허다하다. 앞 문장을 정확히 기억하지 못해서, 또는 새로운 문장이 생각이 안 나서 멈춘다. 이 게임은 기억력과 창작력이 모두 필요한 게임으로, 한 문장이 더해질수록 길을 걷는 한 여자의 모습이 점점 구체적으로 드러난다. 단발머리, 푸른색 원피스, 검정 구두, 또각또각 소리… 이렇게 인물이나 사건, 상황이 일관성 있게 점점 구체적으로 드러날 때도 있지만, 실제 게임에선 생각지도 못한 쪽으로, 때론 말도 안 되게 엉뚱하게 흘러가는 때가 더 많아 재미있다.

누군가에게 미팅을 주선할 때 그 여자 "예뻐", "멋져"라고만 한다면 마음을 끌 수 없다. 예쁜 것의 기준은 사람마다 달라 막상 예쁘다고 말했는데, 미팅 장소에 다녀온 사람이 "예쁘다더니 그게 예쁜 얼굴이냐?", "멋지다더니 어디가 멋진거냐?"라고 할 수 있다. 눈코입이 어떻게 생겼고, 피부나 헤어 스타일은 어떻고, 혹은 어떤 유명인과 비슷한 이미지라는 식으로 구체적으로 말해야 한다. 그러면 그 사람은 대강 자기 안에서 소개받을 사람을 그려볼 것이다. 그런 후 예쁘겠다고, 멋지겠다고 본인이 판단하면 제안을 받아들일 것이다. 글은 그렇게 수다스러워야 한다. 굵직하게 한 문장만 말할 것이 아니라 그것을 섬세하게 풀어서 친절하게 여러 문장으로 써야 한다.

글을 써보지 않은 사람이나 글을 못 쓰겠다고 펜을 놓는 사람은 구체적으로 쓰지 않고 대략 쓰기 때문이다. 어디 다녀온 견학 후기를 쓰라고 하면 "언제 어디서 모여서 어디를 다녀왔는데 재미있었고 멋졌다" 이 정도에서 끝나고 만다. 그리고는 더 쓸게 없다고 한다. 부자 동네에서 본 고급자동차에 대해서 쓰라고 하면 '반짝반짝 빛나는 멋진 차' 정도면 최선이다. 정말 최선일까? 자동차의 색깔은 무엇이고, 크기는 어느 정도고, 앞모습이나 뒷모습은 어떻고, 바퀴는 어떻고 실내 인테리어는 어떻고 이렇게 써야 한다. 나는 그 차를 보았으니 멋진 차 정도로 써도 된다 싶지만, 글을 읽는 독자는 그 모습을 제대로 알 리가 없다. 궁금하지 않게 자세한 것을 독자들에게 알려주어야 한다. 세부적인 묘사, 세부적인 사실, 세부적인 주장이나 근거 등이다. 얼마나 자세히 쓸지는 자기가 정할 문제인데, 내가 전하고 싶은 바가 제대로 전해질 만큼은 구체적으로 써야 한다.

**예시**

1. 나는 창 밖으로 축구 동아리 형이 지나가는 것을 보았다.
2. 나는 창 밖으로 긴 장발 머리를 짧게 깎아 의외로 작고 하얀 얼굴이 드러난 축구 동아리 선배를 하마터면 못 알아볼 뻔했다. 반가운 마음에 어찌 된 일인지 문을 열고 이름을 부르려는데, 선배는 아는 사람을 만났는지 갑자기 빠르게 뛰기 시작했다. 얼굴만 보느라 몰랐는데 다시 보니 선배는 축구복이 아닌 농구복을 입고 있었다. 그것도 조금 큰 지 뛸 때 한 손으로 허리춤을 잡았고 조금 긴 바지 단은 뛸 때마다 찰랑거렸다. 무슨 일인지 궁금해서 고개를 창 밖으로 빼고 바라보았으나 선배는 인농관 건물 뒤로 사라졌다.

TV를 보면 어려운 이웃이나 먼 나라의 어려운 환경에서 살고 있는 어린이들을 보여주며 도움을 바라는 프로그램이 있는데 시청자의 마음을 움직이는 방식이 예전과는 사뭇 다르다. 어느 나라의 누구인지, 몇 살인지, 이름이 무엇인지까지 자세히 알려주고 짤막한 그 아이의 스토리를 풀어낸다. 이렇게 눈에 보이는 구체적인 한 아이, 그 아이에 대한 자세한 정보, 그리고 딱한 사연까지 보여주는데, 이것이 글쓰기에 시사하는 바가 있다.

프로그램 제작자는 구체적인 대상이 있어야 사람들이 지갑을 연다는 것을 알고 있다. 마찬가지로 구체적인 글은 신뢰감이 가고 전문성 있게 느껴진다. 시청자가 저 가엾은 어린이가 있다는 걸 믿을 수 있게 구체적인 정보를 주니 지갑을 여는 것처럼, 읽는 사람이 내 구체적인 글을 통해 나를 믿게 해야 한다. 무슨 그래프나 데이터를 보여주어서 그런 건 아니다. 읽는 이의 마음속에서 느껴지는 신뢰성이다.

예를 들어 아이를 많이 길러본 사람이 육아에 대한 글을 쓴다면, 월령별 시기별 아이의 특징이나 발육 상태를 이야기할 수도 있고, 그때의 아이들이 좋아하는 TV 프로그램은 무엇인지, 나이별로 어떤 장난감을 좋아하는지, 때론 '뭘 저런 것까지'라고 생각할 수 있는 이야기도 쓸 수 있다. 하지만 아이를 기른 경험이 거의 없는 사람이라면 이런 이야기를 쓰기가 불가능하다.

구체적인 글쓰기가 어려운 건 의미가 넓고 두루뭉술한 단어를 골라 몇 줄 쓰면 편하지만, 거기에 딱 맞는 단어를 찾아 쓰는 건 만만하지 않기 때문이다. 또 그보다는 사실 그렇게 쓰는 게 귀찮아서 일 때가 더 많다. 어떤 일의 세부적인 내용을 쓰는 게 어려워서 글쓰기가 어렵다기보다, 그냥 그렇게 쓰기 귀찮아서 글쓰기가 어렵고 싫다고 느낀다. 직접 경험한 일을 쓴다고 해도 시간이 지나면 중요한 사실과 느낌만 기억하게 되고, 다른 세세한 부분은 많이 잊을 수 있다.

그렇다고 그게 글쓰기에서 변명이 되진 않는다. 거짓으로 쓸 순 없지만 그 상황을 잘 전하려면 그때로 생각을 돌려 세부 사항들을 최대한 기억해내야 한다. 내 느낌도 다시 그때로 돌아가 다시 체험해보고 구체적으로 설명해야 한다. 좋은 글을 쓰려면 어쩔 수 없이 해야 한다. 내 글을 읽는 사람에게 제대로 의미를 전하려면 돌아가는 길은 없다. 귀찮더라도 기억하고 구체적으로 쓰지 않으면 시나 격언, 경구가 아닌 이상 좋은 글이 되기 어렵다. 귀찮더라도 이 부분을 극복해야 한다.

## 2. 오감의 활용

글을 구체적으로 쓰려면 많은 것을 알고 기억하고 있어야 한다. 그렇기 때문에 글쓰기 초보자는 자기가 잘 아는 것에 대해 글을 쓰는 것이 가장 쉽다. 자신이 잘 아는 분야도 좋지만 그보다는 먼저 자기가 겪은 경험담에서 시작하는 것이 더 빠르다. 가장 최근의 일이 그래도 머리나 가슴에 많이 남아 있을 것이기 때문에 가까운 경험을 소재로 삼는 게 좋다. 이런 면에서 일기쓰기만큼 구체적인 글쓰기에 가장 좋은 훈련법이 따로 없다. 바로 오늘 일어난 일, 오늘 만난 사람의 이야기는 가장 많은 세부적인 사항을 쓸 수 있다.

글을 정말 잘 써보고 싶다면 평소 다섯 가지 감각, 즉 오감(五感)을 예민하게 가지고 살면 글쓰기가 훨씬 수월해진다. 먼저 감각이 무엇인지 알아야 하는데, 감각(感覺)이란 '눈, 코, 귀, 혀, 살갗을 통하여 바깥의 어떤 자극을 알아차림'을 말한다. 사람이 느낄 수 있는 감각은 모두 다섯 가지로, 눈에 보이는 것(시각), 귀에 들리는 것(청각), 코로 냄새 맡는 것(후각), 혀로 맛보는 것(미각), 피부로 느껴지는 것(촉각)을 말한다.

- 시각 : 뾰족하다, 둥글다, 밝다, 지저분하다, 하얗다, 깨끗하다 등
- 청각 : 펑, 떼구르르, 와그르르, 댕그렁, 철퍼덕, 똑똑, 소곤소곤, 사각사각 등
- 후각 : 구수한 냄새, 비릿하다, 향기롭다 등
- 촉각 : 부드럽다, 까칠까칠하다, 매끈매끈하다, 보들보들하다, 오돌토돌하다 등
- 미각 : 시다, 쓰다, 달다, 짜다, 맵다 등

글이란 자신의 생각이나 느낌을 문자로 나타내는 것인데, 어떤 생각이나 느낌은 감각으로 받아들인 자극에서 시작되는 경우가 많다. 보고, 듣고, 냄새를 맡고, 맛을 보고, 감촉을 느끼면서 어떠한 '생각'을 하게 된다. 그러면 글이 좀 더 자세하고 구체적이며 생동감 있는 이야깃거리를 만들어낼 수 있다. 감동을 주는 글을 쓰려면 독자가 글을 읽으면서 머릿속으로 구체적인 그림을 그려낼 수 있을 정도로 세심하게 잘 표현해야 한다.

물건을 만져 보고 냄새를 맡고 그림이나 현상에서 보이는 것을 떠올려 쓰거나 소리만 듣고 쓸 수 있다. 감각에 따른 느낀 점을 상세히 기록해 보는데 이때 어느 한 감각만 이용해도 좋지만 한두 가지 감각을 섞어서 나타낼 수도 있다. 예를 들어 반 고흐의 그림 하나를 보고 눈에 보이는 것뿐 아니라 소리가 들리는지도 생각해 보고 어떤 소리가 들릴 것 같은지 쓰는 연습을 할 수 있다. 상자에 넣은 보이지 않는 물체를 만져보고, 눈을 감고 냄새 맡고 그 느낌을 쓴다거나, 시각, 청각, 촉각, 후각, 미각이 모두 망라되어 있는 방식으로

쓸 수도 있다. 두 개 이상의 감각을 하나의 이미지로 쓰고 통합한 것을 '공감각'이라고 한다. 하나의 대상에서 나온 두 감각을 표현한다.

- 빨간 맛 (시각 + 미각)
- 시리도록 파아란 하늘 (시각 + 촉각)
- 분수처럼 흩어지는 푸른 종소리 (시각 + 청각)
- 고향의 향기 들으면서 (후각 + 청각)

공감각적 시도는 우리의 뇌가 오감과 글쓰기 간의 협력 방식을 스스로 깨우치고 적용해보는 과정이 될 수 있을 것이다. 이런 감각을 이용해 글을 쓰면 자세하고 생생한 글이 될 수 있다. 글쓰기에 대한 두려움도 어느 정도 해소된다. 하지만 이렇게 몇 번 한다고 단번에 글이 잘 써지는 것은 아니다. 지속적인 연습과 반복이 필요하다. 앞서 말한 대로 제일 좋은 방법은 일기 쓰기다. 가장 생생한 기억으로 꾸준히 구체적인 글쓰기를 연습한다면 그것이 점점 머리와 손끝에 익어 글 쓰는 것이 부담스럽지 않게 될 것이다.

## 3. 묘사와 서사

오감을 활용한 구체적 글쓰기에는 묘사와 서사가 있다.

묘사는 감각을 이용해 한 장의 그림을 보듯 그려내는 것을 말한다. 묘사의 방법에는 객관적인 묘사와 주관적인 묘사가 있다. 객관적인 묘사는 글쓴이의 생각이나 느낌은 들어 있지 않다. 있는 그대로의 사실만을 그림을 그리듯 글로 표현하는 방법이다. 형태, 색채, 감촉, 향기, 소리, 맛 등 감각으로 느낄 수 있는 것을 생생하게 그려 내어, 머릿속에 떠오른 한 장의 그림이 직접 감상할 때와 같은 인상과 느낌이 들도록 표현한 것이다.

**읽기 자료 1**

고색창연한 솟을대문에 비해 격에 맞지 않는 그 중문으로 들어서면 다섯 층계의 동계단 아래 땅이 우묵하게 꺼져 있는 쉰 평 정도의 너른 안마당이 나섰다. 선례 누나 뒤를 따라 잔뜩 주눅이 든 채 내가 그 집안 마당으로 옷보퉁이를 끼고 처음 들어섰을 때, 옆집과 경계를 이룬 흙담 가생이의 수채를 겸한 개골창으로 벌써 잡초가 제뭇대로 수북이 자라고 있었다. 그 개골창은 중문 층계 아래 판자때기로 지은 변소에서부터 시작되어 있어 언제나 퀴퀴한 냄새가 풍겼다. 마당 가운데는 작은 연못이 있었고 연못 주위로 청석을 얹혀 운치를 낸 정원이 꾸며져 있었다. 그 봉긋하게 솟은 정원의 갖가지 나무와 화초가 위채와 아래채를 웬만큼 가려 주었다.

– 김원일, 『마당깊은 집』에서 인용

주관적 묘사는 글을 쓰는 이가 보고 느낀 마음을 넣어서 나타내는 것이다. 표현하려는 모습에 대하여 인상이나 느낌은 물론이고 쓰는 이의 심리적인 반응까지도 넣어서 글로 설명하는 방법이 주관적 묘사다. 상황이 즐거운지, 두려운지, 슬픈지, 아쉬운지, 난처한지, 화가 났는지, 감동했는지가 전해지면 묘사가 좀더 깊어진다.

**읽기 자료 2**

코울타르를 입힌, 거의 평면으로 보이는 지붕 위로 검정고양이가 스멀스멀 걸어 다니고 있다. 때때로 이른 아침 안개가 채 걷히지 않은 지붕 위로, 또는 오후 비듬처럼 떨어져 내리는 햇빛을 받으며 움직이는 고양이의 모습이 마치 환각인 양 보이곤 했다. 그때마다 나는 문득 가슴이 막히는 듯한 답답함에 아하 하고 한숨을 쉬곤 했다.

– 오정희, 『불의 강』에서 인용

묘사가 정적이라면 서사는 사물의 이동이나 변화 등을 시간의 변화에 따라 자세하게 설명하듯이 글로 나타내는 것이다. 하지만 줄거리의 전개를 시간의 흐름에 따라 써 나가기만 하면 서사라고 할 수는 없다. 왜냐하면 단일하고 집중적인 인상을 줄 수 없기 때문이다. 서사가 성공하려면 〈행동, 시간, 의미〉의 세 요소가 있어야 한다. 사건의 내용, 시간의 경과 및 지속, 통일된 의미를 가져야 하는데, 행동은 주인공이나 사람의 행동만이 아니다. 움직임을 나타내는 것으로 상황의 변화까지 포함된다. 서사는 움직이는 행동의 모습이다. 서사의 시간은 한 시점에서 다른 시점으로 흘러가는 흐름을 말한다. 정지된 '어떤 시간'이 아니라 '살아 움직이는 시간'이다. 서사에서 행동과 시간만이 움직이고 그 속에 의미가 없다면 감동을 줄 수 없다. 서사에서는 행동이나 상황이 시간의 흐름 속에서 주제를 향하여 분명한 의미를 가지고 있을 때 생동감을 가진다.

**읽기 자료 3**

서쪽 담 너머에는 세영이네가 살고 있다. 처음 세영이네가 이사를 왔을 때는 한동안 서먹하게 지냈다. 그런데 어느 날 세영이 엄마가 담 너머로 고개를 내밀었다. 그리고 말했다.
"달걀 세 개만 꾸어 주시겠어요?"
나는 달걀 세 개를 담 너머로 넘겨주었다. 잠시 후 칼국수 한 그릇이 담을 넘어왔다.

– 김국자, 『귀여운 이웃들』에서 인용

쉽게 말해 글쓴이가 카메라를 든 감독과 같다면 묘사는 카메라를 움직이지 않고 한 장면이나 한 사물을 찍는 것이고, 서사는 감독이 카메라를 들고 사건을 따라 움직이며 찍는 것이라고 할 수 있다. 묘사와 서사가 딱 어디서부터 어디까지인지 정할 수 없고 혼용되어 쓰게 된다. 사건을 따라가다가 한 장면을 오래 찍을 수도 있고, 한 장면에서 시작하다가 사건을 숨 가쁘게 따라가며 찍을 수도 있다.

**1. 다음 문장 이후를 마음껏 상상하여 구체적으로 묘사해보자.**

예) 성인이 되고 나서 처음 본 그 애는 자칫 몰라볼 정도로 변해 있었다.

⇨ 학교 다닐 땐 여드름이 꽉 찬 데다가 초점 없이 살짝 내리 깐 눈에 침울한 표정까지 더해져 낯빛이 검붉었는데, 지금은 언제 그랬냐는 듯이 뽀얀 피부에 싱글거리며 웃기까지 한다. 검정색 얇은 가죽장갑을 벗고 손을 내밀어 악수를 청해온다. 매듭 없이 길쭉한 하얀 손가락이 가지런하다. 잡지 않고 보기만 했는데도 이미 따뜻함이 전해진다.

집안엔 아무도 없었지만 거실 모습만으로 이 식구들이 얼마나 화목했는지 알 수 있었다.

⇨

## 2. 한 가지 풍경을 골라 묘사하기

- 도서관 풍경
- 카페 풍경
- 기차역 대합실
- 눈 내리는 겨울 바다의 밤 풍경
- 여행 중 바라본 창밖의 풍경
- 갓난아기의 모습과 행동
- 만원버스 안 사람들의 표정과 행동
- 학교의 가을, 또는 봄, 축제 풍경

### 3. 서사가 드러난 소설 찾아 필사하기

예) 그 해 봄은 참으로 좋았다. 낮의 길이가 점점 길어져 우리들은 놀 시간이 더 많았다. 오빠는 전국에 있는 모든 대학의 미식축구 선수들의 신상통계에 온 마음을 빼앗기고 있었다. 매일 밤 아빠는 우리들에게 여러 신문의 스포츠난을 읽어주시곤 하셨다. 앨라배마는 유망한 선수들로 판단해볼 때 올해에도 어쩌면 로즈볼에 참가하게 될지도 모른다. 물론 우리는 유망 선수 중 한 사람의 이름도 제대로 발음할 수 없었다.

– 하퍼 리, 『앵무새 죽이기』에서 인용

8장

# 핵심 메시지 담기

# 8장 핵심 메시지 담기

## 1. 소재와 주제의 차이

글을 쓸 때 가장 먼저 고민하게 되는 것이 '무엇에 대해서 쓸까'다. 이것은 '소재'라고 하는데, 또 다른 말로 '글감'이라고 한다. 소재는 글을 쓸 재료를 말하며, 일상 속에서 보고 느낀 것은 모두 소재가 된다. 예를 들면, 우리동네 단골 슈퍼마켓에서 있었던 일이라든가, 신문 사회면에 실린 미담을 읽은 일이라든가, 할머니와 어머니와 함께 외출했던 일에서 슈퍼마켓 · 미담기사 · 어머니가 소재가 된다.

효과적인 글감을 선택하는 일은 장을 보는 것과 같다. 한 그릇의 맛있는 요리를 내놓기 위해 신선한 재료가 넉넉하게 있어야 한다. 아무리 훌륭한 쉐프라도 만들려고 하는 요리와 관계없는 재료를 사왔다거나 신선하지 않고 그나마 사온 것도 부족한 양이라면 그 음식의 맛을 보장할 수 없다. 글감 선택은 이런 점을 주의해야 한다.

좋은 글감은 독창적이고 구체적인 것이다. 머릿속에서만 끄집어낸 관념적인 글은 현실감이 없는 공허한 말 장난이 되기 쉽기 때문에 글은 구체성을 획득할수록 좋은 글이 된다. 나의 눈, 코, 입, 귀 등 감각기관을 충분히 활용해야 하는 이유다. 좋은 자료에 의욕이 더해지면 욕심이 슬그머니 생기는데, 자기 능력을 벗어난 소재를 가지고 자료만 믿고 '덤비는' 것은 현명하지 못하다. 자신이 잘 알고 자기 능력으로 소화할 수 있으며, 근거가 확실하며 거짓 없는 것이어야 한다.

또 자료는 주제를 뒷받침할 수 없으면 무용지물이다. 자칫 주제와 관련이 없는 소재로 글을 쓰면 그 글 전체가 이상해질 수 있다는 사실을 잊지 말고 내용이 명확하고 사실과 일치해야 한다. 독자를 매료시키고 관심과 흥미를 끄는 것은 그 다음 일이다. 사실상 일상 속의 모든 것이 소재가 된다고 할 수 있는데, 글쓴이의 체험이 남다르면 더욱 좋다. 평범해도 남다른 관찰력과 기억력, 자기만의 생각과 감성, 더 나아가 사색과 성찰이 드러나는 글이면 성공적일 수 있다.

글감, 즉 소재가 있으면 일단 글쓰기를 시작할 수 있지만 이것만으론 부족하다. 내가 쓸 글의 의미가 무엇이냐를 생각해야 한다. 말하자면 "이 글을 읽는 사람에게 전하고 싶은 메시지가 무엇인가?", "하고 싶은 말이 무엇인가?"인데, 이게 바로 글의 '주제'다. 주제는 같은 소재를 가지고 글을 쓰더라도 글 쓰는 사람의 시각이나 식견, 인격, 사고에 따라 달라지므로 여러 가지로 나타난다. 어떤 일을 피상적으로 겉에 드러난 것만 보는 사람이 있는가 하면, 보이지 않는 깊숙한 내면까지 보는 사람이 있다. 눈에 보이는 실체적 대상을 눈으로 보는 것에서 그치지 않고 마음으로 끌어와 어떤 무늬를 남길 때 주제는 분명해지고 글은 더욱 가치가 있게 된다.

### 예문 1

**군밤장수**

밤늦게 돌아오는 동네 어귀에 군밤을 파는 아주머니가 있다. 어디에 사는지는 모르나 어머니와 비슷한 나이이다. 많은 사람들이 지나다니지만 좀처럼 사드는 사람이 눈에 띄지 않는다. 어쩌다 사는 사람을 보면 내가 군밤장수가 되기라도 한 듯 마음이 밝아진다.

아주머니는 오래 전부터 철따라 리어카 장수를 한다. 여름이면 참외, 수박을 팔고 가을이면 밤을 굽기 시작한다. 가을이 가고 찬바람이 일기 시작하면 카바이드 등불을 깜박이며 밤늦게까지 행인을 기다리고 있다.

초등학생 아니면 중학생 쯤의 딸아이가 번갈아 나와 어머니를 돕는 모습이 보인다. 아버지는 무엇을 하는 사람일까, 혹시 없는 것은 아닐까 하면서 지나다녔다. 나는 무심할 수가 없어 팔리지 않는 모습을 볼 때 가끔 군밤봉지를 사들곤 했다. 고향에서 군밤을 만들어 먹던 일을 회상하면서 하루에 팔리는 양을 묻기도 하였다. 그럴 때마다 밝게 웃으면서 팔릴 때도 있지만 별로 없을 때도 있다고 한다. 그러면서 내가 군밤을 사면 두서너 개를 언제나 덤으로 집어주곤 한다. 어렵게 살아도 마음씨 착한 사람들이 그렇듯 보이지 않는 곳에 있어서, 우리들이 살아가는 길은 어두운 것만은 아니라는 생각을 하게 한다.

집에 돌아와 식구들에게 나누어 주고, 동생과 먹으면서 군밤장수 아주머니 얘기를 했다. 동생도 나와 같은 생각을 한다. 어머니를 따라 나와 있는 딸아이를, 동생은 자신에게 비교하면서 말했다. 살아가는 길이 제각기 다른 것이라고는 하지만, 고난을 딛고 살아가는 아주머니 가족들의 얼굴엔 어둠의 그림자가 보이지 않는다.

창문을 흔드는 바람 소리를 들으니 날씨가 또 추워지려는 모양이다. 늦은 밤 귀가를 서두르는 발걸음 소리와 차 소리가 소란스럽다. 자주는 못 팔아줘도 정직하고 착하게 살아가는 군밤장수 아주머니의 희망을 돋구기 위해서도, 이따금 나는 군밤봉지를 사들곤 한다.

– 회사원의 글(http://poemhope.tistory.com/54.) 블로그에서 인용

예문 2

군밤장수

냉장고에는 언제나 갖가지 먹을 것이 채워져 있다. 학교에서 돌아온 아이들이 입맛대로 먹도록 배려를 해야 한다. 사시사철 음료수는 물론, 이른 봄부터 딸기로 시작해서 한 여름의 수박에 이르기까지 고루 갖춰 놓아야 한다. 그렇지만 아이들은 그래도 불평이다. 어쩌다 미처 대놓지 못할 때가 있으면 참지를 못한다. 그럴 때면 부모로서 자식들에게 불평을 왜들으랴 싶어 열심히 채워 놓는다. 하지만 그래도 정성이 부족할 때가 있다.

우리집 아이들은 이처럼 군것질을 즐기는데, 지난 가을에는 밤 줍는 모임에 데리고 나갔다. 남이섬으로 갔지만 거기까지 안 가도 밤은 얼마든지 살 수가 있다. 하지만 맑은 공기 마시며 즐기고자 해서 승용차로 나섰던 것이다. 돌아올 때는 상당한 분량의 밤을 싣고 왔다. 오던 길로 삶아서 주었더니 군밤 맛만 못하다고 한다. 이튿날 군밤을 만들어 먹었으나 웬일인지 길가에서 파는 것과 같지 않았다. 아이들의 불평에 따라 어제는 동네 어귀의 군밤장수로부터 사들고 돌아왔다. 동창회를 마치고 늦게 돌아오는 길이었다. 큰 봉지를 집어 들자 덤으로 두서너 개 넣어주었지만, 내가 몇 개 더 집어넣었다.

동네 어귀의 그 군밤장수는 매우 궁색해 보인다. 지나다니며 몇 번 팔아주었더니 나를 보면 인사를 하지만, 그 인사가 내게는 부담스럽다. 군밤을 팔아달라고 하는 것 같아서이다. 오늘은 아이들이 좋아하는 바나나를 샀다. 며칠 전부터 바나나가 떨어져 있었던 까닭이다. 동네로 들어섰을 때 군밤장수의 시선을 느꼈지만 못 본 체하고 지나쳐 왔다.

– 주부의 글

두 예문 글은 모두 군밤장수를 소재로 삼고 있지만 주제는 다르다. 예문 1은 '사람과 삶에 대한 애정과 연민을 통한 자기 성찰'이 들어 있는 반면, 예문 2는 군밤장수가 '자기 가족의 만족과 행복'을 위해 잠시 등장할 뿐이다. 어떤 글이 더 가치 있게 느껴지고 마음에 무엇인가를 남기는지 생각해보자. 눈에 보이는 대상인 군밤장수를 바라보며 마음에서 한발 더 나아간 느낌이나 감상이 담겨 있는 글을 찾으면 된다.

10장짜리 한 편의 수필에도 일정한 법칙이 있다. 완성된 글 한 편에서 문제점이 드러나는 건 글을 쓸 때 꼭 거쳐야 할 과정을 생략했거나 놓쳐버린 때다. 공장에서 상품이 나올 때 꼭 거쳐야 하는 공정이 있는 것처럼, 글쓰기도 어떤 공정을 생각해 보기를 권한다. 불량 없는 상품이 나오려면 어느 한 공정도 건너뛸 수는 없다. 글 쓰는 재능이 있는가 없는가는 별개 문제이다. 우연히 마주친 현실, 대화, 독서, 정보에서 출발한 글감이 하나의 주제를 품을 때를 놓치지 않고 잡는다. 충동적으로 어떤 큰 자극으로 생각난 주제는 글감으로서 존재할 뿐 아직 주제라 할 수 있는 단계까지 나아간 것은 아니기 때문에 글쓰기를 바로 시작해선 실패하기 쉽다.

어느 날 책을 읽거나 혹은 남의 이야기를 듣다가 '친구'에 대해 글 한 편을 쓰겠다고 생각했다면 이 단계가 바로 글쓰기의 첫 단추이다. 글감을 중심으로 여러 가지를 연상하며 메모를 해보자. 연상 내용은 많을수록 좋다. 머릿속에서 연상된 내용이 달아나지 않도록 메모해두는 습관이 있는 사람이라면 이 단계에서 고민할 필요가 없다. 단순히 떠오른 연상만을 수집하는 데서 나아가 자기가 다루려는 테마와 관련한 정보를 다양하게 채집하는 적극적인 연상 작업을 권장한다. '친구'라는 테마를 생각하고 특정한 한 친구 이야기를 할 것인지, 어떤 시기의 한 무리의 친구에 대해 이야기할 것인지, 이런 부분을 정하고 많은 추억을 메모해본다. 사진을 본다거나 일기 같은 기록이 남아 있다면 읽어보는 것도 도움이 될 것이다. 그런 과정을 거친 후 주제를 생각하고 간단한 주제문을 작성한 후 첫 문장을 써보자.

## 2. 좋은 글감 싹 틔우기

다양한 소재는 글을 풍부하게 만든다. 수필, 소설, 전기, 우화, 민담, 속담, 견문, 체험 따위가 풍부하면 할수록 자신감이 생기게 되는데, 이때는 한두 가지의 재료에 얽매이지 말고 가능한 한 많은 소재를 떠올리고 그 중에서 주제에 가장 알맞은 소재를 가려서 쓰는 안목이 필요하다. 그리고 많은 자료나 정보의 옥석을 잘 가려내고 내 안에 축적된 지식을 어떻게 독창적인 글로 키워나가느냐를 고민해야 한다. 좋은 글감을 잘 이리저리 굴려 좋은 글로 찾아내는 과정은 그대로 사고의 산물이다. 소가 자신이 먹은 것을 오랜 시간 되새김질하듯, 생선이 젓갈이 되기 위해서 항아리 속에서 오랜 숙성의 시간을 갖듯, 선택한 글감의 숙성 기간을 가져야 한다.

먼저 마음속에 반짝이는 지혜의 등을 달고 살아야 한다. 일상 속에서 일어나는 모든 일들에 대하여 늘 깨어 있는 정신으로 무엇 하나 소홀하게 대하는 일이 없이, 적극적인 태도로 의문을 제기하고 그에 대한 본질적인 해답을 찾고자 노력해야 한다. 그런 습관이 완전하게 내 것이 되면 보통 사람들은 지나치기 쉬운 평범한 사물과 현상이 특별한 의미로 다가온다. 그런 것들이 글의 소재이고 주제가 된다.

그러나 어떤 사물이나 현상에 대해 느끼는 바가 있거나 독창적인 생각이나 해석을 했다고 해서 곧바로 글이 되는 것은 아니다. 그것은 하나의 생각에서 출발한 큰 줄기일 뿐이다. 이에 연관되는 다른 생각들을 씨실과 날실 엮듯 논리적으로 정리하여, 한편의 글이 이루어질 수 있을 정도의 깊이와 분량을 가질 때까지 생각이 익는 시간을 기다린다. 사물을 자기 나름의 시각으로 바라보고 독창적으로 해석할 때 글의 주제와 표현이 참신해진다. 다음 시들을 읽어보자. 모두 '연꽃'을 소재로 썼지만 모두 다른 생각이 들어 있다.

## 연꽃 구경

정호승

연꽃이 피면
달도 별도 새도 연꽃 구경을 왔다가
그만 자기들도 연꽃이 되어
활짝 피어나는데
유독 연꽃 구경 온 사람들만이
연꽃이 되지 못하고
비빔밥을 먹거나 담배를 피우거나
받아야 할 돈 생각을 한다

연꽃처럼 살아보자고
아무리 사는 게 더럽더라도
연꽃같은 마음으로 살아보자고
죽고 사는 게 연꽃 같은 것이라고
연꽃처럼 살아보자고
아무리 사는 게 더럽더라도
연꽃같은 마음으로 살아보자고
죽고 사는 게 연꽃 같은 것이라고
해마다 벼르고 별러
부지런히 연꽃 구경을 온 사람들인데도
끝내 연꽃이 되지 못하고
오히려 연꽃들이 사람 구경을 한다

해가 질 때쯤이면
연꽃들이 오히려
사람이 되어보기도 한다
가장 더러운 사람이 되어보기도 한다.

### 연꽃 – 심우도

박제천

연꽃 보러 간 연꽃늪에 연꽃은 보이지 않고
우산만한 연잎에 모여든 빗방울들만
비에 젖은 나를 기다리네
어떤 빗방울은 아직 피워내지 않은 꽃줄기마다
가시를 번쩍이고 있네
어떤 빗방울은 바람에 날리는 꽃술마다 눈물 달아서
늪 가득히 띄운 채
연꽃 보러 온 사람들 하나하나를 지켜보느니
연꽃 보러 간 연꽃늪에서
보지도 못한 연꽃 속 연실처럼 자라나는
내 얼굴, 내 마음 속 죄만 들키고 말았네.
군데군데 입을 벌린 구멍 사이로 드러난
땅속 진흙처럼 어지러운
내 마음의 진창을 들키고 말았네

소재가 훌륭하다고 글이 훌륭한 건 아니다. 방학을 맞아 '국토대장정'을 한 사람은 좋은 글쓰기 소재를 가지고 있는 것은 맞다. 하지만 그 소재 자체만으로 독자를 감동시킬 수는 없다. 소재가 감동시키는 것이 아니라 얼마나 진실성 있게 썼느냐가 중요하다. 완전하지 않아도 많이 써야 한다. 글을 많이 써보지 않은 초심자일수록 글의 양적 효과를 무시해서는 안 된다. 많이 쓰는 일을 피해서 좋은 글을 쓸 방법은 없다. 글의 내용을 조직하거나 논리를 전개하는 방식을 익히고 이에 대한 반복적인 훈련을 해야 한다.

## ■ 일상에서 글감을 잡는 연습

① **주변 사물이나 현상을 사소하게 보아 넘기지 말라.**
우리 주위는 아이디어 제공거리가 넘쳐난다. 출근길 지하철 곳곳에 붙어 있는 광고, TV, 읽을거리도 풍부하다. 작은 것부터 주의를 살피자.

그것이 바로 글의 씨앗이 된다. 그리고 '왜?'라는 의문을 던져보자. 그 의문이 꼬리에 꼬리를 물고 새로운 시각으로 안내할 것이다. 역사 속의 창조적인 성과는 '왜?'란 질문에서 비롯되었다.

② 많이 읽으면 좋은 글이 보인다.

글을 많이 읽은 사람이 자기 글도 잘 쓴다. 같은 주제라도 다른 작가가 쓴 글이나 책을 여러 편, 여러 권 읽어보자. 어떤 식으로 표현했는지 어떤 사례를 들었는지 꼼꼼히 살피자. 각각의 글에서 부족한 점이나 보강해야 될 점을 생각해보자.

③ 검색을 제대로 하자.

인터넷 검색은 정보의 바다에서 물고기를 건져 올리는 일이다. 제대로 된 검색어를 넣으면 조금 더 원하는 자료를 얻을 수 있다. 소설을 쓰려고 하면 뉴스 검색을 해서 실제 일어난 사건 사고를 읽는다. 경영이나 비즈니스에 관련된 글을 쓰려고 한다면 기업 사례나 성공한 기업인 등을 검색할 수 있다. 여행에 관한 글을 쓰려고 한다면 여행지 검색, 여행 사설, 여행기 등을 찾아본다. 읽어나가면서 머릿속에 떠오르는 것들을 잡는다.

④ 방송 프로그램을 보자.

시사 프로그램이나 다큐멘터리, 문화예술 교양 프로그램 등은 좋은 글쓰기 재료를 무한대로 제공한다.

## ■ 신문을 읽을 때 주의할 점

① **비판적인 태도** : 신문은 어떤 사실이나 사건을 객관적인 것처럼 보도하지만 실은 기자의 주관적인 해석일 때도 많다. 그렇기 때문에 자기만의 해석이 다시 필요하다.

② **정보 재조직과 활용** : 신문에 담긴 정보는 그 자체로는 의미가 없다.

정보를 수집하고 정리하여 필요할 때 활용할 수 있어야 한다.

③ **문화 정보의 활용** : 신문은 문화를 단편적으로 보여주기 때문에 독자는 스스로 이를 재구성해야 한다. 독자는 신문에 난 기사를 통합하여 읽고, 우리 문화의 현재와 미래를 가늠할 수 있어야 한다.

## 3. 주제 설정

앞선 차시에서 비주얼 씽킹이나 마인드맵을 이용한 소재의 충분한 연상 작업과 정보가 모아졌다고 생각되면 글에 쓸 자료를 고르는 단계가 반드시 필요하다. 모아진 자료들이 내가 다루려고 하는 주제를 받쳐줄 자료가 될지 검토해야 한다. 이 과정이 바로 '주제 설정'이다. '친구'와 관련된 여러 친구의 기억이나 자신의 체험을 훑어보고 과연 이번 글에서 '어떤' 친구를 그릴 것인지를 정하고 나면 필요 없는 자료, 덜 효과적인 자료들을 추려서 버리는 일은 어렵지 않다.

이 과정을 꼼꼼히 거치지 않은 글은 주제가 없거나 선명하지 않은 산만한 글이 될 가능성이 높고, 쓰는 과정에서 수정하기가 점점 어려워진다. 다 써 놓은 글도 주제가 불분명하면 부분 수정으로 바로잡아지지 않는다. 이 과정을 성공적으로 마무리하려면 이런 점에 유의해야 한다.

① 글 한 편이 지향하는 주제를 하나로 모아야 한다.

② 자기의 지식과 체험으로 소화할 수 있는 것이어야 한다.

③ 에피소드나 정보, 개념 등이 모두 일관성이 있고 선명해야 한다.

④ 긍정적이고 건강한 의식이어야 한다.

⑤ 어디선가 본 듯한 흔하거나 뻔한 개념을 벗어나 개성을 담아야 한다.

⑥ 주제가 포함하는 쟁점이 보편적이어서 독자의 공감을 불러일으킬 수 있어야 한다.

아름다운 눈, 아름다운 입술, 아름다운 코, 아름다운 눈썹 등 얼굴에서 부분부분 가장 잘 생겼다고 하는 사람들 것을 모아 새 얼굴을 만들면 절세미인이 될까? 그렇지 않다. 컴퓨터 그래픽으로 연예인 중 꽃미남과 미녀를 가상 결혼시켜서 2세 얼굴을 점쳐보면 의외로 어색하고 이상한 얼굴이 되어버린다.

아무리 특별한 형식 없이 쓰는 글이고 자료가 풍부해도 꼭 좋은 글을 쓰게 되는 건 아니다. 아까워 버리지 못한 것들이 사고를 친다. 자료를 모으는 과정에서 좋은 말이 있으면 그것들을 한 글에 전부 담으려고 하다 보니 주제에서 벗어난다. 자료는 글로 옮겨질 때 확실한 분리수거를 해야 한다. 분량은 많아진다고 좋아할 일이 아니다.

하나의 주제를 향해 자료가 잘 정리되었다면 다음 과정으로 주제와 재료를 연결하기는 한결 수월하다. 주제를 드러내서 예화를 열거한 후 결론에 이르는 방법, 예화와 정보를 통해 자기가 나타내려는 주제로 차츰 접근해서 결론에 이르는 방법, 주제를 작게 단계적으로 나눠 각기 거기에 맞는 예화를 통해 결론에 이르는 방법 등이 있다.

주제는 글 쓰는 처음부터 머릿속에 자리를 잡고 있어야하지만 쉽게 혹은 노골적으로 노출되어서는 안 된다. 조급하게 주제를 드러내서 결론에 이를수록 글맛은 떨어진다. 주관적 주장을 앞세우거나 무리하게 강조하지 않았는지, 주제에서 벗어난 문장, 예화, 주장은 없었는지, 누구나 수긍할 수 있는 결론에 이르렀는지 등을 검토한다. 조급하게 설명하려고 하지 말고 글의 흐름 속에 은연중 드러나게 하는 것이 기술이다.

**1. 다음 글을 읽고 주제가 되는 문장에 밑줄을 그어보자.**

1) 무더운 여름철을 거뜬히 이겨낼 수 있는 방법엔 여러 가지가 있다. 우리나라에선 예로부터 삼계탕 등 보양식을 챙겨 먹으며 무더위를 견디는 풍습이 있었다. 그 중에서도 시간도 절약하고 간편하게 먹을 수 있는 최고의 여름철 영양 간식으로는 온갖 곡식을 넣어 만든 미숫가루가 있다. 아직도 시골에서는 여름철 대표 간식으로 미숫가루를 많이 해 먹는다. 미숫가루는 검은콩, 흰콩, 율무, 현미, 보리쌀, 땅콩, 깨 등 밭에서 나는 고단백 식품을 찌고 말리는 과정을 거쳐 만든다. 시원한 얼음 몇 개 동동 띄워 먹는 미숫가루는 여름철 최고의 별미 중 별미로 꼽힌다.
요즘같이 폭염과 열대야가 지속되고 길을 걸으면 불꽃이 바로 옆에서 피어오르는 것 같은 날씨에 생각나는 전통 간식이다. 잠시 나들이 나갔다 들어와 미리 준비해둔 시원한 미숫가루 한 그릇으로 더위를 식히니 꿀맛 중 꿀맛이다.

– 한정환, '삼계탕보다 간단하고 시원한 보양식, 이겁니다', 오마이뉴스(2018.7.24.)에서 인용

2) 이 자리에서 실패가 달가운 경험이라고는 말씀 드리지 않겠습니다. 당시 제 삶은 너무나도 암울했고, 해리포터 성공 후 언론에서 제 삶을 일컬어 동화 같은 인생이라고 했는데, 저는 그런 동화 같은 인생이 제게 찾아오리라고는 꿈에도 생각하지 못했습니다. 어두운 터널의 끝이 어디인지, 얼마나 오랫동안 어두운 삶이 계속될 지 알 수가 없었습니다. 터널 끝에서 빛을 보게 되는 것은 그저 희망사항일 뿐 현실과는 너무나도 거리가 멀게 느껴졌습니다.
그런데 왜 실패를 하면 얻는 것에 대해 말하려 하느냐고 물으시겠죠? 바로 실패는 삶에서 불필요한 것들을 모두 벗겨내 버리기 때문입니다. 저는 실패한 제 자신을 있는 그대로 받아들이게 되었고 제가 가진 모든

열정을 제게 가장 소중한 한 가지에 쏟아 붓기 시작했습니다. 제가 소설 이외에 다른 것에 성공했었다면 제가 진심으로 원했던 일에서 성공하겠다는 굳은 의지를 다지지 못했을 것입니다. 이미 제가 그토록 두려워했던 실패를 경험했기 때문에 마침내 저는 실패에 대한 두려움으로부터 자유로워졌습니다. 그런 엄청난 실패를 겪고도 저는 여전히 살아 숨쉬고 있었고, 제가 너무나도 사랑하는 딸이 곁에 있었고, 제게는 낡은 타자기 한 대와 원대한 꿈도 있었습니다. 제가 추락할 때 부딪혔던 딱딱한 바닥을 주춧돌 삼아 그 위에 제 삶을 다시 튼튼하게 지을 수 있었습니다.

– 조앤 롤링, '하버드대 졸업식 연설'에서 인용

**2-1. 어제와 오늘을 중심으로 글감(소재)을 찾아보자.**

- 내가 본 것을 중심으로
  예) 아침 등굣길, 점심시간

- 내가 들은 이야기를 중심으로
  예) 교수님의 말, 친구의 고백

- 내가 읽은 것을 중심으로
  예) 신문기사, 인터넷 댓글

2-2. 2-1번에서 내가 고른 소재 하나를 가지고 글을 쓴다고 할 때 글의 주제를 잡아보자.

예) 아침 등굣길 : 예의와 의무에서 자유로운 자리 양보

예) 친구의 고백 : 부정한 비밀을 지켜야 하는 의리에 대한 고민

예) 인터넷 댓글 : 정당한 비판과 맹목적 비난의 차이로 보는 글쓰기

3. 이번 달에 꼭 선물해야 할 사람이 3명이나 생일이라고 하자. 돈은 많지 않은데 그 사람에게 딱 맞는 맞춤 선물을 주고 싶다. 5천원 안팎으로만 쓸 수 있는 생일 선물. 내 주변 사람을 떠올리고 그 사람에게 딱 맞는 선물을 생각해보자.

예) 피아노 치는 친구 K에겐 악보를 내려 받아 인쇄한 종이를 돌돌 말아 리본으로 묶어 선물한다.

9장

# 풍성한 글쓰기

# 9장 풍성한 글쓰기

## 1. 글의 분량이 늘지 않는 이유

글을 쓰기 전에 무엇을 쓸까에 대한 고민은 가장 처음부터, 그리고 끝까지 우리의 가슴을 짓누른다. 주제를 제대로 정하는 일이 중요한데, 내면에 귀 기울이는 데서 시작하자. 내가 하고 싶은 말은 무엇인가? 평소에 자주 생각하던 것, 생각이 많았던 부분 등이다. 내가 할 말과 쓸 주제와 연결된다. 그러려면 아는 것도 있어야 하고 주장하는 바를 뒷받침하는 증거도 있어야 한다. 이제 여기서 걸린다.

남의 글을 읽을 땐 편안하게 공감할 수 있는 글을 잘 썼다고 생각한다. 그러면서 내가 글을 쓸 땐 글재주가 없기 때문에 글을 못 쓴다고 생각한다. 아무리 머리를 굴려도 원고지 3장을 넘기 힘들어 끙끙 고민한다. 특별한 표현력이 발휘되어야 좋은 글이라고 생각하고 표현에 대한 고심만 거듭한다. 그러다보면 미사여구와 현학적인 수사가 들어간 글에 현혹되어 흉내 내려고 한다.

어떤 글을 쓰든 일단 자신이 가장 잘 아는 이야기에서 시작하는 것이 좋다. 직접이든 간접이든 내가 아는 것, 경험한 이야기에서 시작하면 좋다. 어떤 에피소드나 사례를 들어 글을 시작하면 한결 쉬워진다. 이야기는 누구나 집중하기 쉽고 이해하기 쉽다는 점에 강점이 있다. 사람들이 눈을 떼지 못하게 만드는 재미가 있다. 그래서 많이 배웠든 못 배웠든, 이해가 빠른 사람이든 좀 느린 사람이든, 나이가 많든 적든 관계없이 사람의 마음을 두드리고 움직이는 힘이 있다. 구구절절한 설명보다 쉽고 재밌는 우화 하나가 더 마음에 와 닿는다. 글의 분량이 늘지 않는다고 걱정할 필요도 없다.

### 읽기 자료 1

내가 행복하다고 느끼는 대부분은 말이나 글과 관련이 있다. 말하고 쓰면서 행복하다. 어떻게 하면 말과 글로 행복할 수 있는지 열 가지를 생각해봤다.

첫째, 자존감을 느낄 때다. '내가 그래도 이만큼은 되는구나' 하고 존재감을 느낄 때 뿌듯하다. 2012년 미국 하버드대학 다이애나 타미르(Diana Tamir)와 제이슨 미첼(Jason Mitchell)이 100명의 뇌를 관찰했다. 연구에 따르면, 자기 이야기를 할 때 활성화되는 뇌 부위가 음식을 먹거나 돈이 생겼을 때 활성화되는 영역과 일치했다. 자기를 표현하는 일이 밥 먹는 것과 같은 쾌감과 만족을 주는 것이다. 사람은 누구나 자신을 드러내고 싶어 한다. 없는 사람처럼, 투명인간으로 살고 싶은 사람은 없다. 말과 글이 없던 때에도 동굴에 벽화를 그려 자신을 표현하고자 했다.

(중략)

열째, 꿈이 있을 때다. 청와대를 나올 때까지 꿈이 없었다. 목표도 없었다. 흐르는 물에 몸을 맡기고 떠밀려 살아왔다. 오라면 오고 가라면 갔다. 그러다 3년 전부터 꿈이 생겼다. 초등학교 3학년 때 장래 희망으로 '배우'라고 써냈다가 선생님께 혼난 이후 처음이다. 작가가 되고 싶다. 소설을 쓸지 시를 쓸지 모르지만 문학의 꿈이 자라기 시작했다.

형광등 불이 꺼지면 잠이 오지 않았다. 아니 잠들지 못했다. 동트기를 기다렸다. 대학시절 한마디도 끼어들지 못하고 집에 간 날에도 잠이 오지 않았다. 벌떡 일어나 책을 읽었다. 신입사원 때에는 신혼이던 아내에게 하소연하다 복받쳐 울었다. 참 못났다. 그러나 나만의 분투였다. 투명인간으로 살지 않겠다는 다짐이었다.

나는 오늘도 아는 것이 재미있어 책을 읽는다. 동영상 강의를 듣는다. 생각난 것은 메모한다. 그리고 강의할 때 말한다. 일상이 듣기, 읽기, 쓰기, 말하기다. 이 네 가지가 리듬을 타며 나를 드러낸다. 누구의 간섭도 없고, 눈치도 보지 않는다. 날마다 새롭다. 하루하루가 충만하다. 스스로 고양되고 성숙해지는 것을 느낀다. 내가 나로서 나답게 산다.

– 강원국, 『강원국의 글쓰기』에서 인용

말하고 글을 쓰면 행복하다는 저자는 어떻게 하면 말과 글로 행복할 수 있는지 10가지를 든다. 첫째부터 열째까지 긴 글 속에서 풍부한 자기 경험, 어디선가 알게 된 지식, 정보가 가득하다. 글이 술술 읽힌다.

내가 이야기를 지어내지 못해도 괜찮다. 세상 도처에 그야말로 널린 게 이야기다. 내가 직접 겪지 않아도 가져올 수 있는 이야기는 얼마든지 많다. 그대로 가져와도 되지만, 가져와서 내 생각을 넣어 재가공할 수도 있다. 글쓰기가 한결 쉬워지면서 내 글은 훨씬 풍부한 감성과 설득력을 갖게 될 것이다. 잘 모르는 주제에 대해서 글을 써야 한다고 해도 겁먹지 말자. 부지런히 자료를 찾고 관련 서적을 읽으면 얼마든지 내용을 풍부하게 할 재료를 찾을 수 있다. 시간과 노력이 필요하지만 좋은 글을 쓰고 싶다면 낭비라고 생각해서는 안 되는 소중한 시간이다. 소수의 선택된 사람들만이 이야기를 잘하는 소질을 갖고 있는 게 아니다. 적당한 시기에 적절한 내용의 이야기를 찾아낼 수 있도록 많은 이야기를 내 안에 품고 있으면 된다. 그것을 잘 전달하려는 노력을 조금만 기울이면 어렵지 않다.

보통 호기심을 자극하기 위해 인용구를 사용하거나, 예화를 들기도 하고 관련된 상황을 설명하는 방법 등이 있다. 관련 상황에 대한 화제는 글에서 다루고자 하는 내용에 따라 시사적인 상황이나 일반적인 상황을 제시한다. 시사문제를 다룬 서두는 사회 · 역사 · 경제적인 문제를 들어 설명하는 것으로, 뉴스나 신문을 통해 최근 사회나 경제 동향에 항상 주의를 기울일 필요가 있다.

예화는 일상에서 일어난 일 혹은 책에서 읽은 것이나 영화 등에서 얻은 것 등 다양한 분야에서 적용할 수 있는 것으로, 독자가 글과 친화력을 높일 수 있다. 예화를 있는 그대로 쓰기보다는 글의 내용에 맞게 각색해 흥미를 유도할 수 있도록 해야 한다. 예화는 자기도 모르게 길게 쓰다보면 생각했던 것보다 흥미가 떨어질 수 있으므로 조심한다.

### 읽기 자료 2

동행하는 사람과 이야기를 나눌 수 있다는 점도 걷기운동의 매력이다. 부부끼리, 부모자식끼리, 연인끼리, 친구끼리 적당한 보폭으로 마을길을 걷고 숲길을 걷고 물길을 걷다보면 평소 나누지 못했던 이야기도 한 마디 두 마디 수월하게 하게 되고 서로의 마음을 알고 깊이 이해하게 된다. 갈등은 줄어들고 오해는 풀어진다. 우리나라에서는 개봉하지 않았지만, 죽은 아들의 유해를 안고 아들을 대신해 멀고 먼 여행길을 걷는 아버지의 이야기를 담은 영화 〈The Way〉는 그런 의미에서 조용하고 잔잔하지만 깊은 울림을 준다. 영화 속에서 아버지가 걸었던 길은 산티아고 가는 길이다. 아들은 의사인 아버지에게 이 길을 함께 걷자고 권했지만 사양했고, 아버지는 한가롭게 친구들과 골프를 치던 중 혼자 여행을 떠난 아들이 여행길에서 사고로 사망했다는 소식을 듣는다.

영화는 보기에 따라서 지루할 정도로 단조롭다. 아버지가 아들이 못 다 걸은 길을 걷는 여정이 전부다. 화면 가득한 아름다운 자연 풍광과 고색창연한 도시와 마을이 피로에 지친 우리 눈을 시원하게 해준다. 홀로 걷는 길에서 동행이 생기고 저마다 사연과 목적을 가진 네 사람이 함께 하는 40여 일의 여행을 느리게 따라가며 치유와 소통의 공간으로 길을 다시 돌아보게 된다.

– ©전미옥, 2012

서두에 인용구를 사용하면 짧은 경구를 통해 글의 전체 주제를 암시할 수 있다. 또한 인용구를 풀이하는 과정에서 자연스럽게 말하고자 하는 바의 의미를 유추해 낼 수 있다. 인용구를 이용하기 위해서는 우선 주제와 부합돼야 함은 물론 권위 있는 사람의 것이나 속담, 고사성어 등의 고어를 이용할 수 있다. 책을 읽을 때마다 쓰임새가 있는 구절이나 좋은 글귀를 메모하는 습관은 인용구 인용을 하는 데 도움이 된다.

**읽기 자료 3**

'쌀 아흔아홉 섬 가진 사람이 한 섬 가진 사람 걸 빼앗아 백 섬 채우려 한다'는 말이 있다. '있는 사람이 더 무섭다'는 말을 잘 보여주는 말이다. 하지만 아흔아홉 섬을 가진 1% 중엔 존경할 만한 사람도 있다는 점을 잊어서는 안 된다. 세계 최대의 갑부 빌 게이츠나 워렌 버핏은 가지면 가질수록 더 갖고 싶은 인간의 원초적 욕망의 부질없음을 꿰뚫은 사람들로 어마어마한 기부를 통해 1%에겐 압박을 99%에겐 용기와 희망을 준다. 세계 3대 부자 안에 드는 버핏과 빌 게이츠는 전 세계의 부자들을 만나 기부를 권유하는 등 기부문화 확산에 앞장서고 있으니 시쳇말로 참 끼리끼리 바람직하게 노는 부자들이다.

– ©전미옥, 2012

## 2. 사실(fact) 또는 이야기(story) 수집

### 1) 고유한 나의 이야기

자기 경험, 자기 이야기에 대한 기록을 성실하게 하자. 개인의 사사로운 기록은 그 어떤 사람의 경험과도 같지 않기 때문에 고유한 가치가 크다. 일기, 플래너, 다이어리, 블로그, 모두 자기 생활과 이야기를 기록하기 좋은 도구다. 일기는 단순히 글쓰기 능력만 키우는 것이 아니라 자신의 소중한 역사로, 자신의 삶을 성찰하면서 성장하는 소중한 산물이다. 세밀하고도 특별한 자기만의 스토리를 가득 채워나갈 수 있다. 내 생활양식, 반복되는 일상에서 인상깊게 깨달은 생각, 특별한 경험, 만난 사람들 이야기는 자신의 경험을 글로 풀어야 할 때 요긴하게 쓸 수 있다. 사랑과 연애의 경험도 좋다. 아주 개인적이고 사소한 역사로 치부할 수 있지만 실은 우리가 사람과의 관계를 이해하는 데 가장 많은 시금석을 제공하고 있다. 사랑과 연애에서 비롯되는 많은 경험은 글쓰기에 소중한 자양분이 될 수 있다.

또 일기는 하루 일과 다 마친 다음에 써야 한다는 고정관념을 버리면 더 좋다. 하루를 시작하기 전에 쓰는 일기도 색다르다. 물론 그 활기차야 할 아침에 어제 일을 되돌아보느라 후회와 참회의 시간으로 기운 빼자는 것은 아니다. 모든 일은 계획과 그 계획을 실행해가는 순서에 따라 성공적으로 마칠 수 있다. 따라서 아침일기 역시 새로운 하루를 계획하고 준비하는 시간으로 쓰길 권한다. 어제의 감정도 일단 한번 걸러진 감정이 되기 때문에 후회나 반성의 일기가 된다고 해도 사실과 감정이 균형을 이룬 이성적인 분석이 가능하기 때문이다. 하루 전의 일이니 또렷이 기억할 수 있다. 편한 대로 쓰면 된다. 감정을 빼고 사실만 메모식으로 써도 상관없다. 특별하고 잊을 수 없다면 단어 하나만이라도 기록해두면 글을 쓸 때 그 당시의 감정이 되살아나는 건 쉽다. 기록하지 않았으면 잊힐 이야기라도 문자로 잡아두었기 때문에 사실의 기록만 보고도 그 당시 상황이나 감정까지 기억날 수도 있다.

### 읽기 자료 4

대학입시를 준비하던 시절, 아는 집에 얹혀 살았다. 그 집 아들과 한방을 썼다. 그 친구는 잠을 자고 나는 공부하고 있었다. 그 집 어머니가 방문을 열더니, “왜 자는데 불을 켜놔” 하시며 형광등 스위치를 내렸다.
대학에 가서 같은 학과 친구들과 술을 마시는데 대화에 끼어들지 못했다. 아는 게 없어 할 말이 없었다. 이제나저제나 끼어들 틈을 엿보는데, 친구들이 늦었다고 집에 가잖다.
신입사원 시절, 서울여상 나온 여성과 옆자리에 앉았다. 그녀는 나보다 입사가 6개월 빨랐고 나이는 6년 아래였다. 하지만 자신이 나보다 급수가 낮고 월급도 적은 것을 받아들이지 못했다. 그도 그럴 것이 당시 서울여상 갈 정도면 서울대도 갈 수 있는 실력이었다. 단지 가정형편이 허락하지 않았을 뿐. 그녀는 다른 사람이 있는 데서는 내게 잘 대해줬다. 하지만 둘만 남으면 없는 사람 취급했다. 작성한 보고서도 그녀가 타자로 쳐주지 않아 나는 졸지에 일하지 않는 사람이 됐다.

– 강원국, 『강원국의 글쓰기』에서 인용

### 2) 가성비 높은 신문 읽기

신문은 우리에게 정치에서부터 경제, 사회, 문화, 스포츠에 이르기까지 전날 일어났던 일들을 생생하게 전달해준다. 그 중에서 사건사고 속보성은 인터넷 신문에서 충분히 다루고 있다. 따라서 사건사고 위주의 스크랩이나 단편적인 정보보다, 수많은 정보 중 관심 있는 테마에 대한 지속적인 관심, 주제 의식에 대한 꾸준한 고찰, 자료 확보 등이 필요하다. 게임, 창업, 미용, 주식 등 뭐가 됐든 자신이 지속적으로 관심을 가질 만한 테마를 찾아보자. 그 중에서 주제가 될 만한 관심사로 다시 좁혀보면 더 좋다.

만약 나의 관심이 창업이나 사업이라고 해보자. 그렇다면 매일 신문에서 눈길을 끄는 기사 몇 개를 스크랩해보자. 스크랩은 과거에는 신문을 오리거나 복사해서 했지만 인터넷이 발달한 요즘에는 기사 제목만 체크하고 그것을 인터넷상에서 검색하여 옮겨오기만 하면 된다. 가능하다면 다채롭게 신문의 수를 늘리면 좋은데, 신속하게 관심 있는 기사의 제목만 적어두어도 된다. 가져온 기사는 카페나 블로그, 혹은 많은 용량을 제공하는 메일함 등에 다양하게 보관할 수 있다. 이러한 작업을 6개월만 꾸준히 하면 축적되는 정보의 양과 질, 그리고 기사 보는 안목이 몰라보게 달라질 것이다.

신문은 발로 뛰어서 얻을 수 있는 정보를 하루 한 시간 정도의 투자로 거뜬히 얻어낼 수 있다. 신문에 대한 신뢰도가 과거에 비해 많이 떨어졌어도 여전히 신문은 정보성 기사에 관한 한, 아직도 그 영향력이 큰 귀중한 가치를 갖는다. 신문을 어떻게 활용하느냐, 트렌드를 어떻게 빠르게 읽느냐에 따라 활용하는 방법은 분명히 달라진다.

### 3) 인문학 독서와 미디어 활용

좋은 글을 쓰려면 문학, 예술, 철학, 역사 등 인문학적 앎을 자양분으로 삼아야 한다. 인문학은 이야기의 보물창고다. 문학, 철학, 역사, 예술 이 분야에서 이야기를 빼면 세상에 남는 이야기는 없다. 세상의 모든 위대한 이야기는 모두 인문학에서 나왔다고 단언해도 지나치지 않다. 인문학 책읽기는 내 글의 주재료이자 양념으로 모든 글쓰기의 기초체력이다. 그 안에 녹아 있는 수많은 스토리를 발굴하고 사고의 영역을 넓혀나갈 때 글 쓸 거리는 얼마든지 많다. 자신의 전공과 주 관심사를 따라 다양한 인문학 독서를 한다면 글의 맛이 달라질 것이다.

문학과 역사와 예술 속의 스토리는 책을 통해 만나는 것이 양적으로나 질적으로 가장 좋지만, 큰 힘 들이지 않고도 소소하게 알 수 있는 길도 많다. 예를 들면 방송 프로그램이 그렇다. 요즘 같이 TV 채널이 많은 시대엔 골라볼 유익한 프로그램이 정말 많다. 미술기행, 인문학 기행, 음악기행, 인문학 강좌, 건축 다큐멘터리 등 가만히 앉아서 재미있는 이야기를 정말 많이 얻을 수 있다. 해외에서도 인정하고 호평하는 우리나라 방송사의 수준 높은 다큐멘터리는 감사하며 봐도 좋은 이야기의 보물창고다.

〈꽃보다 할배〉라는 인기 있는 예능 프로그램은 여행지에서 만난 역사와 문화 예술에 대한 이야기가 깨알 같이 펼쳐진다. 엄청난 크기의 대만 국립박물관 이야기, 스페인 바르셀로나에서 만난 건축가 가우디 이야기, 독일 분단의 역사 등 짧은 시간이지만 위대하고 강렬한 이야기가 촘촘하다.

라디오 방송에서 들려주는 이야기도 많다. 예를 들면 클래식 음악이 하루 종일 나오는 FM 프로그램을 며칠만 들어도 음악이 나오는 틈틈이 음악에 관련된 이야기는 물론이고 다른 예술가의 이야기, 역사적 이야기 등이 짧고 재미있게 소개된다. 이야기가 소개되는 고정 코너가 일정한 시간에 있기 때문에, 잠깐만 신경을 써서 챙겨 들으면 많은 이야기를 모을 수 있다.

TV든 라디오든 이야기를 재미있게 보고 들으며 가볍게 메모해 두었다가 써먹거나, 더 알고 싶은 것이 있으면 다른 자료나 책을 찾아서 더 많은 스토리를 발굴하면 된다. 인기 프로그램은 아직 방송이 끝나지도 않았는데, 거기서 관련된 키워드가 인터넷 포털사이트의 실시간 검색어에 뜬다. 궁금한 사람들이 더 찾아보는 것이다. 그렇게 하면 된다.

자료나 정보를 수집할 때는 출처가 분명하고 객관적인 시각인지 살피는 일이 중요하다. 인터넷 검색 기능을 이용한 자료들은 '열린 검색'에 특히 주의해야 하는데, 검증되지 않은 마구잡이식 지식이나 상식이 네티즌들에 의해서 뿌려지다시피 하기 때문에 틀린 정보나 불확실한 자료를 건져내는 수가 있다.

위대한 이야기를 창조하긴 어렵지만 위대한 이야기를 찾아보기는 쉽다. 요즘은 앉아서 손품만 조금 팔아도 천 년 전 이야기도 쉽게 알아볼 수 있다. 다만, 모든 자료는 정확한 것이 생명이다. 그래서 책을 통해 얻는 것을 권하지만, 이미 수세기 동안 검증된 이야기는 인터넷을 통해서도 얼마든지 신뢰할 만한 자료를 얻을 수 있다. 자료를 완벽하게 찾기보다 글을 쓰면서 찾아가는 방법이 더 알맞은 이야기를 적재적소에 넣기 좋다.

## 3. 생각을 굴릴 수 있는 메모

메모는 명쾌함과 간결함이 두드러지는 중요한 커뮤니케이션이다. 메모를 통해 긴 글의 포문을 여는 실마리가 될 수도 있고, 아이디어나 글감이 고갈되지 않는 영원한 샘물일 수 있다. 메모의 생활화가 가져올 수 있는 결과물은 메모의 길이나 양에 관계없이 풍성하고 깊을 수 있다.

창조적 활동을 하는 사람들은 대부분 메모광인 경우가 많다. 정약용 선생은 책을 읽으면서 그 내용에 대한 자신의 생각과 느낌을 기록했고, 그래서 500여 권의 저술을 남길 수 있었다. 에디슨은 정규 교육을 3개월밖에 받지 못했지만 이해심 많은 어머니 곁에서 자라면서 왕성한 호기심을 독서와 메모, 실험에 광적으로 매달리면서 채워갔는데, 어린 시절에만 약 2,300권의 책을 읽었고, 사후에 그가 메모했던 수첩이 약 4,200여개나 되었다고 한다.

### 읽기 자료 5

조정래 작가의 필생 역작인 '태백산맥'은 4년간의 자료 조사 후 1983년 집필을 시작해 1986년 10월 '제1부 한(恨)의 모닥불' 1~3권이 출간된 후 1989년 10월 '제4부 전쟁과 분단' 8~10권으로 완간됐다. 태백산맥문학관은 분단의 아픔과 상처를 아우르는 공간으로, 통일을 염원하는 의미에서 북향으로 지어졌다. 전시실로 들어서면 꼼꼼히 기록한 취재 수첩과 등장인물에 대한 메모, 만년필, 1만 6천500장의 육필원고(사진) 등이 '태백산맥'을 집필하는 데 걸린 시간과 노력의 흔적을 증명하듯 가지런히 전시되어 있다.

– 전수영, '태백산맥문학관', 연합뉴스(2017.10.07일자) 인용

### 읽기 자료 6

정유정 작가 하면 '간호사 출신 소설가'라는 수식어가 먼저 붙는다. 정식 문학교육을 받지 않은 소설가라는 말이다. 그래서 짐작했다. '천부적인 소설가가 아닐까'라고. 아니었다. 독학으로 익힌 문학이론의 깊이가 만만치 않다. 그가 재미와 깊이를 두루 갖춘 소설을 쓰기 위해 들인 시간과 노력이 놀랍다. 그는 '연장'이라고 쓰인 수첩을 늘 지니고 다닌다. 그 수첩에는 대학 문학수업 시간에나 들을 법한 내용이 빼곡하다. 아리스토텔레스의 《시학》에서부터 최근 출간된 창작 관련 책에 이르기까지. 책을 읽으면서 중요한 구절을 옮겨 적고, 밑줄을 긋고, 형광펜으로 강조한다. 그의 문학적 스승은 두 사람이다.

– 스티븐 킹과 레이먼드 챈들러

글을 쓰려는 사람이라면 독서를 할 때도 메모를 통해 읽은 내용을 좀 더 완전하게 자기 것으로 만들 수 있다. 책을 읽으면서 중요한 내용을 파악하는 방법으로는 밑줄을 긋거나 메모하는 일이 있다. 그 책을 다시 읽게 되거나 필요한 내용을 찾기 위해 뒤적이게 될 때 메모하거나 밑줄 그은 내용을 중심으로 되짚어보면 된다. 책을 읽으며 메모를 할 때는 '요점 적기', '의문점 적기', '작가와 내 생각의 다른 관점 적기', '관련된 아이디어 적기' 등을 하면 좋

은데, 이런 과정은 생각의 실마리를 끊임없이 제공하며 쓰고 싶은 욕구를 부채질한다.

정보가 다양하고 많을 때에는 가지고 다닐 수 있는 크기로 복사하여 파일로 저장해 두는 것이 좋다. 복사할 경우에도 같은 크기로 해 두면 좋은데, 이는 크기가 각각 다르면 나중에 다시 읽을 때나 주제별로 정리할 때 불편하기 때문이다. 복사해둔 종이 위에는 날짜를 기입하고 정보의 키워드나 감상을 여백에 메모하는 것이 좋다. 그래야 나중에 펴 보아도 왜 이 정보를 모았는지 한눈에 알 수 있기 때문이다. 또 '전공', '취미' 등 주제를 드러내는 표시를 한 후 파일 처리를 하는 것이 좋다.

무조건 적어 두자. 보는 것, 들은 것, 머릿속에 떠오르는 것, 모두 언젠가는 쓸 데가 생긴다. 그런 메모들은 모두 나만의 고유한 경험이라는 점을 잊지 말고 소중히 여기자. 그리고 글의 도입부를 어떻게 써야 할지 생각이 안 날 때, 잘 쓰다가 문득 글이 막힐 때, 그렇게 쌓인 메모 속 이야기가 말을 걸어올 때가 있다. 하고 싶은 말은 있지만 어떻게 첫 문장을 풀지 고민이 될 때, 우선 재미있는 내 이야기부터 하나 소개해보자. 그다음 하고 싶은 말은 한결 수월하게 풀릴 것이다.

## 글쓰기 연습장

**1. 자기 인생에서 서러웠던 기억을 생각나는 대로 10가지만 적어보자. 가장 서러웠던 순간을 골라 그 때의 상황과 생각을 써 보자.**

예) 열심히 했는데 인정받지 못했던 일, 결정적일 때 엄마가 곁에 없었던 일

**2. 최근 방송 프로그램을 통해 처음 알게 된 사실이나 사건, 정보, 개념 등이 있으면 써보자.**

예) 다큐멘터리를 통해 고양이 수명이 평균 10~15년 사이인데 우리나라 길 고양이는 굶주림, 학대, 사고, 겨울철 동사 등으로 평균 수명이 고작 3년 밖에 안 된다는 사실을 알게 됐다.

**3. 인상적인 영화 3편을 골라 등장인물의 기억에 남는 대사를 각각 써보자.**

예) 영화 '미 비포 유'(Me Before You, 2015)

"이 돈이 당신 인생을 아무리 바꿔 놓더라도 내 인생은 당신으로 인해 훨씬 더 많이 바뀌었다는 걸 잊지 말아요. 내 생각은 너무 자주 하지 말아요. 당신이 감성에 빠져 질질 짜는 건 생각하기 싫어요. 그냥 잘 살아요. 그냥 살아요. 사랑을 담아서. 윌."

10장

# 세련된 글쓰기

# 10장 세련된 글쓰기

## 1. 말하지 않고 주제 드러내는 법

**주제는 '글에서 얻을 수 있는 가장 중요한 메시지'**라고 할 수 있다. 글 쓰는 사람이 하고 싶은 말, 그게 주제다. 그 말이 명료하게 잘 드러나는 글도 있지만 잘 드러나지 않는 글도 있다. 드러나지 않는 건 괜찮지만 없어서는 안 된다. 주제가 없는 글은 실패한 글이고 의미 없는 글이기 때문이다.

국어학자 남영신 선생은 **'글을 읽는 것은 주제를 향한 여행'**이라고 말한다. 무엇을 어떻게 써야할 것인지 확실하게 박히기 전까지 글을 쓰지 말아야 하고, 내가 이것을 얘기하기 위해 무엇이 필요한지 명쾌하게 잡아낸 후 글을 쓰라고 권한다. 다시 말해, 내가 쓰고자 하는 주제를 명료하게 정해야 한다는 의미다.

> 글쓰기를 주제 제시와 주제화 과정으로 이해하고 글을 쓰기 시작하면 글쓰기가 매우 편해진다. 여러분이 무엇에 대하여 어떤 이야기를 해야겠다고 생각하는 순간 주제가 결정되고, 주제가 결정되는 순간 주제화를 생각하게 된다.
>
> – 남영신, 『글쓰기는 주제다』에서 인용

주제는 단순히 글쓰기에서만 중요한 것은 아니다. 삶의 모든 부분에서 주제를 생각하지 않으면 안 된다. 주제를 파악하는 것, 주제에 충실하려고 노력하는 것, 그 모든 것이 삶의 소통 조건이다. 글쓰기를 시작하기 전에 얼마나 주제를 의식하고 주제를 정하느냐에 따라 글의 질이 달라질 수 있다. 글의 주제를 고를 때도 몇 가지 고려해야 할 점이 있다.

첫째, **관심이 가는 주제**여야 한다. 사실 살아가면서 만나는 그 모든 것이 글의 주제가 될 수 있지만 내가 평소에 궁금하거나 관심 있는 것, 좋아하는 것을 주제로 고르는 것이 좋다. 이러한 주제를 고르면 글쓰기가 더욱 흥미롭고 수월하다.

둘째, **내가 감당할 수 있는 주제**여야 한다. 내가 그 주제를 다룰 만한 능력이 안 되는데, 글을 시작하면 정확하지 않은 내용을 쓰게 되거나, 주제를 감당하지 못해서 중간에 글쓰기를 포기하게 된다. 내가 충분히 소화할 수 있는 주제를 선정하고 주제의 범위를 적당히 정하는 것이 필요하다.

셋째, 남들이 많이 했던 이야기, 그다지 의미 없는 일상적이고 진부한 글은 독자들이 별로 읽고 싶어하지 않는다. **독자들이 흥미를 느낄 만한 주제**를 골라야 한다. 신선하고 참신한 주제를 고르려면 새로운 시각과 인식이 필요한데, 이미 다른 사람이 다룬 주제라고 하더라도 나만의 시각, 좀 새로운 눈으로 써나간다면 좋은 주제가 될 수 있다.

넷째, **주제를 구체적으로** 정한다. 주제의 범위가 너무 넓으면 자료를 모을 때도 그만큼 넓어지기 때문에 글쓰기에 어려움을 겪을 수 있다. 또 주제가 관념적이거나 추상적이어도 말하고자 하는 내용이 분명하지 못해 글 쓰는 사람만 아는 글이 될 수 있다.

이런 기준을 가지고 애써 주제를 잡아놓고 글을 쓰기 시작했는데 얼마 못 가서 글을 다 썼다는 느낌이 들 때가 있다. "어, 벌써 할 말 다했는데… 뭘 더 쓰지?" 하는 생각이 든다. 원고지 3장 넘기기가 너무 어렵다는 사람들의 공통점이다. 하고 싶은 말을 너무 일찍 해버린 경우다. 하고 싶은 이야기, 주장하고 싶은 것, 이것이 결국 '주제'인데, 너무 주제를 일찍 드러내고 서둘러 글문을 닫아버리는 경우다.

> 우리 집엔 개가 두 마리 있다. 개들은 모자지간인데 어미는 기른 지 7년이 되었다. 이제 개가 뛰어놀지 않는 우리 집은 상상할 수 없다. 처음엔 집안에서 동물 기르는 걸 반대하던 아버지도 외출에서 돌아오시면 이 녀석들과 눈 마주치고 쓰다듬은 다음에야 다른 식구들과 대화를 하신다. 게으른 나도 이 녀석들이 집에 있으면서 조금 부지런해진 것 같다. 겨울엔 집밖에도 안 나가는 날이 있는데 산책 시켜주느라 날마다 밖으로 나가고 내 몸은 나중에 씻어도 이 녀석들부터 씻긴다.
>
> 휴가철에 엄청난 수의 반려동물이 버려진다는 기사를 읽었다. 섬에 놀러갔다가 그대로 버려두고 집으로 돌아온다는데, 해마다 버려진 개들이 너무 많아 섬 주민들이 어려움을 호소하고 있단다. 사람들의 매정함이 끔찍하다. 동물도 사람의 감정을 읽고 거기서 자기들도 희로애락을 느낀다. 버려지면 너무나 슬플 것이다. 그러려면 애초에 기르지 말았어야 했다. 그냥 예뻐서, 혹은 외로워서 앞뒤 생각 안 하고 덜컥 집안에 동물을 들였다가 생각보다 귀찮은 일 많고 힘들면 저렇게 쉽게 버릴 수 있다. 처음부터 반려동물 기르기는 신중하게 생각해야 한다.
>
> (학생 글)

"반려동물을 기르고 싶을 때 신중하게 생각하자" 쯤이 주제문이 될 수 있는데, 좋은 주제지만 너무 하고 싶은 이야기를 서둘러 꺼내서 그 다음은 할 말을 못 찾고 금방 펜을 놓았다. 어린이들이 처음 일기를 쓸 때 오늘은 뭐뭐를 했다, 참 재미있었다 식의 일기처럼 몇 가지 생각을 나열하고 그 결말을 서둘러 한두 줄로 마무리 하면, 글쓰기 자체는 쉬울 수 있지만 좋은 글이 되지 않는다.

두 단락 사이에 주제를 돋보이게 할 수 있는 여러 가지 글을 넣을 수 있다. 개들과 함께 살아서 좋은 점, 개와 감정을 교류했던 경험, 개들이 사람에게 주는 정서적 유대감, 개와 함께 살면서 달라진 점 등, 경험한 에피소드를 많이 넣어주면 좋을 것이다. 좋은 점만 써서는 안 된다. 글의 주제를 생각했을 때 빠지면 안 되는 부분이 개를 기르면서 불편하거나 번거로운 점, 힘든 점이다. 여기에 가장 많이 기르는 개나 고양이의 평균 수명이나 질병, 예방 접종, 치료비가 많이 드는 우리나라 동물 의료의 현 주소까지 자료를 좀 더 찾아서 동물을 기르려고 하는 사람이 고려해야 할 여러 가지 정보를 제공한다면 주제에 다다르는 좀더 알찬 글이 될 수 있다.

하고 싶은 말은 제일 나중에 해야 한다. 하지만 하고 싶은 말을 직접 하지 않고도 주제는 전할 수 있다. 글을 읽으면 "아 반려동물 기르면 이런 생각지도 못한 어려움이 있구나" 하고 생각하게 해야지, 그냥 "반려동물 신중하게 생각하고 기르자" 한다고 신중하게 생각하게 되지는 않는다. 이런 저런 좋은 점이 있지만, 새끼 때부터 기른다면 15년을 함께 했을 때 이런 어려움들도 있다. 반려동물을 기르고 있는 사람이 줄 수 있는 생생한 사실만 잘 써도 글을 읽는 사람들이 저런 다양한 면이 있구나, 저런 어려운 점이 있구나 생각하면서 주제를 드러낸 글의 결말에 다다르지 않더라도 자연스럽게 반려동물에 대해 신중해질 수 있다.

그래서 글을 쓰기 전에 이 같은 '구성' 단계를 거치는 일이 필요하다. 앞부분엔 어떤 글을 쓰고 본문엔 어떤 내용을 쓰고 마무리는 어떻게 할지 구조를 설계하고 쓴 글은 막연하거나 모호하지 않다. 글을 쓰기 전에 글쓰기 설계도를 그려보자.

## 2. 리듬을 통해 높이는 가독성

사람들에게 다 쓴 글을 소리 내서 읽어 보라고 권한다. 처음엔 소리 내서 잘 읽다가 어느 순간 소리가 작아져서 보면 그냥 눈으로 읽고 있다. 왜 소리 내서 읽지 않냐고 물어보면 '읽기 힘들다'고 말한다. 그 원인은 바로 리듬에 있다. 좋은 글엔 리듬이 있는데, 읽었을 때 뭔가 호흡이 달라지고 자주 막히고 글을 모르는 것도 아닌데 더듬거린다면 글에 리듬이 없다는 뜻으로 받아들이면 된다. 아무리 이해하기 쉬운 내용도 리듬이 없으면 가독성이 떨어지고, 좀 어려운 내용도 리듬이 있으면 더 수월하게 읽힌다.

그렇다면, 리듬감 있는 글은 어떻게 생길까?

일단 리듬감이 있어서 쉽게 읽을 수 있는 글은 문장이 길지 않다. 짧은 문장은 자동적으로 리듬이 생기는데, 이때 단문은 꾸미는 말, 즉 수식어가 없고 잇는 말이 없는 단문으로 잘라도 좋은 문장을 말한다. ~하고, ~하며, ~하는데 같은 표현이 없다. 수식어는, 없어도 내용에 영향을 끼치지 않는 불필요한 말일 경우가 많다. 잘 쓴 것 같은 화려한 글을 쓰려는 욕심이 있으면 수식어가 많아진다. 수식어가 많으면 글이 부드럽다는 느낌은 들지만 뜻이 명료하게 전달되지 않는 어려움이 있다.

> 웨딩드레스를 입은 그녀는 무척이나 아름다웠다. 나를 보고 활짝 웃었지만 웃을 수가 없었다. 가슴이 막 뛰어 어색한 미소에 손을 몇 번 흔들다가 갑자기 그 자리에서 휙 돌아서서 화장실을 찾는 척했다. 지금 이 시간이 딱 꿈이었으면 좋겠다.
>
> ⇨ 웨딩드레스를 입은 그녀는 아름다웠다. 나를 보고 웃었지만 웃을 수가 없었다. 가슴이 뛰어 어색한 미소에 손을 몇 번 흔들다가 갑자기 그 자리에서 돌아서서 화장실을 찾는 척했다. 지금 이 시간이 꿈이었으면 좋겠다고 생각했다.

'무척이나', '활짝', '막', '딱' 이런 말들은 빼도 문제가 없다. 소리 내서 읽어보면 이 말이 있을 때와 없을 때의 리듬이 다르다는 것을 느낄 수 있을 것이다. 그리고 수식어를 꼭 쓰고 싶다고 한다면 수식되는 말 가까운 쪽에 써야 한다. '예쁜 원피스 입은 소녀'라고 쓰면 원피스가 예쁜 건지, 소녀가 예쁜 건지 모호하다. 소녀가 예쁘다고 말하고 싶은 거라면 '원피스를 입은 예쁜 소녀'라고 해야 명료한 문장이 된다.

단문이 리듬이 있는 건 맞지만 단문만 이어지면 단조롭다. 단문과 장문이 적절히 조화를 이루는 편이 글에 여운이 생긴다. 단문-장문-단문, 혹은 장문-단문-장문의 형태로 오면 좋지만 글을 써나갈 땐 이것을 일일이 신경 쓰다간 글을 쓰기 어렵게 된다. 글을 다 쓴 다음에 다듬는 게 좋다. 아래 글은 좀 짧은 문장으로 썼으면서도 긴 문장을 적절히 섞어 리듬을 살렸다.

> 포르투갈 국가대표 선수 크리스티아누 호날두는 월드컵이 아니라도 실력 면으로나 화제성으로 보나 이미 세계적인 셀럽이다. 이번 월드컵에선 그의 두 가지 에피소드가 시선을 끈다. 포르투갈이 조별 리그에서 이란전을 하루 앞둔 밤에 호날두 숙소 주변에서 이란 팬들이 소란스러웠다. 갑자기 창가에 모습을 드러낸 호날두가 두 손을 모아 귀 옆에 가져가며 고개를 옆으로 누이는 포즈를 취했다. 잠잘 수 있게 조용히 해달라는 의미다. 잠시 조용해지자 호날두는 사람들을 향해 엄지손가락을 치켜세웠다. 톱스타가 저렇게 귀여운 포즈로 부탁하는데 축구팬이라면 상대팀 선수라도 어찌 미워할 수 있을까.

겉으로 드러난 형식적인 리듬이 아니라 글의 구성이 만들어내는 리듬도 있다. 글의 구성이 논리적일 때 리듬이 생긴다. 앞서 주제를 드러내는 부분에서도 말했지만, 중요한 내용이라고 해서 무조건 앞쪽에 쓰지 않고 여러 에피소드나 정보, 사실과 섞어 적당하게 조금씩 노출해야 한다. 그 안에서 논리적인 전개, 논리적인 문장이 리듬감을 만든다.

고가 후미타케는 이 리듬을 '시각적 리듬'과 '청각적 리듬'으로 나눴는데, 시각적 리듬은 구두점을 찍거나 행을 바꿔 '물리적 공간'을 만드는 것이다. 구두점은 글자 사이의 가로 압박감을 해소해주고, 행을 바꾸는 건 줄 사이의 세로 압박감을 해소해준다. 적재적소에 구두점을 찍고 행을 바꿔주어서 독자에게 한숨 돌리는 포인트를 준다. 청각적 리듬은 소리 내서 읽어보면서 만들 수 있다. 쉼표의 위치, 단어나 어휘의 반복이 없는지도 확인해야 한다. 눈으로 읽었을 땐 문제가 없던 문장도 소리 내서 읽어보면 어색하고 막히는 경우가 많다.

## 3. 입말의 조심성

지금은 많이 고쳐졌지만 서비스업에 종사하는 사람들의 입에서 이런 말이 자연스러웠을 때가 있다.

"햄버거 나오셨습니다." "포장 다 되셨습니다."

"엘리베이터를 타고 이동하시겠습니다."

"그럼 검사를 하실게요. 준비가 다 되셨으면 의자에서 조심히 내려오실게요."

이런 말을 하는 직원들도 이 말이 이상하다는 것을 알면서도 한다는데, 그 이유는 "서비스를 제공받는 손님 중의 5% 정도 되는 손님들의 불쾌함을 해소"해주기 위해서라고 한다. 제공 받는 물건에 대해서 이야기를 하다보면 자칫 손님들이 말을 오해해서 자신을 무시하는 거 아닌가 하는 컴플레인이 들어온다고 한다. 그런 상황을 예방하기 위해서 과하게 물건에까지 존댓말을 붙이게 된 거라는데, 글을 쓸 때도 존댓말에 대한 주의를 기울여야 한다. 부모님껜 반말하면서 물건이나 상황에 존댓말을 쓰는 이상한 사회가 되어버린 감이 있지만 바른 말은 곧 바른 글쓰기로 이어진다.

> 그때 과 사무실엔 나밖에 없었는데 낯선 어른이 한 분 들어오셨다. 자신을 경영학과 교수라고 소개하신 그 분은 나에게 뭔가를 물어오셨다. "저는 조교가 아니라서 잘 모르겠습니다. 지금 조교님이 잠시 볼 일 보러 나가셨는데요"라고 말했다.
>
> (학생 글)

말하는 사람과 듣는 사람, 말 속에 등장하는 인물을 놓고 누구를 높이고 누구를 낮춰야 하는가에 대해 혼동을 겪고 있는 사람이 많다. 자신이 높임의 주체를 잘못 선택함으로써 말을 듣는 상대방을 본의 아니게 낮추기도 한다. 제3자를 존대하는 바람에 결과적으로 상대방을 낮추는 일이 되었다. "지금 조교가 잠시 볼 일 보러 나갔습니다"라고 고쳐 쓰는 것이 맞다.

> 오늘 오후 4시쯤에 있었던 일이다. 입사한 지 6개월이 채 안 된 신입사원이 내게 이런 말을 남긴 채 사무실을 빠르게 빠져나갔다.
> "선배님, 저 거래처 세 군데 들렀다가 바로 퇴근해요. 팀장님께도 그렇게 하겠다고 보고했거든요. 그럼 수고하세요."
> 그 뒷모습을 바라보며 옆자리의 내 동기가 어이없다는 투로 얘기했다.
> "아니, 요즘 신입사원들에겐 존댓말도 가르쳐야 해? 그거 학교 들어가기 전에 집에서 배워야 하는 거 아냐? 선배들만 수두룩하게 앉은 사무실을 나가면서 '수고하세요'가 뭐야 '수고하세요'가. '퇴근해요'도 그래. 난 아주 반말에다가 '요'자만 붙이는 거 정말 싫어."
> 내가 하고 싶은 말을 성질 급하고 깐깐한 동기가 서둘러 저렇게 해주니 나는 잠자코 있게 된다. 내 대답도 듣기 전에 떠난 후배는 귀가 좀 간지러울까?
>
> – ©전미옥, 2009

반말 끝에 '요'자만 붙이는 말은 제대로 된 존댓말이 아니다. '알겠어요'가 아니라 '알겠습니다'로, '한번 해볼게요'는 '한번 해보겠습니다'로, '점심식사 어때요?'는 "점심식사 어떻습니까?"와 같이 정중하고 똑 떨어진 존대어를 사용해야 신뢰감이 느껴지고 예의 바르게 느껴진다.

'수고하십시오'라는 잘못된 우리말이 널리 쓰인다. 한참 손아래 사람이 '고생하세요', '수고하십시오', '고생하십시오'라는 말은 상대방에게 고생을 하라고 명령하는 '하쇼체'의 문장으로서, '-시'라는 높임을 위한 접사를 끼워넣을 수가 없는 표현이다. 손아래 사람이 손위 사람에게 사용하면 예의에 어긋나는 말이고, 게다가 그걸 감사의 표현이라고 사용하는 것은 큰 잘못이다. '당신 한번 제대로 고생해봐'라는 말을 억지로 높임말로 포장한 것이다. 반면 '수고하셨습니다'라는 말은 '아이고 저를 위해 이렇게 고생하셔서 감사합니다'라는 표현이다. 연장자에게 이런 표현을 쓰는 것은 적절하지 않다. 말과 마찬가지로 글쓰기에서 입말을 옮겨 쓸 때 설령 존댓말을 잘못 말했다고 할지라도 바르게 고쳐 쓰는 것이 좀 더 글을 품위 있게 만든다.

글을 잘 읽다보면 어휘나 단어 선택을 통해 글쓴이의 품격을 가늠하게 된다. 무엇이든 줄여서 말하는 말의 다이어트가 심한데, 글에서도 그대로 사용하는 것은 곤란하다. 신조어도 새로운 전자제품 신제품처럼 빨리빨리 생산되고 빠르게 '구형'이 되는 경향이 있다.

- 가성비 : 가격 대비 성능의 준말로 가격에 비해 상품의 품질이 좋은 것을 일컫는 말
- 고답이 : 고구마를 먹은 듯 답답하게 행동하는 사람
- 맴 찢 : 마음이 찢어질 듯 아프다
- 취 존 : 취향 존중
- 가뿐싸 : 갑자기 분위기 싸해짐
- 이생망 : 이번 생은 망했다
- 시 강 : 시선 강탈
- 최 애 : 최고로 애정(사랑)하는 것
- 케바케 : 케이스 바이 케이스 (경우에 따라 그때그때 다르다는 말)
- TMI : Too Much Information의 준말로 '너무 과한 정보'를 말한다.

2018년에 10~20대 사이에 많이 쓰는 줄임말 몇 가지를 예시로 들었지만, 이 말들도 곧 '구형'이 될 것이다. "요즘 그런 말 누가 써요?"라고 할 때가 금방 돌아온다. 글은 말보다 오래 남는다. 글의 품격을 떠나 글 쓸 당시 유행했던 말을 그대로 쓰면 조금만 지나 읽어도 어쩐지 촌스러운 느낌이 든다. 입말로 살아 있는 표현을 하는 건 중요하지만 특별히 설명을 넣어주거나 피치 못하게 써야 하는 경우가 아니라면 올바른 표현으로 풀어서 쓰는 것이 글의 질을 떨어뜨리지 않는 방법이다.

## 1. 사설 문장 분석하기

• 사설 사례_스토리가 글의 가치를 높인다

보통 가정을 찾아가 그 가정의 이야기를 듣는 '한끼줍쇼'라는 프로그램이 있다. 쇼트트랙 국가대표 최민정 선수와 심석희 선수가 태릉선수촌 주변 동네를 찾았을 때, 바로 그 동네에 살았던 절친한 친구는 참으로 아쉬워했다. 한 길만 건너서만 왔어도 자기 집 문을 두드릴 확률이 높았다는 것이다. 이 친구에게 그들이 왔다면 무슨 이야기를 할 거냐 물었더니, 5년 정도 태릉선수촌에서 봉사를 했던 이야기를 할 거라 했다. 두 선수의 동료인 다른 쇼트트랙 선수들과 교류했던 이야기도 있다고 한다. 내가 다 아쉽다. 내 친구의 집은 제작진 입장이라면 그 동네와 그 선수들에게 맞춤한 이야기를 펼쳐 놓을 수 있는 구미가 당기는 좋은 가정이었다.

유명인들의 이야기는 늘 인기지만 보통 사람, 보통 가정의 이야기를 들려주는 이 프로그램이 인기 있는 건 의외일지 모른다. 처음엔 인기 있는 진행자와 매주 바뀌는 유명 연예인들의 힘만으로도 한두 번 볼 수 있다. 하지만 나와 같은, 내 이웃 같은 보통 사람들의 이야기에서 공감을 끌어내는데 실패했다면 지금만큼의 인기는 없었을지 모른다. 다들 앞집에 누가 사는지 모르며 사는 삭막하고 냉랭한 일상에서 이 프로그램은 보통 사람들의 다채로운 생활과 살아온 이야기를 통해 시청자들의 마음을 따뜻하게 덥히고 내 삶을 돌아보고 응원하게 만들며, 때로 타인에게 마음을 내줄 여유를 되찾게 한다.

사람들은 왜 그렇게 이야기를 좋아할까? 이야기는 사람을 끌어당기고 집중하게 만드는 힘을 가졌다. 쉽고 흥미롭기 때문이다. 한번 들은 이야기도 오래 기억에 남는다. 중간에 듣다 만 재미있는 이야기는 안달이 날 정도로 뒷이야기가 궁금해진다. 고대 유물 같은 골동품의 가치가 천문학적인 건, 희소성 때문이기도 하지만 사실은 그 희소성을 뒷받침하는 '이야기'가 있기 때문이다. 그 유물이 얼마나 오래됐느냐보다 그 유물을 어디서 누가 어떤 때 사용했는지가 훨씬 중요하고, 그래서 이야기가 있는 물건은 비싸게 거래된다.

말하고 듣고 읽고 쓰는 모든 행위에서도 스토리의 위력은 변함이 없다. 이 모든 행위가 본능적으로 이야기에 열광하는 '사람'을 대상으로 하기 때문이다. 아무리 좋은 글쓰기도 사실만을 나열하면 독자의 마음을 설득할 수 없다. 설득은 '느낌'이 한다. 그런 '느낌'을 얻는 가장 좋은 방법은 스토리텔링이다. 지금은 모든 일이 사람의 마음을 움직여야 잘 되는 시대이기 때문이다. 내가 쓴 글이 사람의 마음을 움직이고 영향력을 발휘한다는 것은 그 사람의 감성을 자극해야 일어날 수 있는 일이다. 감성을 자극하는 가장 효과적인 방법은 바로 이야기다. 다른 사람의 이야기를 마음으로 들음으로써 감성이 자극되면 공감이 일어난다.

수많은 이야기들은 공감의 형태로 사람에게 입혀지고 상품에 입혀지고 글에 녹는다. 기업은 이야기가 곧 광고요 마케팅이며, 기업 브랜드가 되는 시대라는 것을 알고 있기 때문에 상품의 정보보다 상품의 가치를 높여줄 스토리 발굴에 고심한다. 실패와 도전의 스토리라면 더욱 좋다. 스토리 안의 갈등과 실패, 역경과 도전은 이야기를 더 가치 있게 만들어주기 때문이다.

개인이 스토리를 활용하는 방식도 이를 참고할 필요가 있다. 나를 홍보하는 자기소개서, 한 장의 기획서를 잘 쓰려면 이처럼 자신과 기획서의 가치를 높여줄 자기만의 스토리 발굴이 필요하다. 나를 관심 갖고 바라보게 하려면 스토리의 힘을 빌리는 것이 확실히 효과적이다. 딱딱하고 건조한 스타일에서 벗어나 말랑말랑하고 촉촉한 감성을 가진 이야기로 풀어가는 방식의 글쓰기는 최종 독자의 마음에 공감을 불러일으키며 설득력을 높이고 가치를 드높인다.

사람은 누구나 자기만의 이야기가 있다. 긴 인생 모두 제각각 책 한권 묶어도 될 만한 이야기를 갖지 않은 사람은 없다. 잘난 사람이든 그렇지 못한 사람이든 이야기의 색깔은 달라도 이야기의 분량은 있다. 오늘 한번 생각해 보자. '한끼줍쇼'라는 프로그램에서 내 집 문을 두드린다면 나는 어떤 이야기를 들려줄 수 있을까. 그 상상을 통해 정리한 내 스토리를 차분하게 글로 옮겨보자.

– ©전미옥, 2018

• 사설 분석표

| 제목 | 스토리가 글의 가치를 높인다 |
|---|---|
| 첫문장 | 보통 가정을 찾아가 그 가정의 이야기를 듣는 '한끼줍쇼'라는 프로그램이 있다. |
| 인용문<br>(예화) | 1. 쇼트트랙 국가대표 최민정 선수와 심석희 선수가 태릉선수촌 주변 동네를 찾았을 때, 바로 그 동네에 살았던 절친한 친구는 참으로 아쉬워했다.<br>2. 이 친구에게 그들이 왔다면 무슨 이야기를 할 거냐 물었더니, 5년 정도 태릉선수촌에서 봉사를 했던 이야기를 할 거라 했다. 두 선수의 동료인 다른 쇼트트랙 선수들과 교류했던 이야기도 있다고 한다.<br>3. 유명인들의 이야기는 늘 인기지만 보통 사람, 보통 가정의 이야기를 들려주는 이 프로그램이 인기 있는 건 의외일지 모른다.<br>4. 고대 유물 같은 골동품의 가치가 천문학적인 건, 희소성 때문이기도 하지만 사실은 그 희소성을 뒷받침하는 '이야기'가 있기 때문이다.<br>5. 그 유물이 얼마나 오래됐느냐보다 그 유물을 어디서 누가 어떤 때 사용했는지가 훨씬 중요하고, 그래서 이야기가 있는 물건은 비싸게 거래된다.<br>6. 아무리 좋은 글쓰기도 사실만을 나열하면 독자의 마음을 설득할 수 없다.<br>7. 내가 쓴 글이 사람의 마음을 움직이고 영향력을 발휘한다는 것은 그 사람의 감성을 자극해야 일어날 수 있는 일이다.<br>8. 감성을 자극하는 가장 효과적인 방법은 바로 이야기다.<br>9. 기업은 이야기가 곧 광고요 마케팅이며, 기업 브랜드가 되는 시대라는 것을 알고 있기 때문에 상품의 정보보다 상품의 가치를 높여줄 스토리 발굴에 고심한다.<br>10. 나를 홍보하는 자기소개서, 한 장의 기획서를 잘 쓰려면 이처럼 자신과 기획서의 가치를 높여줄 자기만의 스토리 발굴이 필요하다.<br>11. 사람은 누구나 자기만의 이야기가 있다.<br>12. 긴 인생 모두 제각각 책 한권 묶어도 될 만한 이야기를 갖지 않은 사람은 없다.<br>13. '한끼줍쇼'라는 프로그램에서 내 집 문을 두드린다면 나는 어떤 이야기를 들려줄 수 있을까. |
| 접속사 | 하지만 |
| 끝문장 | 그 상상을 통해 정리한 내 스토리를 차분하게 글로 옮겨보자. |

## 글쓰기 연습장

### 연습글_성장 스토리가 있는 '나' 소개서

'BTS'라고 하면 1020세대는 눈을 반짝이면서 금방 알아듣는다. 30대 이상 세대 중엔 무슨 뜻인지 모를 사람들도 많을 것이다. 하지만 '방탄소년단'이라고 하면 금방 알아들을 사람들이 더 많다. 우리나라를 넘어 세계적인 대세 아이돌그룹으로 성장한 '방탄소년단'은 해외에선 'BTS'로 통한다.

얼마 전에 있었던 '빌보드 뮤직 어워드'에서는 엄청난 함성소리와 함께 등장하여 그들의 위상을 단적으로 보여주었다. 이제까지 많은 가수들이 K팝을 전 세계에 알려왔지만 가장 큰 미국시장을 '접수했다' 할 만하게 성공하진 못했다. 방탄소년단은 현재 접수했다고까지 말하긴 어려울지 모르지만, 이제까지 그 누구도 이루지 못한 성공을 처음 해나가고 있는 것만은 분명하다.

수년째 SM, YG, JYP엔터테인먼트 메이저 3개 기획사가 지배해온 대중음악계는 중소기획사의 아이돌인 방탄소년단이 이 자리에까지 오를 것이라 누구도 예상하지 못했다. 많은 매체들이 그들의 성공 비결을 여러 가지로 분석하고 있지만, 가장 눈에 들어온 건 방탄소년단은 자기들의 이야기를 음악에 담는다는 점이었다. 이들 소속사의 방시혁 대표는 방탄소년단에게 "너희 자신의 이야기를 음악으로 만들라"는 주문을 했다.

데뷔곡 '노 모어 드림(No more dream)'에서 '니 꿈은 뭐니', '삶의 주어가 되어봐'와 같은 가사로 10대에게 있어 꿈의 의미와 고민을 담았다. "17평, 아홉 연습생, 코 찔찔이 시절. 엊그제 같은데 그래 우리도 꽤 많이 컸어. 좋은 건 언제나 다 남들의 몫이었고 불투명한 미래 걱정에 항상 목쉬었고." 스페셜 앨범 '화양연화'에 수록된 곡 '이사'에는 고단했던 연습생 시절을 풀어냈다. 이같이 10대들의 고민이나 방황하는 청춘의 모습을 그린 가사에서 팬들은 공감했고 스타들도 우리와 같은 고민을 하는구나 하는 동질감을 느꼈다.

이야기는 이렇게 힘이 세다. 하루에도 수십 통씩 쏟아지는 이력서와 자기소개서, 혹은 면접 속에서 자신의 것이 선택되기를 바란다면 남들과는 다른 자기만의 이야기가 필요하다. 특히 IT기업, 광고, 영업, 판매직 분야에 지원하는 자기소개서는 개성이 큰 무기다. 요즘은 자기소개서의 작성 항목이 경험 중심으로 바뀌었고, 면접에서도 지원자의 경험에 대한 질문들을 끊임없이 반복하고 있다.

그렇기 때문에 자신의 경험을 발굴하는 것이 중요한데, 무턱대고 많은 경험이 아니라 다른 지원자들이 가지지 못한 독특한 경험, 에피소드, 지원 직무와 연관된 현장 경험일수록 유리하다. 주의할 점은 스토리에 치중하다가 길을 잃고 할 이야기를 못해서는 안 된다. 스토리를 끌어온 목적이나 효과를 계속 의식하며 집중해야 한다.

너무 과장이나 허위사실을 담아 이야기가 심각하게 왜곡될 수 있는 것은 경계해야 한다. 스스로에게 자신이 없으면 과대포장의 유혹에 빠지기 십상이다. 인사담당자들은 지원자의 경험이 있는 그대로인지, 과대포장인지 바로 눈치챈다. 작은 경험이지만 이를 통해 큰 소득을 얻었다면 그 내용을 구체적으로 밝히되, 솔직담백하게 다가가는 것이 최선이다.

방탄소년단이 자기 이야기를 처음부터 성공할 아이돌이었던 것처럼 뭐든 자신만만하고 사랑의 기술에도 세련된 '선수'인 것처럼 굴며 '멋짐이 폭발'하는 모습만 그렸다면, 과연 팬들이 지금만큼 공감하고 열광했을까. 어떤 자기소개서든 사람의 이야기엔 바로 그런 성장스토리가 있어야 하고 그런 성장을 통해 또 다른 성장의 가능성을 볼 수 있게 해주어야 한다. 그것이 사실상 취업의 난 시대에 '간택' 당하는 글쓰기 비결이다.

– ©전미옥, 2018

# 글쓰기 연습장

| 제목 | |
|---|---|
| 첫문장 | |
| 인용문<br>(예화) | |
| 접속사 | |
| 끝문장 | |

## 2. 리듬 있는 글 필사하기

어린 시절 마음으로 돌아가 동시 읽고 필사하기

인상적인 광고 카피 필사하기

라임이 살아 있는 랩 가사 필사하기

**3. 한 도시에 얽힌 예술가의 이야기와 그의 작품을 사진으로 찾아보자.**

예) 오스트리아 빈: 훈데르트바서

1928년 오스트리아 빈에서 태어난 훈데르트바서는 다채로운 색채와 곡선을 구사한 독창적인 디자인 기법으로 자신만의 예술 세계를 창조해 낸 건축가이자 화가이다. 그는 삭막하고 획일적이며 특징 없는 현대 주택이나 건물을 지양하고 현대인들이 꿈꾸는 건축물을 목표로 하여 과거 왕이 살던 위엄있고 웅장한 왕궁 같은 집과 건물을 만들고자 하였다. 신이 만든 자연에는 완벽한 직선이 존재하지 않음에도 불구하고 대부분의 현대 건축물이 직선으로 이루어진 것에 의아함을 품었던 그는 딱딱한 직선을 배제하고 자연스러움을 추구했다. 실제로 설계도를 그릴 때도 자 대신 손을 이용해 선을 그었다고 한다. 또 모든 건축물의 지붕을 식물로 덮어야 한다고 생각하고 건축물 사이사이 식물을 심어 자연과 건축물이 완벽한 조화를 이뤄야 함을 강조했다. 훈데르트바서는 이러한 독창적이고 창조적인 디자인 콘셉트로 고풍스럽고 클래식한 분위기의 빈을 밝고 유쾌하게 바꾸어놓았다. 그중 훈데르트바서 하우스는 빈 시의 의뢰를 받아 지은 아파트로 1986년 3월에 완성하였는데 빨강, 파랑, 노랑 등 강렬한 원색과 다양한 창틀과 둥근 탑, 곡선형의 복도와 각각 다른 창문과 발코니 등이 아름답게 조화를 이루는 걸작이다.

– 하마리아, '훈데르트바서하우스와 쿤스트하우스빈' 『전 세계 체험여행 160』에서 인용

11장

# 결정적 글쓰기

# 11장 결정적 글쓰기

## 1. 선명한 설명문

설명문은 사람들이 어떤 것에 대해 이해하기 쉽도록 객관적인 정보를 알려주는 글로, 풀어서 설명하는 방식이다. 읽는 사람이 잘 알지 못하거나, 잘못 알고 있는 사실을 뚜렷하고 자세하게 이해시키는 글이므로 지식을 전달하는 데 목적이 있다. 문장은 대체로 쉽고 정확해야 하지만 개념이 확실한 말, 정확한 말을 쓰는 것이 중요하다. 문체는 간결체와 건조체가 되어야 한다. 누군가에게 소개하는 글, 물건의 사용설명서, 문화재나 유적지, 박물관, 공연장 등에 있는 안내문, 요리책 같은 글이 설명문의 대표적인 예라고 할 수 있다. 이런 것들이 실용적인 설명문이라면, 상식, 과학적 원리, 어떤 사건, 사물, 원리, 예술의 이해, 교양 지식 등을 담은 학술적 글도 설명문의 큰 갈래를 차지한다.

### 읽기 자료 1

**오미자**

오미자는 목련과에 딸린 낙엽 덩굴 식물이다. 잎은 타원형이며 어긋나기로 난다. 잎의 가장자리에는 톱니가 있고 뒷면에는 잔털이 있다. 꽃은 6~7월에 피며 약간 붉은색이 도는 황백색이다. 열매는 8~9월에 붉은색으로 익으며 1~2개의 씨가 들어 있다. 열매는 신맛이 강하고 말려서 약으로 쓴다. 산골짜기의 돌이 많은 곳에서 자란다. 우리 나라 · 중국 · 일본 · 만주 등지에 분포한다.

– 『학습그림백과』 천재교육에서 인용

### 읽기 자료 2

**입소문 마케팅(Viral Marketing)**

네티즌들이 자발적으로 기업의 이미지나 제품을 홍보하는 마케팅. 바이럴 마케팅은 바이러스처럼 확산된다는 의미에서 유래되었으며 꼬리에 꼬리를 물고 입에서 입으로 홍보되는 수단이기도 하다. 즉 자발적으로 다른 소비자에게 기업이나 기업의 제품을 직접 커뮤니케이션하도록 유도하는 것으로 주로 인터넷을 이용한 마케팅 방법이다. 예전에는 인터넷 댓글이 주를 이루었지만 요즘에는 사용자 제작 콘텐츠(UCC)나 블로깅 등 보다 적극적이고 다양한 방법으로 확대되고 있는 추세다.

– TTA 정보통신 용어사전에서 인용

### 읽기 자료 3

**보도 시점 유예(Embargo)**

뉴스의 보도를 일정 시간 미루는 것. 국제관계에서는 특정국가에 대해 무역 · 교류를 금하는 것을 뜻하지만, 언론에서는 뉴스기사의 보도를 일정 시간까지 유보하는 것을 말한다.

즉, 기사의 정보제공자가 뉴스 자료를 제보할 때 일정 시간까지는 해당 내용을 공개하지 말 것을 요구하면 그 시기까지 보도를 미루는 것이다. 흔히 "엠바고를 단다"고 표현하며, 정보제공자 측과의 관계를 고려해 대부분이 이를 지켜준다.

– 『똑소리 나는 일반상식』 시사상식연구소에서 인용

설명문을 쓸 때에는 머리말, 본문, 맺음말의 형식을 갖추면 좋은데, 머리말에서는 설명하려는 대상에 대한 간략한 설명과 글을 쓰는 이유 등을 밝힌다. 본문에서는 전달하고자 하는 대상에 대한 정보를 구체적으로 설명한다. 설명 중 필요할 땐 정의, 예시, 분류, 대조, 비교, 인과 등의 설명 방법을 활용하여 읽는 사람이 이해하기 쉽도록 설명한다.

■ 정의 : 특정한 단어나 대상의 뜻을 구체적으로 설명하여 사물이나 개념의 속성을 규정하는 방법

예) 인디음악은 상업적 거대자본의 도움을 받지 않고 독립적으로 음악 활동을 하는 뮤지션들의 음악을 가리킨다.

■ 예시 : 구체적 사례를 제시하여 대상을 설명하는 것

예) 대표적인 여름 한식에는 냉면, 콩국수, 오이냉국 등이 있다.

■ 분류 : 비슷한 특징을 가진 대상들을 일정한 기준에 따라 나누거나 묶어서 설명하는 방법

예) 국어의 품사는 기능에 따라 체언, 용언, 수식언, 관계언, 독립언 등이 있다.

■ 비교 : 둘 이상의 대상을 비교해서 공통점이나 비슷한 점을 중심으로 설명하는 법

예) 오페라와 뮤지컬은 음악적 요소, 서사가 있는 연극적 요소가 공통적으로 들어 있는 공연예술 장르다.

■ 분석 : 하나의 대상을 구성하고 있는 여러 부분을 나누어서 설명하는 방법

예) 곤충은 머리 몸통 다리로 구분되어 있다.

■ 대조 : 둘 이상의 대상을 견주어 차이점을 설명하는 방법

예) 개는 서열동물인 반면, 고양이는 영역동물이다. 반려견이 외출에 자유로운 반면, 반려묘는 대부분 외출하지 않는 것도 이와 관련이 있다. 어릴 때부터 집 안팎을 드나들며 사는 고양이가 아닌 이상, 반려묘는 자기 영역인 집을 벗어나 밖으로 나가는 것을 좋아하지 않는다.

■ 인과 : 어떤 결과를 가져오게 한 원인을 분석하거나, 어떤 원인이 결과적으로 초래한 현상을 분석하여 설명하는 것

예) 이곳은 강력범죄가 잘 일어나기 쉬운 지리적 요인이 있다. 군데군데 개발된 신도시들이 주변에 농지나 야산을 끼고 있어 주택가 가까이에 인적이 드문 외진 곳이 많다. 외진 곳이 가깝기 때문에 그만큼 범죄를 저지른 후 도피하는 데 쉬울 뿐 아니라 우발적인 범죄 욕구를 자극할 수도 있다.

설명문의 알맹이라고 할 수 있는 본문은 각 단락별로 중요한 단어나 문장을 뽑아 보는 것이 좋다. 다 읽고 난 뒤 단락별로 찾은 단어나 문장을 나열해 보면 글의 전체적인 흐름을 이해하기 쉽다.

설명문을 잘 쓰기 위해서는 설명문의 특징이 정확한 지식을 바탕으로 하는 과학적이며 객관적인 글이기 때문에 다음과 같은 점을 유의하면서 쓴다. 먼저 내용의 사실성이다. 정확한 지식과 사실을 근거로 하여 올바르게 전달하여야 한다. 두 번째는 설명의 객관성이다. 어떤 사실이나 사물에 대하여 혹은 역사적 사건에 관하여 쓸 때는 읽는 사람에게 자세히 알리는 글이므로 글 쓰는 사람이 자기 주장이나 의견을 펼치는 것은 적절하지 않다. 쓰는 이의 주장을 담고 있는 논설문과 구별해야 한다. 마지막은 문장의 명료성이다. 독자가 읽어서 쉽게 알 수 있어야 한다. 그러려면 설명할 대상에 대한 확실한 이해와 지식이 있어야 쓸 수 있다. 자신이 잘 알지도 못하는 것을 다른 사람

에게 정확하게 이해시키고 설명할 수 없다. 먼저 충분한 자료를 수집하고 쓰는 사람 자신이 정확하게 알고 있어야 한다. '~일 것이다', '~가 될 것이다', '~인 것 같다'와 같은 모호한 표현은 삼가고, '~하다', '~이다', '~라고 한다'와 같이 분명하고 명확해야 한다.

설명문을 처음 쓸 때는 생활 주변에서 쉽게 설명해낼 수 있는 글감을 골라서 써보는 것이 좋다. 예를 들면, 내 방, 개, 나무 등을 글감으로 하여 설명문을 쓸 수 있다. 내 방의 모습이나 개의 모습을 자세하게 묘사해 보는 것도 설명문 쓰는 연습이 될 수 있다.

## 2. 함께 가는 기행문

우리나라 역사 중 최고의 기행문이라고 찬사를 받는 연암 박지원 선생의 『열하일기』는 26권 10책의 어마어마한 분량이다. 이 『열하일기』는 청나라 고종 건륭제의 칠순 잔치를 축하하기 위해 북경으로 가는 조선사행단의 일원으로 연암이 자제군관의 자격을 수행하면서 곳곳에서 보고 들은 것을 남긴 기록이다. 고전은 누구나 찬사를 보내지만 정작 실제로는 잘 읽지 않는다는 말이 있지만, 막상 읽어보면 은근히 재미 있다는 독후감이 많다. 당시 사회제도와 양반사회의 모순을 신랄히 비판하는 내용을 독창적이고 사실적이며 촌철살인의 문체로 담았다.

> 주변의 진열상태를 둘러보니 모든 것이 단정하게 정리되어 있다. 한 가지도 구차스럽게 대충 해놓은 법이 없고, 물건 하나도 너저분하게 늘어놓은 것이 없다. 심지어 소외양간이나 돼지 우리까지 모두 법도 있게 깔끔하다. 땔감 고쌓아놓은 것이나 두엄 더미까지 그림처럼 곱다. 아! 이렇게 한 뒤에야 비로소 이용(利用)이라 말할 수 있을 것이다. '이용'이 있은 뒤에야 후생

이 될 것이요, 후생이 된 뒤에야 정덕을 이룰 수 있을 것이다. 이롭게 사용할 수 없는데도 삶을 도탑게 할 수 있는 건 세상에 드물다. 그리고 생활이 넉넉지 못하다면 어찌 덕을 바르게 할 수 있겠는가.

–『열하일기』, 도강록에서 인용

중국의 제일 장관은 저 기와조각에 있고, 저 똥덩어리에 있다. 저 기와주작이나 똥덩어리야말로 진정 장관이다. 어찌 성지, 궁실, 누대, 점포, 사찰, 목축, 광막한 벌판, 아스라한 안개 숲만 장관이라고 할 것인가.

–『열하일기』, 일신수필에서 인용

공지영 작가는 영미권 수도원을 돌아보고 수도원 기행 1, 2권을 썼다.

뉴욕 시내에서 자동차로 한 시간 반 정도 떨어진 뉴튼 세인트 폴 수도원St. Paul Abbey의 첫인상은 아주 소박했다. 유럽의 호화롭고 웅장하며 고풍스러운 수도원들만 보다가 미국의 수도원은 처음이라 더 그랬다. 수도원은 그러니까 유럽의 수도원에 비해 아주 미국적이었다. 넓었고 낮았고 한적했고 실용적이었으며 목가적이었다. 나는 여기 처음 들어섰을 마리너스 수사님의 눈으로 그 모든 풍경을 느껴 보려고 애썼다.

– 공지영, 『수도원 기행2』에서 인용

작가들이 거닐던 거리와 그들이 즐겨 찾던 식당, 글을 쓰고 사색에 잠기던 카페는 어디일까. 그들은 어떤 장소로부터 영감을 얻었으며 어디서 살았을까. 미국의 정통 일간지 〈뉴욕타임스〉는 세계문학 거장들의 발자취를 좇아 전 세계를 돌아보는 글을 연재했다. 많은 작가들이 참여했는데 다음은 드라큘라가 탄생한 곳을 쓴 것이다.

『드라큘라』의 흥미진진한 장면 중 하나, 나는 몽유병자인 친구 루시가 교회 묘지에서 "새하얀 얼굴에 이글거리는 빨간 눈을 가진", "사람인지 짐승인지" 알 수 없는 존재에게 공격을 당하자 친구를 서둘러 구하기 위해 어둠 내린 이 거리를 내달린다. 나는 검은 형체를 만나기라도 할까 싶어 교회

> 묘지에서 멀찌감치 떨어져 반대 방향으로 걸어갔다. 뒤를 돌아보자 석양빛을 받아 피처럼 붉게 물든 수도원과 그 주변의 묘비가 보였다. 그날 밤 나는 창문을 꼭 닫은 채 잤다.
>
> – 뉴욕타임스, 『작가님 어디 살아요?』에서 인용

사람들은 다양한 이유로 여행을 떠난다. 그렇고 그런 반복되는 일상이 지겨워서, 뭔가 새로운 환경에서 지금의 내 모습에 활력을 불어넣고 싶어서, 지친 삶에서 어떤 의미도 보람도 찾을 수 없어서 길을 떠난다. 여행을 통해 일상과 다른 삶을 체험하면서 또 다른 성장을 한다. 이것을 글로 남기는 작업은 여행 경험이 주는 새로운 삶의 맛을 잊을 무렵 다시 읽어봄으로써 새로운 세상에 다시 들어가게 되는 것이다.

기행문은 쓰는 목적에 따라 견문을 적는 기행문과 특정 목적을 위한 답사기로 나누거나 글 양식에 따라 일기체, 편지체, 수필체, 보고체 기행문으로 나눌 수 있다. 개인적으로 여행을 다녀와 쓰는 글 형식엔 제한이 없다는 의미기도 하다. 어떤 종류의 기행문이든 본 것을 소재로 쓴 글이라는 조건에는 변함이 없다. 보통은 일기 형식으로 대개 여행의 추억을 간직하기 위해 적은 것이 많다.

기행문의 첫머리는 여행의 동기나 목적, 여행 경로나 여행지에 대해 미리 알아본 후 기대감 같은 것을 쓸 수 있다. 또 여행지에 가서 더 자세하게 알아보고 싶은 것을 쓰는 것도 좋다. 본격적인 여행기는 출발할 때의 날씨, 시간, 교통편과 특별한 일을 써도 좋고 함께 가는 일행들과 있었던 에피소드도 좋은 쓸거리가 된다. 여행지의 유적이나 유물에 얽힌 이야기와 새롭게 알게 된 사실들을 쓴다. 마무리는 여행을 마치고 나서의 느낌이나, 새로운 사물을 보고 느낀 감동, 집을 떠나서 느끼는 향수 등을 쓴다.

보통 기행문은 그 곳을 가보지 않은 사람들이 읽었을 때 흥미롭게 읽히기가 어렵다. 가본 사람이나 재미있다는 뜻인데, 기행문이 다른 사람에게도 유익하게 흥미롭게 읽히려면 이런 점을 조심해야 한다. 여행지에 대한 예비 지식이나 정보가 많은 건 좋지만 배운 지식보다는 겪은 사실 위주로 글을 쓰는 것이 좋다. 남다르게 본 것, 만난 사람들 이야기, 그 지방의 특유의 사투리나 방언을 실감나게 쓰면 좀 더 재미있어진다. 보거나 들은 것을 그대로 사실적으로 묘사한 것과 그 느낌을 적절히 섞어서 곁들여서 쓰는 것이 지루함을 더는 방법이다.

## 3. 가장 잘 쓰고 싶은 보고서

대학생에게 필요한 능력 가운데 중요한 것은 학업의 성과물을 논리 정연한 리포트(보고서)로 보여줘야 한다는 점이다. 이것은 막 대학생활을 시작한 새내기들에겐 큰 난관이다. 자기 느낌을 솔직하게 쓰는 자유로운 글은 어느 정도 쓸 수 있지만, 자기 주장을 설득력 있게 논리적으로 깔끔하게 다듬어 내놓는 것에 대해 어려움을 호소한다. 자신이 곧잘 썼다고 생각하던 리포트가 막상 교수님께는 좋지 않은 평가를 받았을 땐 속이 상하고, 나름 고등학교 때까지만 해도 자신의 글쓰기 솜씨에 자부심을 갖던 사람도 리포트와 같은 학문적 글쓰기, 실용적 글쓰기 앞에선 고개를 숙인다.

인정받는 리포트를 쓰는 비결은 무엇일까? 리포트의 내용이나 형식, 분량은 모두 그때마다 다르지만 큰 틀에서 보고서는 어떠해야 하는지 살펴보자.

### 1) 생각 다듬기

"교수가 왜 이런 리포트 주제를 주었을까?", "이 리포트에서 교수가 원하는 건 무엇일까?"를 생각해야 한다. "그리고 내 생각은 어떠한가?"까지 점검해야 한다. 교수는 학생이 그동안 배웠던 것을 제대로 익혔는지, 혹은 한 발 더 깊이 생각해 봤는지를 알아보고자 한다. 이 때 '깊은 생각'이란 주장이 분명하고 그 주장을 받쳐주는 근거를 본다는 의미이기도 하다.

깊은 생각을 글로 풀어내기 위해서는 주장과 근거가 서로 관련성을 지녀야 하며, 사실에 기반을 둔 근거를 제시해야 한다. 또 근거는 주장을 뒷받침하기에 양과 질 모두에서 충분해야 하고, 반론이 제기될 경우 그 반론을 잠재울 수 있을 만한 대안 또한 있어야 한다.

무엇보다 중요한 것은, 이 모든 것이 대상을 '자기 눈'으로 볼 줄 아는 '자기 생각'을 바탕으로 이루어져야 한다. '자기 생각'만을 신나게 써 내려가다 보면 그저 자기만족에 머물 뿐, 교수가 의도하는 바를 읽어내지 못하게 된다.

보고서는 독자가 명확히 설정된 상태에서 쓰는 글이다. 보고서는 교수가 독자다. '내가 하고 싶은 이야기'를 '교수님도 읽고 싶게' 만들어야 한다. 그게 보고서 잘 쓰는 능력이다.

### 2) 자료 모으기

두 번째는 앞서 내 생각을 주장하기 위해 그것을 뒷받침하는 자료를 수집하는 단계다. 좋은 리포트는 자료 모으기에서 자료를 어떻게 해석하고 분석하여 자신의 생각을 담느냐에 있다. 자신의 주장이 잘 들어간 리포트를 만들기 위해서는 강의실의 수업 시간 내용과 그에 따른 관련 문헌에 대한 이해도 필요하다. 거기다가 자신의 새로운 시각을 담기에 적절한 데이터나 자료를 선별할 수 있는 안목을 높여야 한다. 교수의 추천 자료나 선배들의 조언을 잘 듣는 것은 도움이 된다.

리포트를 작성하는 것은 집을 만드는 것과 똑같다. 꼭 필요한 좋은 자재를 확보하는 것은 좋은 집을 짓는 데 필수적인 조건이다. 되도록 많은 자료를 모으면 그 안에서 가치 있는 자료를 찾는 일도 한결 수월해진다. 먼저 주제와 관련된 다양한 논문을 확보한다. 같은 주제로 전문가들은 어떤 재료를 통해 어떻게 자신의 주장을 하고 있는지를 파악할 수 있다. 교수가 추천해주는 참고문헌은 비교적 과제물에 필요한 적절한 재료들로 구성되어 있는 경우가 많다. 도서관에서 빠르고 쉽게 관련 자료를 찾아낼 수 있는 노하우를 기르는 것이 좋다.

굳이 학교 도서관만을 이용할 필요는 없다. 오히려 국회도서관이나 전문도서관을 이용하면 남과 다른 자료를 얻을 수 있다.

각종 학위 논문이나 학술지 논문의 경우, 방대하면서도 다양한 논문 DB를 자랑하는 인터넷 사이트를 활용하는 편이 원하는 자료를 찾는 데에 더 유리하다. 인터넷 사이트들은 각 대학교와 협약을 맺어 사용자들에게는 많은 논문 자료를 제공한다. 자료를 몇 갈래로 모아 분석하다 보면 앞서 세운 내 생각이 흔들리는 경우도 있을 것이다. 이때 자료가 가리키는 방향을 잘 파악해서 오류가 있다면 가설도 수정할 수 있어야 한다. 가설을 입증할 만한 자료와 가설을 반박할 수 있는 자료를 모두 꼼꼼하게 살폈을 때, 가설을 반박할 수 있는 자료 쪽에 더 무게가 실린다면 자신의 가설이 더 튼튼해지도록 가설을 보완하여 다시 수정된 가설에 알맞은 자료들을 찾아봐야 한다. 자료를 모으면서 수시로 앞선 단계를 왔다 갔다 하면서 논리와 설득의 근거를 만들고, 최대한 분명하고 정확하게 자신의 주장을 전달하기 위한 노력을 기울이게 된다.

### 3) 개요표 쓰기

보고서는 '한 눈에 쏙 들어오게 주장을 펼치는 것'이 중요하다. 그래서 뼈대를 잘 잡아야 한다. 각 장 · 절 · 단락에서 이야기하고자 하는 것을 문장 단위의 요약문으로 서술한 개요표를 만들면 한결 글쓰기가 쉽다. 주장의 일관성을 유지할 수 있고, 내용 전개의 과정을 미리 다듬어보는 것이기 때문에 글 쓰는 중간에 더하고 빼느라 힘 빼지 않아도 된다.

개요표를 검토하다 보면 생각의 흐름이 전체적으로 바뀌게 되는 경우도 생기는데, 기존의 개요표에 덧칠하다 보면 전체적으로 논리가 맞지 않을 수 있으므로 개요표는 그때 그때 다시 작성하는 것이 좋다. 리포트 하나를 통째로 다시 쓰는 것보다는 훨씬 낫다.

### 4) 글쓰기

실용적 글쓰기에서 바람직하게 생각하는 문장은 '바르고 간결한 문장'이지, 문학적 글쓰기에서 추구하는 '아름다운 문장'이 아니다. 어법상 드러내고자 하는 바를 군더더기 없이 깔끔하게 다룬다는 것을 의미한다. 서론 – 본론 – 결론이라는 큰 그림, 주장과 근거 사이의 논리적 얼개를 생각하며 쓴다. 많은 자료를 읽었다고 해도 거기에 유혹을 느끼면 안 된다. 남의 자료를 재인용하는 것으로 내 생각을 대신하지 말고, 자료는 자신의 생각을 뒷받침하는 도구로만 쓰고 거기서 좀 더 자신의 생각을 진솔하게 드러내는 일이 훨씬 더 중요하다.

> '이것은 나의 생각입니다. 다른 것은 잘 몰라도 이 문제에 관해서 나는 이렇게 생각합니다. 그리고 이것은 내 경험이고 내 사고입니다. 자료도 열심히 읽었지만 나는 이런 이야기를 하고 싶습니다.' 이런 분위기가 나야 한다는 것이지. 왜냐? 대학의 리포트는 깊은 학식이나 독창적인 아이디어를 요구하는 것이 아니라 스스로 생각하는 힘이 있는지, 그리고 자신의 생각을 어떻게 자료로 정당화시키는가를 보는 것이기 때문이지.
>
> – 탁석산, 『탁석산의 글쓰기 4 – 보고서는 권력관계다』에서 인용

### 5) 각주와 참고문헌 달기

내 생각의 밑거름이 된 다른 사람의 생각이 어디에서 왔는지를 분명히 밝히는 일은 이와 관련된 생각을 먼저 한 사람에 대한 예의다. 동시에 다른 사람들의 생각을 찬찬히 살펴보고 그 출처를 올바른 형식에 맞게 밝힐 줄 알아야 한다. 기본적으로 각주와 참고 문헌에서 밝혀야 하는 사항은 '글을 쓴 사람의 이름, 글의 제목, (글이 실린 단행본/잡지 등의 제목), 문헌을 출판한 회사의 명칭, 문헌이 출판된 날짜, (각주의 경우) 해당 부분이 실린 쪽수' 정도이다.

## 글쓰기 연습장

**1. '학교'에서 '우리 집'까지 글만으로도 찾아갈 수 있게 '우리 집 가는 방법'을 설명문으로 써보자.**

예) 맛집 찾아가는 길

찾기 어려운 맛집 '○○○○○'는 주차장이 따로 없어서 한남동 주민센터에 주차를 해야 합니다. 주민센터에서 나오면 '○○○'과 '○○○○ 커피'가 있는 건널목으로 길을 건너고, 길 건너자마자 보이는 골목 안쪽으로 들어갑니다. 골목 끝에서 오른쪽 내리막길로 10미터쯤 걸어 내려가다 보면 오른쪽에 오래된 간판 '합덕 슈퍼'를 볼 수 있습니다. 합덕 슈퍼 골목 안쪽으로 들어가서 쭉 걷다가 왼쪽을 보면 가파른 계단이 나옵니다. 계단으로 올라가지는 말고 그대로 지나쳐 50미터쯤 더 내려가서 오른쪽을 보면 맛집 '○○○○○'가 있습니다.

**2. 소개하고 싶은 여행지, 소개하고 싶은 나들이 장소, 소개하고 싶은 데이트 코스 중 하나를 골라 여행 안내문을 써보자.**

## 글쓰기 연습장

3. ‘점점 늘어나는 반려동물 유기에 대한 원인과 대책’에 대한 글을 쓰려고 한다. 동물 정책 선진국을 비롯해 다른 나라는 어떤 반려동물 정책을 펴고 있는지, 동물에 대한 사회적 인식은 어떠한지 10가지 자료를 모아보자.

   예) 독일은 국가기관으로 ‘동물보호국’이 따로 있다.

12장

# 완성으로 가는 글쓰기

# 12장 완성으로 가는 글쓰기

## 1. 주제를 생각하며 퇴고하기

글을 쓰는 데 급급하다보면 나머지 퇴고 과정은 생략하는 경우가 많다. 글쓰기에서 중요한 것은 '초고'보다는 '퇴고'다. 초고를 완성하는 것보다 초고를 가지고 다듬는 퇴고가 글의 완성에 한 발 더 가까이 다가간다. 퇴고야 말로 완성된 글을 위한 '시작'이라고 할 수 있다. 초고 수정은 단지 맞춤법이나 문장을 고치는 것보다는 전체적인 맥락에서 흐름이 깨진 곳은 없는지 살핀다. 주제나 내용, 구성 면에서 전체적인 흐름을 보는 것이다. 문장에 얽매이기보다는 전체를 보는 것이 좋다. 나무보다는 숲을 먼저 보는 것이 옳은 퇴고 방법이다.

- 읽을 사람을 고려했는가? 읽을 사람이 이해하기 쉽게 구성됐는가?
- 기획 단계에서 전하려고 했던 메시지가 명확하게 드러났는가?
- 처음, 중간, 끝까지 글의 흐름에 문제가 없는가?
- 육하원칙의 요소가 모두 들어가 있는가?
- 주제가 일관되게 통일성을 유지하고 있나?

- 제목과 소제목의 표현은 적절한가?
- 자료들이 적절히 배치됐는가?
- 글이 쉽고, 명확하며 간결한가?

이런 부분을 잘 살피며 고쳐 썼으면 단락 차원의 퇴고가 필요하다

- 단락과 단락의 연결이 자연스러운가? 순서를 바꿀 필요는 없는가?
- 내용상 첨가하거나 삭제해야 할 단락은 없는가?
- 혹시 한 단락에 한 가지 중심 생각이 있지 않고 여러 주제가 섞여 있지 않은가?

## 2. 문장과 어휘 고쳐 쓰기

이제 숲을 보기보다 나무를 보자. 자신의 생각이나 느낌이 더 잘 드러나도록 문장과 어휘를 고치는 것이다. 글 솜씨가 아무리 뛰어나도 처음부터 완벽한 글을 써내려가는 사람은 없다. 고쳐 쓰기는 과정을 통해 좀더 완벽한 글에 가까워진다. 그러려면 컴퓨터를 통해 쓴 글을 종이에 인쇄해서 수정한 후, 그 원고를 한번 소리 내어 읽어보는 것이 좋은 방법이다. 모니터에서 지나쳤던 문제점을 인쇄된 원고를 보며 수정할 수 있고, 소리 내어 읽어가며 글에 어색함이 없는지 체크할 수 있기 때문이다.

글은 이것저것 좋은 것만 나열한다고 해서 좋은 글이 될 수 없다. 오히려 아낌없이 잘 버리고 간단하고 간결하게 표현해 핵심을 잘 드러내는 것이 진짜 좋은 글이 될 수 있다. 잘 버려야 좋은 것이 남는다. 문맥의 흐름에 방해가 되는 내용이나 불필요한 문장을 덜어내는 교정, 교열도 자주 해보아야 하

는데 소리를 내서 읽어보면 좀 더 쉽게 찾아낼 수 있다.

'내가 이거 어떻게 쓴 글인데…'라며 버리고 싶지 않은 마음은 이해하나, 잘 버리고 나면 글이 간결하면서도 리듬이 살아나고 짜임새가 훨씬 좋아진다. 자기 글에 엄격해야 글쓰기 실력이 좋아진다.

## ▪ 단어 점검

적절하지 않거나 잘못된 단어를 쓰면 문장이 어색해지면서 좋은 글에서 멀어진다. 각 문장에 쓰인 단어 하나하나가 적절한지 다음 기준을 갖고 꼼꼼하게 살핀다.

- 의미가 명확하지 않거나 부적절한 단어는 없는가?
  박찬호의 투구 모습은 매우 **역학적**이다.
  ⇨ 박찬호의 투구 모습은 매우 **역동적**이다.

- 어려운 한자어나 외래어는 없는가?
  그룹홈 아이들을 힘든 줄 모르고 **케어하고** 즐거운 놀이로 **권태를 해소해주었다**. ⇨ 그룹홈 아이들을 힘든 줄 모르고 **돌보고**, 즐거운 놀이로 **심심함을 달래주었다**.

- 표기법이 어긋난 단어나 띄어쓰기가 잘못된 곳은 없는가?
  나는 잘못한 댓가를 톡톡이 **치뤘다**. ⇨ 나는 잘못한 대가를 톡톡히 **치렀다**.

- 불필요한 단어는 없는가?
  **역전 앞에**서 만나기로 하고 전화를 끊더니 그는 **또 다시** 담배를 피우기 시작했다. ⇨ **역 앞에**서 만나기로 하고 전화를 끊더니 그는 **다시** 담배를 피기 시작했다.

## ■ 문장 점검

문장이 어법에 맞지 않아 뜻이 불분명해지면 전달하려는 생각이 정확하게 표현되지 않는다. 결과적으로 전체적인 글의 의미까지 불분명하게 만든다. 각 문장이 어법에 맞는지, 뜻이 잘 통하는지를 중점적으로 살핀다.

### • 자주 반복되는 어휘는 없는가?

어휘가 자주 반복된 글은 글쓴이의 '무지'와 '무성의함'이 느껴진다. 필요 없이 같은 어휘를 여러 번 반복한 글은 엉성하고 가치 없게 느껴진다.

미술의 역할이 더욱더 변화되어 가는 오늘날이다. 그 많은 역할들 중에서도 특히 사람들의 관심을 모으는 것이 미술의 사회적 역할이다. 그렇다면 미술의 사회적 역할의 의미는 무엇이고 그 구체적인 예로는 어떤 것을 말할 수 있을까? 우선 미술의 역할이 다변화되었다는 것에 대한 원인은 그 향유 계층의 다변화에서 이해할 수 있다.

미술의 역할이 다변화된 것만큼 그 향유 계층도 특수층으로부터 일반 시민들까지로 다변화되었다는 말이다. 그러면서 생겨난 것이 미술의 사회적 역할인데 이것은 각종 건물들과 담에 그려진 그림들을 그 예로 들 수가 있다. ('역할' '다변화'란 단어가 상투적으로 쓰였다)

⇨ 오늘날에는 미술의 역할이 더욱더 다변화되어 가고 있다. 그것은, 특수 계층에서 일반 시민들까지로 그 향유 계층이 다양해졌기 때문이다. 그 중에서도 특히 미술의 사회적 역할이 증대하였는데, 각종 건물들과 담에 그려진 그림들을 그 예로 들 수가 있다.

### • 문장이 너무 길지 않은가?

역사는 돌고 도는 것이라 지난날의 원수가 오늘날 와서는 친구가 되고 어제의 친구가 원수가 되기도 하므로, 나라와 나라 사이에 영원한 적이란 없다.

⇨ 역사는 돌고 도는 것이다. 다시 말해 지난날의 원수가 오늘날에 와서

는 친구가 되기도 하고 어제의 친구가 원수가 되기도 한다. 그러므로 나라와 나라 사이에 영원한 적이란 없다.

- **객관성이 떨어지지 않는가?**

우리나라 청소년 범죄는 대단히 심각하다.

⇨ 우리나라 청소년 범죄는 점점 심각한 경향을 보인다.

- **뜻이 모호하거나 의미가 중복되지 않는가?**

간결하고 뜻이 정확해야 한다. 하나의 단어나 문장이 두 가지 이상의 의미로 해석된다면 그 문장을 읽는 사람은 혼란에 빠지게 될 것이다.

친구들이 모두 오지 않았다

⇨ 1. 온 친구들이 없었다. 2. 오지 않은 친구들이 몇 명 있었다.

창공을 향해 날아가는 푸른 하늘의 저 새는 ⇨ 푸른 하늘 나는 저 새는

- **높임, 시간, 능동과 수동, 앞뒤 호응 등 문법적 표현이 올바른가?**

스위치 조작은 안전이상 유무 후에 조작합시다.

⇨ 스위치는 안전이상 유무를 확인하고 조작합시다.

사이비 종교가 일부 사람들에 의해 믿어지고 있다.

⇨ 사이비 종교를 일부 사람들이 믿고 있다.

- **근거 없는 수치**

사설에서는 때로 통계나 수치를 논거로 들게 된다. 통계나 수치를 논거에 잘 활용하면 훌륭한 사설을 쓸 수 있다. 그런데 만약 논거에 도입한 수치가 근거도 없고 부정확한 것이라면 쓰지 않는 것만 못하다.

이외에 맞춤법은 옳은지, 단어 선택은 올바른지, 주어와 서술어의 호응 관계는 맞는지, 문장 부호는 정확한지도 함께 보아야 한다.

## 3. 인상적인 마무리

글을 쓰다 보면 머리가 커지는 경우가 많다. 서두가 길어진다는 의미다. 보통 서두보다는 끝부분에 글의 결론이 있기 마련인데, 서두는 장황한 데 비해서 결론이 빈약한 경우를 흔히 볼 수 있다. 대부분의 사람들이 글쓰기에서 범하는 큰 실수가 결론을 간단하게 한두 줄로 축약한다는 것이다. 빨리 마무리하고 싶어지고 어떻게 좀 더 효과적으로 마무리할지 생각이 잘 안 나서이기도 하다. 결론을 좀 더 인상 깊게 마무리하는 방법은 없을까? 다음 글을 읽어보자.

**읽기 자료**

무료 건강검진을 통한 건강 찾기

① 어느 따사한 봄날 50대의 중년 여성분이 등과 옆구리 통증을 호소하며 본원을 내원하였다. 그 환자는 여러 병원에서 그동안 계속 진찰을 받았으나 병세에 호전이 없다며 의사에 대한 불신이 가득하였다. 그래서 우선 환자를 안심시키고 신체 검진을 시행하였고, 그 결과 대상포진이라는 병명으로 진단하여 입원 치료를 권유하고 이에 대한 처방을 실시하였다.

– 의사에 대한 불신을 가진 대상포진 여성 치유

② 입원한지 3일 째 환자의 증상이 호전되자 나를 찾아왔는데 환자의 밝은 모습에 내심 안심이 되어 이런 저런 이야기를 나누다가 의료보험공단에서 무료로 실시하는 '조기암 검진과 성인병 검진'에 대해 설명을 해 주었다.

– 무료 건강검진에 대한 설명을 해줌

③ 현재 국민건강보험공단에서는 질병의 조기발견 및 조기 치료로 국민 의료비를 절감하고 질병의 사전예방으로 국민의 건강 수준을 향상 시키고자 무료 건강검진을 실시하고 있다.

실시범위는 1차 건강검진과 2차 건강검진, 특정 암 검진으로 나뉘는데 혈액

검사 및 내시경검사, 위암, 대장암 등 여러 검사를 무료로 받을 수 있는 것이다.

- 무료 건강검진이란?

④ 이렇게 좋은 제도가 있어 설명을 해 주었는데 그 환자는 국가에서 무료로 시행하는 검사인만큼 꼼꼼하지 않을 것이라고 생각하고 있었다. 그래서 약 5분간 시간을 갖고 환자에게 현재 실시되고 있는 검진 종류와 그 당위성에 대해 설명을 해 주었다.

- 여성에게 무료 건강검진의 당위성 설명

⑤ 그러자 환자는 며칠 뒤 무료 건강검진의 종류가 다양하고 그 중요성도 인지가 된다며 내시경검사 및 소변, 혈액검사, 흉부 촬영, 자궁경부암 검진을 받았다. 그리하여 내시경검사시 위장에 약간의 이상 증후를 발견하고 조직검사를 시행하였는데 그 결과 놀랍게도 조기 위암으로 예측되었다. 위암이라는 이야기를 듣는 순간 보호자는 너무나 놀라워하며 눈물을 글썽거렸다. 그러나 암세포가 비록 예후가 좋지 못하나 현재는 조기 위암 가능성이 높고 수술 후 완치가 가능하다는 설명을 꼼꼼하게 해 주었다.
또한 국가에서 시행하는 암 검진에서 암이 진단될 경우 소정의 절차를 걸쳐 암 치료에 대한 국가 보조금을 받을 수 있어 환자에게 경제적인 치료비용 혜택이 될 것이라는 점도 설명해 주었다.

- 무료 건강검진을 한 여성 환자에게서 조기암 발견

⑥ 현대인들이 환경과 식습관 등의 원인으로 인해 생겨나는 많은 질환과 주요 사망원인 질환 및 건강 위험요인을 조기에 발견하여 예방할 수 있도록 검사를 받는 것이 건강검진의 목적이라고 할 수 있다.
그러나 현재 국가에서 시행되는 무료 암검진 및 성인병 검진에 대해 많은 국민들이 이 환자와 같이 오해가 많아 그 수진율이 20%에 미치지 않는다고 한다.

- 무료 건강검진에 대한 국민들의 인식 부제

⑦ 위의 사례의 환자와 같이 비록 위암을 진단받았지만 무증상의 상태에서 시행한 암 검진에서 조기 위암이라는 진단과 완치가 가능한 사례를 일례로 들어서 무료 건강검진의 중요성에 대해 다시 한번 강조를 하고 싶다.

- 무료건강검진에 대한 필자의 생각 요약

> ⑧ 국가가 국민을 위해 정책적으로 시행하고 있는 무료 건강검진제도. 이 좋은 제도를 더욱 더 활성화하고 많은 국민들이 참여하여 대한민국 국민 모두가 건강한 그 날이 오기를 꿈꾸어 본다.
>
> – 무료 건강검진을 이용하자

윗글의 주제는 '무료 건강검진을 애용하자'는 것을 말하고자 글을 썼는데, 서두가 매우 길다. 독자는 갈수록 흥미 잃어가고 결국은 다 읽어도 허탈하다.

이 글의 결론은 단 세 문장(⑦, ⑧)이다. 무료 건강검진의 중요성과 이 제도에 참여하길 바라는 것을 세 문장에 담고 있다. 서두는 종합검진과 별 상관이 없는 대상포진 환자 이야기, 그리고 그 환자에게 무료 건강검진을 받아보라고 권한 것, 건강 검진 후 암이 발견되었다는 점을 서술하고 있다. 예화로 글의 문을 열며 흥미를 끌었다는 점에서는 좋은 점수를 줄 수 있지만 전체 내용에 있어 서두는 그다지 큰 역할을 하지 못하고 있다. 게다가 결론 또한 빈약하다.

일반적으로 이런 글의 결론은 요약과 전망으로 끝을 맺는다. 서두와 본문에서 보여준 내용을 요약하거나 전망하면서 끝을 맺는다. 앞서 서두가 글의 얼굴이었다면 글의 결론은 사람 자체를 말한다. 이 사람이 좋은 사람이다, 친절한 사람이다 등 그 사람 자체를 평가할 수 있는 척도가 바로 글의 결론이 되는 것이다. 서두가 아무리 좋아도 자신이 주장하는 바나 얘기하고자 하는 바를 뚜렷이 나타내지 못했다면 그 글은 이미 그 의미를 잃은 것이나 다름없다.

드라마의 마지막 회는 기대에 미치지 못하는 경우가 많다. 시시하게 해피엔딩으로 혹은 잔혹하지만 비극으로 결말을 내려 시청자의 마지막 눈물샘을 자극하려 하지만 너무 뻔하다. 서두에서 관심을 끌어보겠다 했으면 앞으로 펼쳐질 글의 결말이 궁금해지는데, 결론은 너무 빈약하다. 서두에 너무 커다란 이상을 가지면 가질수록 글의 결론은 미약해지기 쉽다. 그렇다면 글을 멋지게 마무리할 수 있는 방법에는 어떤 것이 있을까?

우연하게도 글의 서두와 결론은 많이 닮아 있다. 서두와 마찬가지로 일상사를 결말에 넣어 볼 수도 있으며 강하게 요구하거나 당부의 말로 결론을 낼 수도 있다.

### ▷ 인상적으로 결론을 마무리 하는 방법

- **인용문으로 결론 맺기**
  명언을 인용해 결말을 구성하면 독자에게 강한 인상을 남길 수 있다.
- **예를 들어 결론 맺기**
  이해의 지름길인 예는 글쓴이가 말하고자 하는 바를 효과적으로 이해시켜주는 방법이다.
- **일상의 이야기로 마무리하기**
  우리 주변에서 일어나는 일상사를 통해 결론을 내기에 독자들이 친근하게 글을 받아들일 수 있으며, 영화의 엔딩신처럼 정경을 그려 낼 수 있기 때문에 독자에게 깊은 여운을 남길 수 있다.
- **기대나 당부하기**
  기대나 당부로 결론을 맺는 방법은 흔히 사설이나 논설문에 많이 나오는 방법인데, 일상적인 생활에 대한 글을 쓸 때에도 기대나 당부를 통해 결론을 맺는다.
- **해결책 제시로 결론 맺기**
  '현상 ⇨ 원인 ⇨ 해결책'으로 구성되는 글에서 해결책을 제시함으로써 결말을 맺을 수 있다. 해결책은 글쓴이가 제기한 문제의 해답으로 본문에서 원인 분석이 얼마나 치밀했는가에 따라 독자에게 강한 인상을 준다.
- **마무리 어구 사용으로 결론 맺기**
  '앞서 말한 것처럼', '이를 다시 정리하면', '결론적으로' 등의 마무리 어구를 통해 결론을 보여줄 수 있다. 이런 어구는 요약으로 마무리할 때 주로 사용된다.

# 글쓰기 연습장

1. **아래의 글은 단어나 어휘의 반복으로 어수선한 문장이 된 글이다. 알맞게 고쳐 써보자.**

예) 샛별 슈퍼 맞은 편에 있는 평상 위에 앉아 있는 하얀 고양이

⇨ 샛별 슈퍼 맞은편 평상 위에 앉아 있는 하얀 고양이

다른 은행과 크게 다르지 않은 곳이지만 나에게는 큰 의미가 있는 곳이다.

⇨

과학을 위한 과학이 아니라 인간을 위한 과학이어야 한다. 인간을 위한 과학에는 과학자의 책임이 따라야 한다. 과학자의 책임 의식 없이 과학이 쓰인다면 인류는 큰 고통을 받게 될 것이다. 그런데 과학자들만 과학을 악용하는 것은 아니다. 과학적 지식을 악용하는 사람이 따로 있는 경우가 더 많다. 그러나 그것의 원천은 과학자에 의해 만들어진다.

⇨

**2. 아래 글은 긴 문장이다 두 개 이상의 문장으로 간결하게 고쳐보자.**

최근 우리 국민들은 분단 반세기만에 최초로 개최되는 남북 정상 회담에 설레는 마음을 가눌 길 없으면서도 우리 사회 한 쪽에서 벌어진 대립과 분열, 갈등으로 인한 상처 때문에 심정이 착잡하기 그지없습니다.

⇨

할머니는 손짓으로 위층을 가리키며 올라가보겠느냐고 물어본 다음 아주머니가 고개를 끄덕이자 앞장서서 좁다란 층계를 끙끙거리며 올라가기 시작했는데, 숙인 고개가 난간 가로 기둥에 닿을락 말락 했다.

⇨

3. 한 학생의 대외활동 자기소개 및 지원동기 중 일부다. 긴 문장을 다듬어 예시로 고친 글을 살피며, 이어지는 단락을 간결하게 고쳐보자.

예) 여성 청년 멘토링 사업을 알게 된 것은 얼마 전 워크넷에서 관련기사를 접하고 나서였습니다. 멘토링이라고 하면 어릴 적 힐러리 전기에서 힐러리와 그녀를 이끌어준 정신적 스승에 대해 읽은 후 오래도록 제 마음에 꿈 혹은 로망으로 자리잡은 것이었습니다. 더구나 모든 멘토와 멘티가 여성이라는 점도 남초 환경에서 지내며 긴장돼있던 마음에 반갑고 그립게 다가왔습니다.

⇨ 여성 청년 멘토링 사업은 워크넷에서 관련기사를 접하며 알게 되었습니다. 어릴 때 힐러리 클린턴의 전기에서 힐러리와 그녀를 이끌어준 정신적 스승에 대한 이야기를 읽은 후 멘토링에 대한 꿈이 있었습니다. 더구나 남성이 많은 환경에서 지내며 긴장돼 있는 마음이었는데 모든 멘토와 멘티가 여성이라는 점은 반갑고 정답게 다가왔습니다.

서울과의 거리 문제며, 시험 대비와 취업 준비 등으로 한창 바쁜 시기에 우연히도 기간이 딱 겹치는 대외활동이 한 가지 더 추가될 경우 세 가지를 함께 잘해낼 수 있을지 하는 걱정도 없지 않았습니다. 그러나 지나치게 신중히 고민하고 행동하다가 제일 좋은 시기를 놓쳐 아쉬움이 남았던 경험을 되새기며 좀 더 대범해지기 위해 노력하고 있었기에 이번에도 마음을 굳힐 수 있었습니다. 처음 인력개발원에 들어갈 무렵 다짐했듯이 힘든 공부를 하며 실패와 진전을 거듭한 끝에 마침내 손에 넣은 스스로에 대한 든든한 신뢰와 긍정이 보탬이 되었음은 두말할 나위가 없습니다.

⇨

**답변 노트**

1. 답) 다른 은행과 차이가 없지만 내겐 큰 의미가 있는 곳이다.

   답) 인간을 위한 과학에는 책임이 따른다. 과학자의 책임의식이 없다면 인류는 큰 고통을 받게 될 것이다. 과학을 악용하는 사람들도 많지만, 원천은 과학자가 만든다.

2. 답) 최초로 남북 정상 회담이 분단 반세기만에 개최되었다. 우리 국민들은 설레는 마음 가누지 못하면서도 우리 사회 한쪽에서 대립과 분열, 갈등으로 상처가 생겨 심정이 착잡합니다.

   답) 할머니는 손짓으로 위층을 가리키며 올라가겠느냐고 물었다. 아주머니가 고개를 끄덕이자 앞장서서 좁다란 층계를 끙끙거리며 올라가기 시작했다. 숙인 고개가 난간 가로 기둥에 닿을락 말락 했다.

13장

# 바로잡는 글쓰기

# 13장 바로잡는 글쓰기

## 1. 말처럼 자연스럽지 않은 까닭

일제 강점기 45년의 그늘은 언어생활에서는 아직도 짙다. 광복 70년이 넘었지만 올바른 우리말로 잡을 수 있는 일본식 어법, 일본식 한자, 잘못된 어휘 등을 그대로 쓴다. 과거 우리의 언어생활은 일제 강점기에 일본에서 문장 수업을 받은 문인들의 글을 읽고 영향을 받았다. 많은 해외 번역서는 본디 언어로 쓴 책으로 바로 번역하지 않고, 일본에서 번역한 책을 가지고 다시 번역하는 '중역'을 하는 경우가 많았다. 무분별한 일본어 한자를 사용하고 일본 어투의 문체가 일반화되었다. 일본어 추방을 외치면서도 일본 언론을 본받으려는 언론의 이중성은 오래도록 우리의 언어 생활을 오염시켰다. 언론계의 보도문이나 사설, 법조계의 법조문, 산업 전반에서 쓴 여러 문서의 양식들이 가끔 이해하기 어려운 이유를 찾아보면 일본어에서 온 말들이 아직도 괴롭히고 있기 때문이다. 어려운 중국 글자, 서양식 어법 역시 우리 말법에는 맞지 않는 바로잡아야 할 어색한 표현이다.

평생 우리 말과 글 바로 쓰기에 헌신한 글쓰기 교육자이자 아동문학가였던 이오덕 선생(1925~2003)은 글을 쓰기 전 말이 되어야 한다고 강조했다.

“글 대신 말이 먼저 되어야 한다”는 그 분의 철학은 다음과 같은 글에서 잘 나타난다.

> 저는, 우리말을 가장 순수한 상태로 배워서 쓰고 있는 사람이, 학교 교육을 아주 받지 않은 사람, 그래서 책을 별로 읽지 않은 사람이라고 봅니다. 그런데 지금은 말의 시대가 아니고 글의 시대가 되어 글이 주인이 되어 말과 그 말을 쓰는 사람을 지배하고, 어디를 가도 글이 힘을 행세합니다. 글을 쓰는 사람은 이런 사회의 실상을 붙잡아서, 말과 글의 흐름이 거꾸로 된 현상을 바로 잡아야 한다고 봅니다. 곧 글을 말에 가깝게 하고, 살아있는 말을 지키고 가꾸는 일을 글쓰기로 해야 합니다. 말을 지키는 일은 마음을 지키는 일, 혼을 지키는 일입니다. 겨레의 혼을 지키고 이어가는데 글쓰기 만큼 중요한 수단이 없는 까닭이 이러합니다. 민주사회를 이룩하는 데 언론이 맡고 있는 일이 큰 까닭도 이와 같습니다.
>
> – 이오덕, 『우리 글 바로쓰기 1』에서 인용

이오덕 선생은 차라리 책을 읽지 않고 배우지 않은 농민들이 살아 있는 우리 말을 더 잘 쓴다고 생각했다. 바꾸어 생각하면 좀 배웠다고 하는 지식인들이 우리 말을 더 많이 훼손하고 있다고 본 것이다. 선생이 이런 주장을 처음 폈을 때 지식인 사회에 큰 출렁임이 있었다. 사실 대부분 가슴이 뜨끔 하는 일이기 때문이다. 돌아가실 때까지 우리 글을 바로 쓰도록 온 국민을 지도해 온 이오덕 선생은 우리 글 바로 쓰기 위한 행동지침을 이렇게 말하고 있다.

> 첫째, 무엇보다도 남의 나라 말을 버리고 우리 말을 쓰고, 남의 나라 말의 체계에서 벗어나는 일이 아주 시급합니다. 누구든지 완전한 글을 쓰는 사람은 없으니, 서로 충고하고 비판하는 풍토를 만들어야 하겠습니다.
> 둘째, 한글로만 썼을 때 그 뜻을 알 수 없는 말은 우리 말이 될 수 없다고 보고, 그것을 우리 말로 바꿔 쓰는 슬기로운 노력을 글쓰는 이 모두가 해야 하겠습니다.
> 셋째, 우리가 하고 있는 글쓰기 교육의 방법이 아이들뿐만 아니라 어른들의 글쓰기에도 적용이 되는 것이 바람직하다고 봅니다. 정직한 글을 쓰고,

> 가치 있는 글을 쓰고, 진정을 쓰고, 사물과 사실에 밀착한 말을 쓰고, 진실이 담겨있는 말로 글을 쓴다는 것은 어떤 어른들의 글쓰기에도 길잡이가 되어야 하겠습니다.
>
> – 이오덕, 『우리 글 바로쓰기 1』에서 인용

글쓰기를 제대로 배우기 시작할 때 아예 이런 부분을 분명히 알고 의식하며 글을 쓴다면 훨씬 아름답고 올바른 어휘와 어법의 글을 쓸 수 있다. 말과 달리 글쓰기는 일단 한 번의 생각을 거치는 사고의 결과이고, 써놓고 몇 번이고 고칠 수 있다는 장점이 있다. 설령 잘못 썼거나 실수했다고 해도 제대로 배워 고쳐 쓰면 된다. 얼마나 많은 말들이 일본어나 중국어에서 온 것인지 알면 알수록 놀라울 것이다.

## 2. 잘못된 일본식 어휘 바로잡기

### 1) '한 글자'를 너무 좋아하지 말자

■ 적 '그러한 성격을 띠는', '그에 관계된', '그와 비슷한'의 뜻을 더하는 접미사

'적'을 빼고 사용하거나 본디 뜻이 드러나게 부사로 바꿔 사용하자.

- 대체적으로 ⇨ 대체로, 무조건적 ⇨ 조건 없이, 가급적 ⇨ 가능한, 되도록

■ 화 '그렇게 만들거나 됨'의 뜻을 더하는 접미사

'하다', '되다'로 고쳐 쓰자.

- 문제화 ⇨ 문제돼, 조직화 ⇨ 조직하는, 고착화 ⇨ 굳어지게 하는

■ 하 '그것과 관련된 조건이나 환경'의 뜻을 더하는 접미사

'~(환경)에서'로 고쳐 쓰자.

- 교육하에서 ⇨ 교육에서, 주제하에 ⇨ 주제로, 인식하에 ⇨ 인식에서

- 감 '느낌'의 뜻을 더하는 접미사

되도록 빼고 사용하도록 하자.

- 기대감으로 ⇨ 기대로, 바람으로, 자신감 있게 ⇨ 자신 있게

- 시 '그렇게 여김' 또는 '그렇게 봄'의 뜻을 더하는 접미사

'~본다', '~여긴다'로 고쳐 쓰자.

- 금기시하고 ⇨ 꺼림칙하게 보고, 등한시하게 ⇨ 등한히 여기게, 질시하다 ⇨ 밉게 보다

- 중국글자 + ~하다, ~한, ~하여, ~해서

- 기초한다 ⇨ 기초를 둔다, 기초한 ⇨ 기초를 둔, 기초해서 ⇨ 바탕을 두어
- 기반한 ⇨ 기반을 둔, 기반해 ⇨ 기반을 두고
- 위치한 ⇨ 있는, 자리잡고 있는

- 겹말

기간 동안 ⇨ 동안, 사이, 기간 중 ⇨ 기간, 중, 매일 ⇨ 날마다, 매주 ⇨ 매주 인구수 ⇨ 인수, 사람 수, 회원명수 ⇨ 회원 수, 1시 이후부터 ⇨ 1시부터 수여받고 ⇨ 받고, 모음집 ⇨ 모음

### 2) 시키고 당하는 피동형은 이제 그만

- ~시키다 ~되다 ~진다

혹사시키고 ⇨ 혹사하고, 금지시킬 ⇨ 금지할, 조사되어 ⇨ 조사하여, 기다려진다 ⇨ 기다린다

- 이루어지다

공정한 법집행이 이루어져야 한다. ⇨ 공정하게 법을 집행해야 한다.

고발이 이뤄지도록 해야 한다. ⇨ 고발해야 한다

- 주어지다

상금이 주어집니다. ⇨ 상금을 드립니다.

주어진 시간 안에 정답을 쓰시오. ⇨ 정해준 시간에 정답을 쓰시오

- 요구되다

  화려한 변신이 요구된다. ⇨ 화려하게 변신해야 한다.

- 필요로 한다

  아래와 같은 서류를 필요로 한다. ⇨ 아래와 같은 서류가 필요하다.

- '~에 의해', '~에 의한'

  마젤란에 의해 발견된 곶 ⇨ 마젤란이 발견한 곶

### 3) '있다' '것' '수' 솎아내기

'있다' '것' '수' 이 세 가지를 솎아내면 더 명료하고 좋은 글이 된다.

- 회사로 가고 있었던 것이다. ⇨ 회사로 가던 길이었다.
- 몸에 좋은 것이 무엇이든 잘 팔린다. ⇨ 몸에 좋다하면 다 잘 팔린다.
- 독감에 걸릴 수도 있다. ⇨ 독감에 걸릴지도 모른다.
- 누전을 일으킬 수도 있다. ⇨ 누전을 일으키기도 한다.

### 4) 일본식 조사를 버리자

- 일본식 조사 '의' 생략하거나 바꿔쓰거나!

  나의 책 ⇨ 내 책, 한국의 문화 ⇨ 한국 문화, 독서의 계절 ⇨ 독서하기 좋은 계절 하늘의 별 ⇨ 하늘에 뜬 별, 몸의 병 ⇨ 몸에 난 병, 우려의 목소리가 높다 ⇨ 우려하는 말이 많다, 하나의 사과 ⇨ 사과 하나

- 일본식 조사의 영향을 받은 표현

  '~의하여, ~의해서, ~의하면, ~로 인하여. ~를 통하여 따위

  **예)** 그 사람의 말에 의하면 ⇨ 그 사람의 말에 따르면

  '~에 있어서, ~에게 있어서

  **예)** 북한에 있어서… 그것은 ⇨ 북한에게 그것은

### 5) 일본식 단어(괄호 안 단어가 우리말 표현)

■ 일본식 한자어 표현

가족 ⇨ 식구, 변소 ⇨ 측간, 부부 ⇨ 내외, 굴삭기 ⇨ 굴착기, 이익 ⇨ 이문, 일생 ⇨ 평생, 우려 ⇨ 걱정, 염려, 납득 ⇨ 이해, 십팔번 ⇨ 애창곡, 장기 ⇨ 長技, 식량 ⇨ 양식, 곡물 ⇨ 곡식, 천정 ⇨ 천장, 승합 ⇨ 합승, 세면 ⇨ 세수, 흑판 ⇨ 칠판, 현관 ⇨ 문간, 십인십색 ⇨ 가지각색, 저마다, 수속 ⇨ 절차, 차압 ⇨ 압류, 취조 ⇨ 문초

■ 일본식 서양말

애프터서비스 ⇨ 사후관리, 포볼 ⇨ 사구, 에어컨 ⇨ 에어컨디셔너, 인프라 ⇨ 사회간접시설, 레미콘 ⇨ 혼합콘크리트, 데모 ⇨ 시위, 메모 ⇨ 쪽지 기록, 미싱 ⇨ 재봉틀, 재봉기, 추리닝 ⇨ 연습복, 운동복, 카달로그 ⇨ 목록, 일람표, 설명서, 모형, 본보기책, 크락숀 ⇨ 경적, 바란스 ⇨ 균형, 멜로물 ⇨ 통속물, 따블 ⇨ 곱, 겹, 갑절 등

■ 우리말로 토착화된 일본말

입장 ⇨ 처지, 형편, 역할 ⇨ 노릇, 일, 몫, 하숙 ⇨ 사관, 분배 ⇨ 노느매기, 담합 ⇨ 짬짜미 등

■ 우리말로 쉽게 풀어쓸 수 있는 일본어 한자

간과하다 ⇨ 가볍게 보다, 취급하다 ⇨ 다루다, 회람 ⇨ 돌려보기, 매도 ⇨ 팔기, 매도인 ⇨ 판사람, 품절 ⇨ 떨어짐, 기입 ⇨ 적기, 식상 ⇨ 싫증남, 물림, 취소 ⇨ 무름, 연상 ⇨ 손위, 연하 ⇨ 손아래, 견본 ⇨ 본보기, 가봉 ⇨ 시침질, 견적 ⇨ 어림, 할인 ⇨ 에누리, 수당 ⇨ 덤삯, 낙서 ⇨끄적임 등

이것이 전부가 아니다. 아주 일부만 바로 잡아봤다. 우리가 모르고 생활 속에서 자주 쓰는 많은 말들이 일본어에서 왔다. 별 의식 없이 쭉 글을 쓰고 나서 앞서 말한 어법대로만 고쳐보자고 해도 고칠 곳이 한두 군데가 아닐 것이다. 버리고 고쳐 쓰다보면 몇 문장 되지 않을 정도로 글의 분량이 확 줄어들기도 한다. 하지만 이런 연습과 노력을 통해 우린 우리말답게 글을 쓰게

되고, 쉽고 편안하고 자연스러운 글을 읽게 될 것이다.

> 글을 쓸 때 흔히 강조하는 '우리말답게 쓴다'는 것은 곧 '말하는 듯이 자연스럽게 쓴다'는 뜻이다. '하나의 사과'를 단순히 일본어투라서 쓰지 말자는 게 아니다. 그보다는 '사과 하나'라고 말하는 게 우리에게는 더 자연스러운, 즉, '우리말다운' 어법이기 때문에 기왕이면 우리말투를 살리자는 것이다. 다소 어려운 한자어이든, 낯선 외래어이든 그것이 우리말의 부족한 부분을 보완해주는 기능을 한다면 우리는 기꺼이 받아들일 필요가 있다. 다만 그것은 우리말다운 고유의 틀을 해치지 않는 한에서, 우리 언어체계에 녹아 들어올 수 있어야 한다는 전제가 있다.
>
> – 홍성호, 『짧고 쉬운 문장이 최고?』에서 인용

## 3. 많이 쓴 말, 많이 쓰지 않아야 할 말

글을 쓰는 데 두세 문장을 가지고 씨름을 할 때가 있다. 글을 좀 더 세련되게 쓰고 싶어서 이런 저런 고민을 하는 것인데, 사실 글은 멋지게 보이기 위해 꾸며 쓰는 일은 전혀 중요하지 않다. 이해가 쉽고 핵심이 확실하게 드러나야 좋은 글이다. 그러려면 문법에 맞는 정확한 문장을 써야 한다. 처음엔 문장을 짧게 끊어 씀으로써 글의 정확함과 명료함을 높이는 것이 효과적이다. 문장 성분 간의 호응, 지시어와 접속어의 올바른 사용, 시제의 사용, 조사의 쓰임, 높임법 등에 특히 유의하여 말도 안 되는 글이 되지 않도록 해야 한다.

그러려면 첫째, 의존명사를 남용하지 말자. 우리말에서 '것'은 여러 가지 용법으로 쓰이는 말이다. 이 말을 자주 쓰게 되면 표현이 정확하지 않고 모호해진다.

> 외할머니네 집에 있는 것은 엄마의 것이라고 해도 과언이 아니다.
> 1. 집에 있는 모든 물건이 엄마의 것
> 2. 몇몇 가지만 엄마의 것

이와 같이, 대용어 '것'을 너무 많이 쓰게 되면, 글의 의미가 불분명하게 되어 전달하고자 하는 바를 정확하게 나타내지 못하게 된다.

둘째, 상투적인 표현은 피하는 것이 좋다. 어디서 많이 들은 말, 너무나 자연스럽게 많이 쓰여 별 감흥이 없는 말이 있다. '그림처럼 아름답다' '혜성처럼 나타난' '아무리 강조해도 지나침이 없다' '~에 대해서 알아보자'는 말은 오래 전부터 많은 사람들이 습관적으로 써 온 말로, 글에 좀 멋을 부려보려고 욕심을 부리면 이런 표현을 쓰게 된다. '새빨간 거짓말' '눈에 넣어도 아프지 않다' '어찌할 도리가 없다' 이런 표현은 일본말에서 온 상투적 표현이다. 적합한 단어를 선택하기 위해서는, 신선한 느낌을 줄 수 있는 표현을 좀더 고민해야 한다.

'~하여' '~하였다' 또는 '~되어' '~되었다' 같은 말은 문어체 표현으로 글을 늘어뜨리고 진부한 느낌을 준다. 법조문, 공문서, 논문 등은 거의 이런 어조다. 보통 글에서도 이런 표현을 쓰는 사람들이 아직 많은데, 무게 있는 글처럼 보이는 것 같지만 시대에 뒤떨어진 표현이다. 일상에서 사용하는 형태인 '~해' '~했다', '~돼' '~됐다'로 쓰는 것이 자연스럽다.

그리고 '~것이다'를 때마다 습관적으로 쓰는 사람도 있다. 글의 내용을 강조하려다보니 입버릇처럼 글에 배어 있는 경우가 있다. '~것이다'는 내용상 꼭 써야 할 때가 있다. 예를 들면, 무엇인가를 추측하거나 짐작하는 말일 때는 필요하다. 불필요하게 사용하면 글이 늘어지고 어설퍼 보인다. '~한다' '~된다' '있다' 등으로 끝내도 좋다.

▶ 읽기 좋은 글을 위한 몇 가지 수칙

문장의 길이를 적절하게 조절하여 수식어와 피수식어의 관계 등에 유의하여 전달하고자 하는 내용이 분명하게 드러나게 문장을 쓰도록 해야 한다.

▶ 실이 가면 바늘도 가야지 – 주어와 서술어

문장에서 필수 조건은 바로 주어와 서술어의 호응이다. 문장이 길수록 주어와 서술어의 호응이 제대로 이뤄지지 못하는 실수를 범한다.

예) 먼저 이 문제의 성격이 인권 침해와 연관되기 때문이다.

⇨ 이 문제의 성격이 인권 침해와 연관성이 있기 때문이다.

▶ 숨지 말고 나와 - 수동문

전달이 확실해야 하는 비즈니스 세계에서 절대 실수하면 안 되는 것이 바로 발신자와 수신자. 따라서 누가 무엇을 했는지 정확하게 알리려면 능동문을 써야 한다.

예) 계좌 정보가 확인된 후 통보될 것이다

⇨ 계좌 정보를 확인한 후 통보할 것이다

▶ 긍정적으로 살자 - 긍정문

우리나라 말은 끝까지 들어봐야 한다. 강한 부정은 긍정이라고 하지 않던가. 긍정과 부정의 혼란을 방지하기 위해서라도 긍정문으로 표현하면 전달이 쉽고 이해가 빠르다.

예) 중요한 문제가 아니라고는 못할 것이다.

⇨ 중요한 문제이다.

▶ 신뢰를 심어주는 글

맞춤법과 띄어쓰기는 기본. 아무리 멋진 글이라도 맞춤법이나 띄어쓰기가 틀리면 신뢰를 잃기가 쉽다. 작지만 세심한 배려가 좋은 글을 만든다.

예) 고유명사 통일

- 기업명, 인명은 되도록 한글로 적는다.
- 분명한 의미 전달을 위해 영문을 한글로 표기한 후 괄호( )안에 영문을 표기한다.
- 영문 약어는 대문자로 쓰고, 영문 단위는 소문자로 쓴다.
- 모든 숫자는 아라비아로 적는다.
- 가독성을 위해 금액은 20,000원이 아닌 2만원 식으로 표기한다.

## 글쓰기 연습장

**1. 다음 글에서 잘못 쓴 일본어법을 자연스러운 우리어법으로 고쳐보자.**

(예시)

- 우선적으로 영어를 잘하기 위해서는 영어에 계속적으로 노출될 수 있는 환경적 요소를 고려해야 한다.

  ⇨ 우선 영어를 잘하기 위해서는 영어에 계속 노출될 수 있는 환경 요소를 고려해야 한다.

- 월가 시위는 처음에 평화적으로 진행됐다. 그러나 경찰이 최루탄을 쏘는 등 폭력적으로 진압하자 시위자들도 폭력적으로 변해 맞섰다.

- 스티브 잡스는 한 시대를 혁신적으로 바꿔 세계적으로 이름을 떨쳤다.

- 기술문명의 발달이 가속화되면서 세상은 점점 복잡화되고 있다.

- 공장이 기계화되면서 산업화가 급속화됐다.

- 학생들로부터 우선적으로 요구되는 사항부터 의욕적으로 추진하고 있다.

2. 일본식 한자어를 순화어로 바로 쓰기 빈 괄호 안에 들어갈 말을 써보세요.

견출지 ( )
학부형 ( )
절취선 ( )
견습 ( )
거래선 (거래처)
행선지 ( )
음용수 (마실 물, 먹는 물)
잔반 ( )
식비, 식대 ( )
인수 (넘겨받다)
인계 (넘겨주다)
호출하다 ( )
차출하다 (뽑아내다)
회람 공람 (돌려보기)
절수 (물 절약, 물 아낌)
누수 ( )
호우 (큰비)
간지나다 (멋지다)
사라 (접시)
우측보행 (오른쪽 걷기)
차후 ( )
땡땡이 무늬 ( )
애매하다 (모호하다)
땡깡 ( )
무대뽀 ( )
노가다 ( )
기스 (흠, 흠집, 상처)
곤색 ( )
분빠이 (분배, 나눔)
쓰키다시(곁들이찬)
짬뽕 (초마면)
수취인 ( )
수타면 (손국수)
순번 ( )
수반 (우두머리)

송달 (보냄, 띄움)
수갑 ( )
별책 (딸림책)
모포 ( )
명찰 ( )
명소 ( )
방사 (방목, 놓아기르기)
잉꼬부부 (원앙부부)
하락세 (내림세)
잔고 (잔액, 나머지)
혹성 (행성)
호출 ( )
할당 (몫 나누기, 벼름, 배정)
품절 ((물건)없음)
출산 (해산)
출구 ( )
매장 (판매장)
면적 ( )
망년회 (송년회, 송년모임)
만개 ( )
두개골 ( )
당분간 (얼마 동안)
당혹 (당황)
대결 ( )
다시 (맛국물)
노점 (길 가게, 거리 가게)
내역 (명세)
납입 (납부, 냄, 치름)
구좌 (계좌)
경시 ( )
경어 ( )
경직 ( )
계주 ( )
고객 ( )

3. 2번 순화어 예시를 참고하여 아래 문장을 고쳐 써보자.

(예시)

- 그 여자는 잔반에 남은 멸치 다시물까지 부어버렸다.
  ⇨ 그 여자는 음식 찌꺼기에 멸치 국물까지 부어버렸다.

- 그 사건이 일어난 지 반나절 만에 주가는 하락세였다.

- 갑작스러운 단속에 노점상 주인들은 당혹스러웠다.

- 체육대회의 마지막 순서인 계주를 앞두고 나는 뒷다리 근육이 경직되는 것을 느꼈다.

- 그 상품은 품절이었지만 은행 잔고가 얼마 안 남아서 다행이다.

- 벚꽃이 만개했지만 당분간 그를 볼 수 없다는 생각에 우울해졌다.

■ 담임선생님은 차후에 이런 일이 다시 발생하면 부모님을 호출하겠다고 말했다.

■ 교복처럼 입고 다니던 곤색 땡땡이무늬 원피스 탓에 멀리서도 한눈에 그 사람임을 알 수 있었다.

■ 그 사람은 순번이 되자 모포 끝을 땅에 질질 끌며 이쪽으로 걸어왔다.

■ 그 견습 사원이 들고 있는 내역서에는 식비 외엔 아무 것도 적혀있지 않았다.

■ 그 모든 일의 서류를 인수인계하고 두 사람은 바로 헤어졌다.

■ 애매한 설명 탓에 출구까지 무려 20분이나 걸렸다.

## 답변 노트

1. 답

⇨ 월가 시위는 처음에 평화롭게 진행됐다. 그러나 경찰이 최루탄을 쏘는 등 폭력을 쓰면서 진압하자 시위자들도 폭력으로 맞섰다.

⇨ 스티브 잡스는 한 시대를 혁신해 세계에 이름을 떨쳤다.

⇨ 기술문명의 발달 속도가 빨라지면서 세상은 점점 복잡해지고 있다.

⇨ 공장이 기계화되면서(또는 '공장에 기계가 도입되면서') 산업화가 급속하게 진행됐다.

⇨ 먼저 학생이 요구하는 사항부터 의욕을 가지고 추진하고 있다.

3. 답

⇨ 그 사건이 일어난 지 반나절 만에 주가는 내림세였다.

⇨ 갑작스러운 단속에 거리 가게의 주인들은 당황했다.

⇨ 체육대회 마지막 순서인 이어달리기를 앞두고 나는 뒷다리 근육이 굳는 것을 느꼈다.

⇨ 그 상품은 다 떨어져서 더 이상 살 수 없었지만 은행 잔액이 얼마 안 남아 다행이다.

⇨ 벚꽃이 만발했지만 얼마 동안 그를 볼 수 없다는 생각에 우울해졌다.

⇨ 담임선생님은 앞으로 이런 일이 다시 일어나면 부모님을 부르겠다고 말했다.

⇨ 교복처럼 입고 다니던 감색 물방울무늬 원피스 탓에 멀리서도 한눈에 그 사람임을 알 수 있었다.

⇨ 그 사람은 차례가 되자 담요 끝을 질질 끌며 이쪽으로 걸어왔다.

⇨ 그 수습사원이 들고 있는 명세서에는 밥값 말고는 아무것도 적혀있지 않았다.

⇨ 그 모든 일의 서류를 넘겨받고 넘겨주고 두 사람은 바로 헤어졌다.

⇨ 모호한 설명 탓에 나오는 곳까지 무려 20분이나 걸렸다.

14장

# 끈기 있는 글쓰기

# 14장 끈기 있는 글쓰기

## 1. 글쓰기 습관 돌아보기

### ■ 머리와 꼬리가 각각 다른 동물은 아닌가?

용의 머리에 뱀의 꼬리, 호랑이 머리에 여우 꼬리, 토끼 얼굴에 악어 꼬리. 모두 어울리지 않는데 주어와 서술어가 호응이 맞지 않는 것도 이런 상황이다. 이것은 주어와 서술어가 너무 멀리 떨어져 있어서 주어를 무엇으로 했는지 잊어버리기 때문이다. 주어와 서술어 사이에 너무 많은 말을 넣지 않아야 하고, 문장이 길어질 땐 짧게 나누어 쓰는 것이 좋다.

- 그 팀이 패배한 까닭은 경기 전부터 상대 팀을 은근히 얕봤다.
  ⇨ 그 팀이 패배한 까닭은 경기 전부터 상대 팀을 은근히 얕봤기 때문이다.
- 소녀의 꿈은 의사가 되어 내전 중인 조국에서 의술을 펼치려고 한다.
  ⇨ 소녀의 꿈은 의사가 되어 내전 중인 조국에서 의술을 펼치는 것이다.

## ■ 지저분하게 접속사가 많지 않은가?

그래서, 그리고, 그런데, 그러니까, 그게 아니라, 그러므로, 무의식적으로 이런 접속사를 사용한다. 접속사를 빼면 글이 어딘가 이상해질 것 같지만 이런 접속사를 빼면 글이 상당히 깔끔해지고 논리적으로 바뀐다.

> 무슨 일인지 사무실로 들어간 친구가 나오지 않았다. 그래서 커피를 마셨다

친구가 나오지 않은 것과 커피를 마신 것과는 관련이 없다. 이 글에서 필요한 건 '그래서'라는 접속사보다 커피를 마신 이유였다.

> 무슨 일인지 사무실로 들어간 친구가 나오지 않았다. 좀 지루했고 졸렸다.
> 커피를 마셨다.

'그래서'라는 접속사 없이도 지루하고 졸렸다는 문장으로 논리적인 글이 됐다. 접속사를 뺀다는 건 처음엔 어색할지 몰라도, 일단 빼고 쓰겠다고 마음먹었으면 글의 논리성을 유지하기 위해서 필요한 문장을 찾아내게 되어있다. 그래서 글은 더 깔끔해진다.

## ■ 같은 단어는 물론 뜻이 반복되지 않는가?

> "간장공장 공장장은 김 공장장이고 된장공장 공장장은 이 공장장이다."

같은 단어를 여러 번 반복하면 좋은 글이 아니다. 다 쓴 글을 고쳐 쓸 때 글을 읽을 줄 아는 사람이면 반복되는 단어를 잡아내는 것은 어렵지 않다. 쉽게 고쳐 쓸 수 있다. 하지만 한 발 더 나아가 글자 자체는 반복이 아니지만 뜻이 반복적인 것까지 찾아 고쳐 쓰면 좀 더 짜임새 있는 글이 된다.

할아버지는 동물을 사랑하는 동물 애호가입니다.
⇨ 할아버지는 동물을 사랑하는 분입니다.
⇨ 할아버지는 동물 애호가입니다.

빠진 말은 넣고 쓸데없는 말은 삭제하여 뺀다.
⇨ 빠진 말은 넣고 쓸데없는 말은 뺀다.

## ■ 딸기 씨처럼 꼭꼭 박힌 조사가 많지 않은가?

원래 관형격 조사 '의'는 우리말이 아니다. '의'는 문장을 압축해서 쓰기 위해 사용하지만, 오히려 압축이 지나쳐 의미가 모호해지는 경우가 많다. '의'를 남용하면 우리말의 특징인 서술성을 약화시키게 된다. '의'를 되도록 안 쓰는 게 뜻이 명료해지고, 글을 읽는 사람도 쉽게 이해할 수 있다.

지식의 습득을 위해 교과서를 사용하지만
⇨ 지식을 습득하려고 교과서로 배우는데
⇨ 지식을 얻으려고 교과서를 익히는데

여러 분야의 호소와 반성의 목소리가 높았다.
⇨ 여러 분야에서 호소하고 반성하는 목소리가 높았다.

우리 나라에서의 외국인 차별은 바람직하지 않다.
⇨ 우리 나라가 외국인을 차별하는 것은 바람직하지 않다.

## ■ 상투적인 어조로 문장을 맺지 않는가?

'~ 하였다', '~ 하는 것이다', '~할 수 있다', '~하고 있다' 같이 문장 끝을 어떤 전형적인 어투로 마무리하는 게 습관이 된 경우가 있다. 군더더기 문장이 된다. 단정적으로 간결하게 마무리 한다.

적절한 선배의 도움을 받아 논문을 완성할 수 있었다.
⇨ 선배의 적절한 도움을 받아 논문을 완성했다.

이제야 회계 원리에 대해 이해하고 있다.
⇨ 이제야 회계 원리를 이해한다.

오랫동안 자취를 하였다. 밥하는 것은 쉬운 것이다.
⇨ 오랫동안 자취를 했다. 밥하는 건 쉽다.

## ▪ 자신 없는 느낌으로 문장을 맺지 않는가?

'~하지 않을 수 없다', '~라고 본다', '~측면에서는 말이다', '~이 아닌가 한다', '~이 아닐까 싶다', '~했으면 한다.' 와 같은 표현은 자기 확신이 없는 표현이다. 간결하고 단정한 표현을 쓴다.

정신문화가 오히려 뒷걸음치지 않았는지 반성하지 않을 수 없다.
⇨ 정신문화가 오히려 뒷걸음치지 않았는지 반성해야 한다.

친구는 나를 오해한 거라고 본다.
⇨ 친구는 나를 오해했다.

체력적인 부분에서 자기관리가 잘 된 것이 좋은 성적의 원인이 아닐까싶다
⇨ 체력적인 부분에서 자기관리가 잘 된 것이 좋은 성적의 원인이다.

## ▪ 수능영어 번역투 문장을 쓰고 있지 않은가?

고등학교 3학년 내내 수능영어 공부를 했던 대학생들은 영어 독해를 하던 버릇이 남아서 글을 쓸 때도 영어식 번역 문장을 쓰는 경우가 많다. 영어 단어를 직역하거나 우리말법에 맞지 않는 표현을 한다.

부모로부터 물려받은 재산이 많았다.
⇨ 부모에게 재산을 많이 물려받았다.

이웃과 더불어 잘 살고자 하는 마음을 가지고 산다.
⇨ 이웃과 더불어 잘 살고자 하는 마음으로 산다.

인간의 진화론에 대해서는 수긍하면서, 창조론에 대해서는 수긍하지 않는다.
⇨ 인간의 진화론은 수긍하면서 창조론은 수긍하지 않는다.

## 2. 한 단어로 10문장 연습

부모님 세대엔 '짧은 글짓기' 숙제가 있었다. 몇 개의 단어를 주고 이것들이 하나하나 들어간 짧은 문장을 완성하는 건데 단어나 어휘력을 늘리는 연습으로 좋다. 여기에선 조금 바꿔서 단어나 어휘 하나를 10개 이상 다른 문장으로 완성해보는 것이다. 써나가다가 자기 어휘력의 한계를 느끼는 때가 오면 책이나 기사, 잡지 등 어디서 본 문장을 써도 좋다. 한 단어가 두 개 이상의 의미를 갖는 경우가 많다. 눈에 보이는 사물이면서 동시에 눈에 보이지 않는 어떤 개념이나 상징일 수 있다.

### ■ 예시 단어 '싹'

- 의미 1 : 말 그대로 식물의 싹
- 의미 2 : 작은 생각, 작은 의지, 작은 의욕 같은 어떤 막 피어오른 기운

1. 씨앗을 뿌린 지 보름 만에 싹이 트기 시작했는데, 그때의 감동을 잊을 수 없다.
2. 엄마는 어린 내가 뭔가를 잘했을 때 "아이구! 싹수가 푸른 놈"이러면서 엉

덩이를 토닥여주었다.
3. 이제 막 뭘 해보겠다고 일어섰는데 그 작은 싹 죽이지 말아주었으면 좋겠다.
4. 새싹은 놀라울 정도로 연하고 부드러웠다.
5. 시멘트 보도블록 사이로 작은 싹이 돋아났다.

■ 예시 단어 '바닥'

• 의미 1 : 말 그대로 어떤 공간의 바닥
• 의미 2 : 더 이상 내려갈 수 없는 가장 낮은 곳
• 의미 3 : 본색, 본질

1. 고개를 숙이고 바닥만 쳐다보았다.
2. 내 삶은 바닥을 쳤으니 이제 날아오르는 일만 남았다
3. 밑바닥 인심은 냉랭했다.
4. 바닥까지 떨어져보니 더 이상 두려움 없이 오히려 자신감이 생겼다.
5. 사람이 절박한 처지가 되니 인격의 바닥이 보인다.

## 3. 사고의 연속성

어떤 기술을 연마한다고 하면 요즘 말로 '가성비 갑'이 글쓰기다. 노력하여 잘 익혀두기만 하면 죽을 때까지 이보다 효자 노릇하는 기술을 찾기 힘들기 때문이다. 정신이 맑기만 하면 노인이 되어도 얼마든지 글을 생산할 수 있다. 잘하면 자기 인생까지 바꿀 수 있다. 읽고 생각하고 쓰는 과정이 돈 들여 배울 일도 아니다. 인터넷에서 찾으면 얼마든지 글쓰기 기술을 배울 수 있다. 책은 도서관에서 빌려 읽으면 된다. 그저 연필로 쓰기만 하면 된다. 컴퓨터 글쓰기 프로그램에 써도 좋고 휴대전화 메모장에 써도 좋다.

글쓰기는 재능보다 훈련하기에 달렸다. 너무 어렵다 생각하면 처음엔 그저

주절주절 생각나는 대로 써도 된다. '말도 안 되는 것을 어떻게 글로?' 하는 생각이 들 수 있지만 모든 글은 생각에서 나온다. 앞뒤 안 맞고 툭툭 끊기는 생각들을 글자로 옮기는 과정이 초고(草稿), 즉 처음 원고다. 글은 '완성'이 없다. 끊임없이 고치면서 조금 더 읽기 쉽게, 조금 더 이해하기 쉽게, 조금 더 글쓴이가 만족하는 쪽으로 가는 것일 뿐이다.

최인훈의 『광장』은 고등학교 교과서에 가장 많이 실린 작품으로, 6,25 전쟁 이후 문학사에 위대한 작품으로 평가받는다. 최인훈 선생은 이 작품을 십 수 년에 걸쳐 개작 수준의 대폭 수정과 교정을 거듭했다. 작가도 이렇게 자기 작품을 거듭 거듭 고친다. 고치는 것을 두려워하지 않고 부끄러워하지도 않는다. 머릿속 생각을 끄집어내는 것이 중요하다. 머릿속에 많은 생각이 고이도록 지식이나 정보를 입력하는 과정이 필요하다. 부끄러운 글이 될까봐 한 글자 한 글자 완성형 문장에 집착하며 제자리걸음하는 글쓰기보다, 큰 덩어리로 생각을 이리 굴리고 저리 굴려 글의 얼개를 짜는 연습을 하는 편이 낫다.

> 내가 노트북에 앉는 시점은 내 머리 속에서 오프닝 멘트와 클로징 멘트가 완성되었을 때이다. 그렇게 앉으면 10매 내외의 글은 한두 시간 안에 끝나고, 20~30매의 글도 서너 시간이면 끝난다. 그러나 사실 보이지 않게 원고를 준비하는 데 걸리는 시간은 적지 않다. 청탁에 응한 다음부터 나는 계속 머릿속에서 그 주제를 굴린다. 밥을 먹을 때도, 화장실에 앉아서도, 걸레질을 하면서도, 사람들과 이야기를 나누면서도, 나는 그 주제를 생각한다. 말똥구리가 말똥을 모아 굴리듯이 머릿속에서 그 주제를 이리저리 굴려보는 것이다. 대개 두 덩어리를 굴린다. 하나는 사례와 비유이고, 다른 하나는 핵심 문장이다. 예를 들면, 신도시 건설 붐으로 농지에 아파트가 들어서면서 자연공간이 줄어들고 훼손되는 것에 대해 문제 제기를 하기로 했다면, 우선 우리 집 주변이 요즘 어떻게 변해가고 그것을 둘러싼 가족과 이웃의 반응을 보여주는 사례를 굴린다. 다음은 그 사례에서 내가 깨닫고 느낀 점을 어떻게 표현할 것인가를 이렇게 저렇게 굴려본다.
>
> – 오한숙희, 『글쓰기의 힘: 디지털 시대의 생존전략』에서 인용

그런데 그게 잘 안 된다. 꼭 써야 하는 글인데 마감 시간까지 있다. 작가에겐 청탁 원고가, 학생에겐 리포트가 있다. 사고력이 왕성해야 쓸 글이 있는데 정말 피가 마르고 초조하다. 대통령의 연설문을 써야 했던 강원국 작가는 간절함이 몰입을 가져온다고 말한다. 이 글을 쓰지 못했을 때 밀려올 후폭풍을 생각하며 위기감을 조성하면 초인적인 집중력이 생긴다고 한다.

> 몰입 전문가인 서울대 황농문 교수에 따르면, 72시간만 한 가지 주제에 관해 절박하게 생각하면 뇌가 응답한다고 말한다. 나는 그의 말을 믿는다. 그가 말하는 몰입의 조건은 이렇다. ① 몰입을 위해선 최선을 다해 도전해야 풀 수 있는 문제가 주어져야 한다. ② 해답을 봐선 안 되며 스스로 풀어야 한다. ③ 자나 깨나 1초도 쉬지 않고 이 문제에만 집중한다. 이것이 가장 중요하다. ④ 포기해선 안 된다. ⑤ 반드시 답을 찾게 된다.
> 이러한 황 교수 생각은 나의 글쓰기 경험과 정확히 일치한다. ① 대통령 연설문 쓰는 일은 혼신의 노력을 다해야 가능한 수준의 과제였다. ② 대통령조차 처음부터 답을 갖고 있진 않다. ③ 꿈속에서도 연설문 쓰는 일만 생각했다. ④ 포기는 불가능했고, 죽고 살기의 선택만 있었다. ⑤ 불현듯 쓸 내용이 떠올랐고(serendipity), 선잠을 자다 연설문이 써지기도 했다.
>
> – 강원국, 『강원국의 글쓰기』에서 인용

전문가의 말을 신뢰하고 훈련해보자. 보통 우리는 저렇게까지 생각해본 적이 없기 때문에 '생각이 나지 않는다' '못 쓰겠다'는 말을 하면서 금방 포기한다. 글을 잘 쓰고 싶은 사람은 '싫다' '귀찮다'의 수렁에서 나 자신을 건져내야 한다. 작고 사소한 문제부터 짧게 짧게 생각을 연습하고, 그게 잘 되면 자꾸 파고 들어가며 깊은 생각을 연습하면서 재미를 느껴야 한다. 그리고 서툴더라도 아무리 짧은 한두 줄의 생각이라도 글로 옮겨 문장을 완성해보는 연습을 하는 것이 시작이다. 스마트폰을 손에서 내려놓고 주변을 찬찬히 관찰하는 일부터 시작이다.

# 글쓰기 연습장

**1-1. 다음 문장에서 조사 '의'를 빼고 뜻이 분명해지도록 문장을 다듬어보자.**

기존의 문화 창작 활동에 대한 통제의 수위를 대폭 수정해야 한다.

그 답은 인문 사회 분야의 전공자들의 역할에 달려 있다.

일제의 통치로 인하여 아직도 일본인 이름의 재산이 많다.

이러면 현재에 있어서 우리의 통일이 꼭 필요한 것이라고 볼 수 없다.

잘못하면 사이비 종교의 그릇된 가치관에 빠질 수 있다.

## 글쓰기 연습장

**1-2. 다음 문장에서 밑줄 그은 부분을 우리말법으로 다듬어보자.**

생명을 유지해 나가는 데 있어서 절대 필요한 것이다.

도시 개발에 따른 부정적인 측면이 드러났다.

개인주의에 의해 이런 현상이 나타나게 되었다.

그랬더니 고양이들의 계속해서 늘어났다.

몇몇의 사람들이 국가 발전을 위한다는 미명 아래 여론을 고려하지 않았다.

**2. 다음 예시 단어를 가지고 각각 문장 10개씩 써보자.**

(예시 단어) 길, 문, 날개

(예시 문장) 뜻이 있는 곳에 길이 있다 / 좁은 문으로 들어가라 /
새는 좌우의 날개로 난다

**3. 다음은 소설의 첫 문장들이다. 필사해보자.**

바다는, 크레파스보다 진한, 푸르고 육중한 비늘을 무겁게 뒤채면서, 숨을 쉰다.

– 최인훈, 광장

언제 떠올랐는지 모를 그믐달이 동녘 하늘에 비스듬이 걸려 있었다. 밤마다 스스로의 몸을 조금씩 조금씩 깎아내고 있는 그믐 달빛은 스산하게 흐렸다.

– 조정래, 태백산맥

행복한 가정은 모두 비슷하게 닮았지만, 불행한 가정은 불행한 이유가 각각 다르다.

– 톨스토이, 안나 카레리나

## 글쓰기 연습장

1897년의 한가위. 까치들이 울타리 안 감나무에 와서 아침 인사를 하기도 전에, 무색옷에 댕기꼬리를 늘인 아이들은 송편을 입에 물고 마을 길을 쏘다니며 기뻐서 날뛴다.

– 박경리, 토지

서울을 버려야 서울로 돌아올 수 있다는 말은 그럴 듯하게 들렸다.

– 김훈, 남한산성

사람들은 아버지는 난장이라고 불렀다. 사람들은 옳게 보았다. 아버지는 난장이였다. 불행하게도 사람들은 아버지를 보는 것 하나만 옳았다.

– 조세희, 난장이가 쏘아올린 작은 공

나는 내 아버지의 사형집행인이었다. 2004년 9월 12일 새벽은 내가 아버지 편에 서 있었던 마지막 시간이었다.

– 정유정, 7년의 밤

비가 올 것 같아. 너는 소리 내어 중얼거린다. 정말 비가 쏟아지면 어떡하지. 너는 눈을 가늘게 뜨고 도청 앞 은행나무들을 지켜본다.

– 한강, 소년이 온다

갈색 털이 무성한 손이 불쑥 내 코앞에까지 뻗어와 멈추었다. 그의 손아귀에 펴든 패스포트 속에서 긴 머리의 아가씨가 활짝 웃고 있었다.

– 박완서, 나목

## 답변 노트

1-1. 답

⇨ 기존 문화 창작 활동에 대한 통제 수위를 크게 수정해야 한다.

⇨ 그 답은 인문 사회 분야 전공자들의 역할에 달려 있다.

⇨ 일제가 통치한 적이 있어서 아직도 일본인 이름으로 된 재산이 많다.

⇨ 이러면 현재 우리에게 통일은 꼭 필요한 것이라고 볼 수 없다.

⇨ 잘못하면 사이비 종교가 주장하는 그릇된 가치관에 빠질 수 있다.

1-2. 답

⇨ 생명을 유지하는데 꼭 필요한 것이다.

⇨ 도시를 개발하면서 부정적인 측면이 드러났다.

⇨ 개인주의 때문에 이런 현상이 나타난다.

⇨ 그랬더니 고양이가 계속해서 늘어났다.

⇨ 몇몇 사람들이 국가 발전을 위한다며 여론을 고려하지 않았다.

15장

# 글쓰기 일상의 즐거움

# 15장 글쓰기 일상의 즐거움

## 1. 생각을 즐겨라

루시 모드 몽고메리의 『빨강머리 앤』은 도입부부터 평범하지 않다. 기차역에서 초록색지붕집으로 데려갈 때부터 상상한 것을 표현하는 앤의 에너지는 매슈 아저씨를 사로잡는다. 자기 이름 끝에 꼭 'E'를 넣어달라거나, 야생 벚나무가 늘어선 곳은 '환희의 길'이라는 이름을, 연못에는 '반짝이는 물결의 호수'라는 이름을 붙여주기까지 한다.

"말하고 싶을 때 할 수 있어서 얼마나 다행인지 몰라요. 흥미진진하고 표현이 풍부한 단어가 많거든요. '황홀하다'나 '장엄하다' 같은 거요. 예를 들면 이런 거예요. 이 장엄한 풍경 때문에 황홀해졌어요."

앤은 작가로서 성공 가능성이 높은 자질을 가지고 있다. 알파벳 하나, 단어 하나, 어휘 하나를 섬세하고 예민하게 다룰 줄 알고, 달라지는 표현 하나에 의미를 부여하고 상상하는 자세가 남다르다. 버림받을 상황에 놓이거나 학교에서 따돌림을 당하는 등 슬픈 일이 닥치면 자신을 코딜리어 공주라고 상상하며 이겨내고, 다른 여자 친구들과 '에이번리 이야기 클럽'을 만들어 '로저먼드 몽모플랑시'라는 필명을 짓기도 한다.

글쓰기가 어려운 건 글쓰기 자체가 어렵기 때문이 아니다. 글을 써야 하는 사람이 너무 준비가 안 되어있어서 힘들다. 일단 무슨 생각이든 골똘히 길게 하는 걸 싫어한다. 재미도 없고 귀찮기만 하다. 생각하기 싫으면 다른 사람의 생각을 논리적으로 적어놓은 글이라도 읽어야 하는데 글도 읽기 싫다. 소설처럼 재미도 없기 때문에 누가 읽어주면 듣는 척 정도는 할 수 있을지 모른다. 생각하기와 읽기. 이 두 가지를 안 하는데 글쓰기가 어려운 건 당연하다.

글을 쓰는 능력은 생각하는 능력이다. 창의적, 논리적인 사고를 할 수 없다면 참신한 아이디어나 설득력을 가진 글을 쓸 수 없다. 좋은 글을 쓰고 싶으면 무엇보다 생각하는 습관과 훈련이 필요하다. 여기서 생각이란 밖에서 주어진 문제를 당연히 받아들이고 답하는 과정이 아니라 어떤 주장이든 그것을 의심하고 문제를 제기하여 그 문제의 답을 찾으려는 태도다. 또 자신의 주장을 제시할 때마다 그 주장을 뒷받침할 수 있는 설득력 있는 근거를 내놓고, 다른 사람이 나의 주장에 대해 문제를 제기할 때마다 그 문제에 답을 하려는 태도다.

글을 쓴다는 것은 따지고 보면, 주변의 평범한 일상에서 비범한 진리를 발견해 내는 일이다. 삶에 대한 보람을 추구하고 사물에 대한 애정을 느끼는 사람은 글의 소재를 언제 어디서든 풍부하게 얻을 수 있다. 우리가 단순하게 보고 들은 것이라도 신선한 발상을 가미하면 좋은 소재가 될 수 있다. 날마다 보고 듣고 경험한 것을 중심으로 쓰는 일에 조금 변화를 주고 싶다면 하루 일과를 살펴보며 생각할 수 있다.

창의적 상상력은 왠지 반복되는 지루한 일상 속에서는 발휘되지 않을 것 같다. 자기 파괴적이거나 일상탈출의 삶 속에서 좀 기발하고 창의적인 영감을 얻을 것 같은 생각이 든다. 이른바 천재라고 부르는 사람들의 놀라운 창의력이 종종 그런 특이한 삶을 통해서 나오긴 하지만 결코 흔한 일은 아니다. 번득이는 '영감', 나의 '뮤즈'가 찾아오려면 그 앞에 먼저 해야 하는 일이 있다.

10년 넘게 창의성, 창의적인 사람에 대한 연구를 해온 아트 마크만(Art Markman) 텍사스대 심리학과 교수는 "창의성은 반복적인 일상에서 해야 할 일을 규칙적으로 성실히 수행하는 가운데 나온다"고 말한다. 많은 작품이 베스트셀러가 되고 영화화된 세계적인 작가 스티븐 킹도 창작론을 통해 글을 어떻게 잘 쓸 수 있는지 묻는 지망생들에게 "매일 읽어라, 매일 써라. 그게 비법이다. 다른 돌아가는 길은 없다"라고 말한다. 영감이든 뮤즈든 성실하게 날마다 조금씩이라도 생각하고 써보는 사람에게 찾아온다.

처음부터 글을 잘 쓰는 사람은 없다. 음악, 미술 같은 예술 분야는 타고난 재능이 뛰어난 사람을 따라잡기 힘들다. 하지만 글쓰기는 타고난 재능보다 후천적인 노력으로 얼마든지 잘할 수 있는 분야다. 단, 그 길에 지름길은 없다. 치열하게 생각하고 읽고 성실하게 쓰는 과정을 반복하는 것이 글쓰기의 내공을 쌓는 유일한 길이다. 타고난 능력이 없다고 슬퍼할 필요도 없고, 현재 글을 못 쓴다고 자신감을 잃고 기운 없어 할 일도 없다. 읽고 생각하고 쓰고, 쓰고 생각하고 읽는 과정을 통하면 글쓰기 실력은 나날이 늘어날 것이다.

## 2. '오늘' 생각하기

글쓰기 초보자가 글을 잘 쓰고 싶어서 생각하기를 즐기려는데 또 난관이 있다. 광활한 사색의 세계 속에서 글을 위해 무엇을 생각해야 할지 방황하는 것이다. 그럴 땐 시간을 제한해본다. '오늘'로. 그 모든 생각을 오늘로 좁혀보거나, 기억이 있다면 앞뒤로 3일 정도로 범위로 좁혀서 아래와 같은 생각을 해보자.

### 1) 옷차림 생각

그날 입은 옷에 대한 이야기가 한 편의 글이 될 수 있다. 그 옷을 구매했던 당시에 얽힌 이야기, 그 옷을 구매하게 된 동기, 그 옷에 대한 애착 정도, 그

옷과 관련된 또 다른 에피소드, 그 옷을 입으면 달라지는 특별한 기분 등을 써볼 수 있다. 반대로 친구가 입은 옷차림에 대해서도 쓸 수 있다. 잘 어울리는 새 옷을 입고 등교한 친구 이야기, 몰라볼 정도로 스타일에 큰 변화를 주고 등교한 친구 이야기, 상점이나 거리에서 본 사람들의 옷차림 이야기, 정말 저건 안 입었으면 하는 친구의 워스트 패션 이야기. 옷차림 하나만으로도 얼마든 많은 이야기를 써볼 수 있다. 글 쓸 소재는 언제나 가까운 곳에 있다. 내 몸과 가장 가까이 붙어있는 '옷' 그 이야기부터 써보자.

### 2) 밥 생각

하루에 세 끼 이상을 먹는 식사시간. 많은 이야기가 나올 수 있는 좋은 글감이다. 나 홀로 먹는 이야기도 좋지만 함께 먹는 이야기에선 더 풍성한 스토리가 있다. 식사하면서 사람과 사람이 만드는 이야기가 많기 때문이다. 식사를 하며 나누었던 대화, 식사를 하며 생긴 흐뭇하거나 불쾌했던 에피소드, 음식보다 함께 식사한 사람에게 더 관심이 많았던 이야기, 단골집 이야기, 가장 기억에 남는 식사 이야기, 밥을 사준 이야기, 식사 습관에 관한 이야기, 음식 메뉴에 대한 이야기, 학교 구내식당 이야기, 식당 종업원의 서비스에 대한 이야기, 좋아하는 음식이나 싫어하는 음식에 대한 이야기. 음식 유래나 조리법에 대한 이야기. 그 날 먹은 음식 사진을 찍어 SNS에 올리며 은근히 자랑하는 것에서 그치지 말자. 식사 경험 다양하게 글로 기록함으로써 글쓰기 내공을 한 뼘 더 키워보자.

### 3) 책 생각

책은 이야기가 무궁무진한 보물섬이다. 매일 독서 일기를 기록해보자. 정보습득과 학습이라는 필요에 맞춘 독서라도 자기 필요에 의한 독서와 그 기록은 쌓이면 큰 재산이 된다. 하지만 책은 폭넓게 읽을수록 좋다. 대대적인 경영 혁신에 나선 경영자가 성공한 CEO의 이야기를 읽기보다, 『논어(論語)』

를 읽다가 방법을 찾는다. 슬럼프에 빠진 프로 선수가 난치병과 싸우다가 끝내 세상을 떠난 어린아이의 일기를 읽고 힘을 내 재기에 성공하기도 한다. 최첨단 기술개발의 벽에 부딪쳐 고민하던 연구원이 우연히 고전 문학을 읽고 돌파구를 찾는 경우도 있다. 부모와 사이가 나빠 절망하고 갈등하던 사람이 반려동물에 대한 책을 통해 부모와 극적으로 소통하기도 한다. 실제로 어떤 책의 어떤 정보가 누구에게 어떤 '해결책'을 제시할지는 사실 정확히 알 수 없다. 앞서처럼 의외의 책에서 해결책을 찾는 경우도 많다. 다양한 분야의 책을 읽고 그 안에서 자신에게 울림을 주는 이야기에 생각을 더해보자.

### 4) 어려움 생각

하루 중 크고 작은 어려움을 하루도 안 만나는 일은 정말 운수대통한 날이다. 등교부터 하교까지 학업과 관련된 것은 물론이고 그밖에도 일상 속에서 어려움은 늘 있다. 긴 등하교 시간의 어려움, 유난히 어려운 과목, 선생님이나 친구 사이의 관계의 어려움, 과제 해결의 어려움, 오해나 갈등, 근거 없는 소문 때문에 겪는 괴로움, 친구의 어려움, 등 그 사람의 상황이나 위치에 따른 다양한 사례가 무수하다. 해결을 하려면 원인을 알아야 하는데, 원인을 딱 꼬집을 수 없는 성가시고 골치 아픈 문제도 있다. "원인만 알아도 문제의 80퍼센트는 해결된 거나 다름없다"는 말이 있지만 어려움을 만났을 땐 글쓰기를 통해 자기 스스로 찾아보는 일은 큰 의미가 있다. 스스로 묻고 답하기를 계속하면서 끈질기게 생각해야 한다. 일기는 이러한 어려움에 대한 이야기를 누구 눈치 볼 것 없이 편하게 쓸 수 있다. 물론 어려움이 생긴 발단부터 경과, 원인, 해결책 등을 일사천리로 쓸 수는 없다. 날마다 조금씩 미완성이라도 글을 써 가면 글을 통해 깨닫는 것도 생기고 글을 쓰기 위해 자꾸 생각에 생각을 더하게 되면 안 보이던 것도 보일 수 있다. 자기문제를 자기가 해결하겠다는 끈질긴 근성으로 생각과 글쓰기를 완성해가보자.

### 5) 사람 생각

옷, 밥, 책, 어려움 등 그 모든 것에는 사람이 함께 있다. 옷 입은 사람, 밥 먹는 사람, 책 읽는 사람, 어려움을 만난 사람 등 그 모든 삶 안엔 사람이 필연적으로 있다. 모든 스토리는 사람에게서 나온다. 그래서 어떤 글감이든, 어떤 주제든 글의 처음을 사람에서 풀어가는 것은 수월한 방법이다. "나는" "우리 교수님은" "과 사무실 조교님은" "후배 J는" "학교 앞 분식집 사장님은" "우리 동네 편의점 주인은" "지난해 돌아가신 우리 아버지는" "교양학부 교수님은" "오늘 아침 TV에서 본 배우 송강호는" 이렇게 어떤 글을 쓰든 사람으로 글의 첫머리를 시작하고 그 사람에 대한 생각을 쓰기 시작하면 한결 쉽게 느껴진다. 내가 잘 알고 있는 사람이라면 더 좋고, 내가 잘 모르는 사람이라도 관찰을 통해 알게 된 면모로 시작해도 좋고, 책에서 만난 인물의 이야기라도 좋다. 현실에서든, 책 속에서든, TV에서든, 그날 만난 사람에 대해 생각해보고 글을 쓰자.

## 3. 독해력 높이기

'읽기는 입력, 쓰기는 출력'이라는 말이 있다. 많이 입력할수록 출력되어 나올 것도 많다는 이야기다. 얼마든지 많이 해도 부작용이 없는 선행 학습은 쓰기를 위한 읽기다. 많이 읽으면 생각하게 되고 쓸거리가 생긴다. 그 과정을 습관 들이면 거꾸로 좋은 글을 쓰기 위해 다시 생각하고, 또 좋은 글을 찾아 읽는 역순환이 일어난다. 어느 방향으로 가든 문제는 없다. 글쓰기 실력만 늘어날 뿐이다.

작가 스티븐 킹은 이렇게 말한다. "책을 안 읽는 사람들이 글을 쓰겠다면서 남들이 자기 글을 좋아할 거라고 생각하는 것은 터무니없는 일이다. 그러나 나는 그런 사람을 많이 보았다. 어떤 사람이 나에게 작가가 되고 싶지만 '독서할 시간이 없다'고 말할 때마다 꼬박꼬박 5센트씩 모았다면 지금쯤 맛있는 스테이크를 즐길 수 있었을 것이다. 이 문제를 좀 더 솔직히 말해도 될까? 책을 읽을 시간이 없는 사람은 글을 쓸 시간도 없는 사람이다."

### 1) 효과적인 책읽기

책은 공짜로 얻을 수 있을지 모르지만 읽지 않고는 책 내용을 공짜로 얻을 수 있는 경우는 없다. 시간을 내야 하고 정신을 집중해야 하는 수고가 따른다. 피상적이고 수동적인 책읽기는 글쓰기에 긍정적인 영향을 끼치지 않는다. 읽기가 쓰기에 효과적으로 도움이 되려면 능동적이며 적극적인 독서를 해야 한다.

능동적인 독서 방법 첫째는 마음속으로 질문을 하면서 읽는 것이다. 왜 여기서 새로운 시작을 하는 것일까? 왜 작가는 이런 문체를 사용했을까? 어떤 경우는 간결하고 명료한 문장인데 또 어떤 경우는 긴 문장에 모호하게 표현하는 것일까? 이 글에서 말하려는 주제가 무엇일까? 등등의 질문을 하며 읽을 수 있다.

둘째는 뚜렷한 목적을 가지고 읽는다. 어떤 책을 어떻게 활용하려는 것인지 계획이 세운다. 책은 첫 장부터 마지막 장까지 모두 읽어야 진짜 읽은 거라는 고정관념을 버린다. 필요한 부분이나 관심 있는 부분만 골라 읽는다고 뭐라 할 사람 없다. 그것만 잘 읽어도 책값은 충분히 한 것이다.

셋째, 일러두기나 목차부터 훑어본다. 이 책을 읽을 것인지 말 것인지, 살 것인지 빌려볼 것인지를 결정하는데 좋은 기준이나 자료가 될 것이다.

넷째, 적극적으로 밑줄 긋기를 하면서 읽는다. 중요한 부분이나 표현력이 뛰어난 부분 등에 밑줄을 그어 중요한 내용을 강조하거나 기억해둔다. 내 글에서 인용할 곳, 중요하다고 생각되는 곳, 개인적으로 흥미로운 곳 등을 나눠 다른 색의 밑줄 긋기를 해도 나중에 찾아보기 쉽다.

다섯째, 나만의 독서 노트를 만든다. 무엇을 쓰든, 설령 밑줄 긋기한 문장을 그대로 한번 옮겨쓰는 용도로만 쓴다고 해도 글쓰기 훈련으로 손색이 없다.

### 2) 분석하는 기사 읽기

사건사고를 알려주는 속보성 위주의 기사나 연예인의 잡다한 신변잡기와 가십을 다룬 우리 삶에 별 도움이 되지 않는 기사를 읽는 데 시간을 많이 쓰지 않는다. 신문에 담긴 정보는 그 자체로는 의미가 없다. 정보를 수집하고 정리하며 필요할 때 활용할 수 있어야 한다. 정보를 재조직할 때 신문 읽기의 효과가 살아난다.

자신이 관심 있는 어떤 분야를 지속적이거나 심층적으로 다룬 기획기사나 탐사보도 같은 정보성 기사를 꾸준히 읽고 스크랩한다. 스크랩한 기사는 그 기사 자체가 글쓰기의 좋은 자료가 될 수도 있지만, 그런 작업을 꾸준히 하는 것 자체가 좋은 글에 대한 안목을 꾸준히 길러주는 좋은 습관이다.

신문은 사실이나 시간을 객관적인 것처럼 보도하지만, 사실은 기자나 편집자의 주관적 견해일 때도 많다. 그렇기 때문에 읽고 난 후 자기만의 견해로 다시 정리가 필요하다. 신문은 신뢰하며 읽기보다 비판하며 읽어야 생각하는 힘이 좋아진다. 적은 양이라도 글을 꼼꼼히 분석하고 비판하면서 읽는 게 중요하다. 정확하게 이해할 수 없는 개념이 있으면 사전이나 다른 자료들을 참고하거나 답을 줄 수 있는 사람들에게 묻는 습관을 갖는다.

# 글쓰기 연습장

**1. 어제와 오늘 사이 있었던 일을 돌아보고, 그 가운데 아래 글감 예시에 해당하는 내용을 골라 자세히 써보자.** (최소 3가지 이상, 한 항목 당 5줄 이상)

주제 예시)

의미 있는 일, 잊고 싶은 일, 생각지도 못했던 의외의 일, 기쁜 일, 즐거운 일, 속상한 일, 부끄러운 일, 고민되는 일, 잘 안 풀리는 일, 사진처럼 머릿속에 남은 한 장면, 아직도 기억나는 어떤 사람의 말과 표정, 수업 중에 기억나는 교수님의 말, 새롭게 알게 된 어떤 사실, 식사시간 먹었던 음식, 등하교 때 본 어떤 사람이나 사건

2. 읽고 싶은 책을 골라 목차를 적고, 가장 먼저 읽고 싶은 부분이 어디인지 고르고 그 이유를 쓰시오.

| |
|---|
| |

3. '내가 관심 있는 분야'를 다룬 신문기사를 찾아보자. (인터넷 검색하여 3개) 먼저 잘 읽어보고 각각 제목을 적은 후 기사의 주제가 무엇인지 써본다.

예) 관심 분야 : 책, 출판

기사 제목 : "국내 전자출판 기술, 베이징 도서전서 통했다"
(아시아경제 2018.08.25일자)

기사 주제 : 판매실적으로 중화권 시장에서 기술력을 인정받은
국내 전자 출판사들의 활약

관심 분야 :

기사 1) 제목 :

주제 :

기사 2) 제목 :

주제 :

기사 3) 제목 :

주제 :

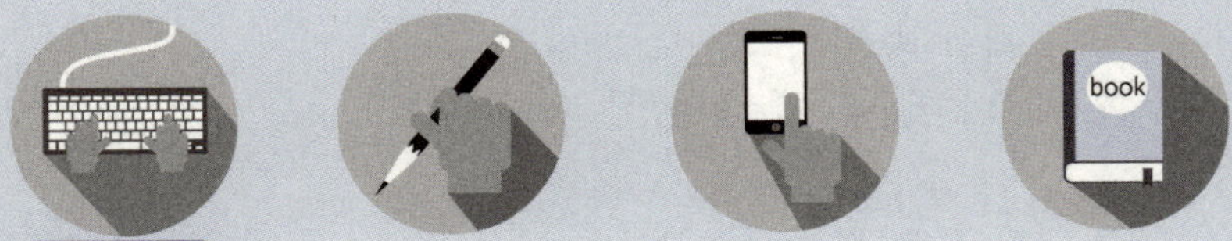

# 참고문헌


## 1장 대학생 글쓰기 훈련의 필요성

김세영, '글쓰기 배우는 대학생들 갈수록 늘고 있다는데…', 조선일보 2017.2.16.

황순민, '빨간펜식 글쓰기 지도 받는 서울대생들', 매일경제 2017.5.22.

이정명, '미국도 고액 연봉은 글쓰기에 달렸다', 뉴스위크 한국판 2006.5.

## 2장 요리하는 글쓰기

칙센트 미하이, 『몰입 flow : 미치도록 행복한 나를 만난다』, 한울림, 2004.

로버트 루트번스타인 미셸 루트번스타인, 『생각의 탄생: 다빈치에서 파인먼까지 창조성을 빛낸 사람들의 13가지 생각도구』, 에코의 서재, 2007.

김성재, 영화 '광해' 황조윤 작가 인터뷰, 노무현재단 2012.11.22.

니콜라스 카, 『생각하지 않는 사람들: 인터넷이 우리의 뇌구조를 바꾸고 있다』, 청림출판, 2011.

베르나르 베르베르, 『베르나르 베르베르의 상상력 사전』, 열린 책들, 2011.

## 3장 기초적인 글쓰기

공지영, 『네가 어떤 삶을 살든 나는 너를 응원할 것이다』, 해냄, 2016.

김어준, 『건투를 빈다』, 푸른숲, 2008.

이오덕, 『바른 말 바른 글』, 고인돌, 2015.

유시민, 『유시민의 글쓰기 특강』, 생각의 길, 2015.

김 훈, 『화장: 2004년 제28회 이상문학상 수상 작품집』, 문학사상, 2004.
최은영, 『쇼코의 미소』, 문학동네, 2016.
한 강, 『흰』, 난다, 2016.
조셉 윌리엄스, 『스타일 레슨』, 크레센도, 2018.
장 지글러, 『왜 세계의 절반은 굶주리는가』, 갈라파고스, 2016.

4장 매력적인 나를 드러내는 글쓰기
1분 스피치 예시 맑은소리스피치학원 2017.09.07.

5장 스피디한 글쓰기
유진형, '호랑이보다…' 이광국 감독 "제목 먼저 짓고 시나리오 집필", 마이데일리 2018.4.2.
박완서, '참을 수 없는 종이와 활자의 가벼움' 〈이 작가의 문학앨범〉, 국민일보 1996.4.27.

6장 전략적 글쓰기
이두걸, '국방의 의무'를 재구성하자, 서울신문 2018.6.30.
김홍기, '낙태처벌논란', 서울신문 2016.10.19.

7장 구체적인 글쓰기
김원일, 『마당 깊은 집』, 문학과지성사, 1991.
오정희, 『불의 강』, 문학과지성사, 2001.
김국자, 〈귀여운 이웃들〉 『하늘에는 새의 발자국이 없고』, 한국문원, 1997.
하퍼 리, 『앵무새 죽이기』, 문예출판사, 1996.

8장 핵심 메시지 담기
한정환, '삼계탕보다 간단하고 시원한 보양식, 이겁니다', 오마이뉴스 2018.7.24.
정호승, '연꽃구경' 『이 짧은 시간 동안』, 창비, 2004.
박제천, '연꽃 – 심우도' 『박제천 시선집3』, 문학아카데미, 2005.
'군밤장수' 예문 http://poemhope.tistory.com/54.
조앤 롤링, 하버드대 졸업식 연설, 2008.

9장 풍성한 글쓰기
강원국, 『강원국의 글쓰기』, 메디치, 2018.

전미옥, '속도를 줄이고 마음으로 걷는 길', 한국경제 2012.7.30.
전미옥, '좋은 영향력을 가진 사람', 한국경제 2012.4.30.
전미옥, 『스토리라이팅』, 나무발전소, 2014.
전수영, '태백산맥문학관', 연합뉴스 2017.10.07.
김민희, '독자를 꽁꽁 가두는 소설을 쓰고 싶어요', 〈Topclass〉 2011.8.

## 10장 세련된 글쓰기

남영신, 『글쓰기는 주제다: 남영신의 주제 중심 글쓰기 수업』, 아카넷, 2014.
박종인, 『기자의 글쓰기』, 북라이프, 2016.
고가 후미타케, 『작가의 문장수업』, 경향비피, 2015.
전미옥, 『대한민국 20대 말이 통하는 사람이 되자』, 명진출판, 2009.
전미옥, '스토리가 글의 가치를 높인다', 경기일보 2018.4.24.
전미옥, '성장 스토리가 있는 '나' 소개서', 경기일보 2018.5.28.
하마리아, '훈데르트바서하우스와 쿤스트하우스빈' 『전 세계 체험여행 160』, 예담, 2011.

## 11장 결정적 글쓰기

『학습그림백과』, 천재교육
한국정보통신기술협회(TTA), 홈페이지 내 '정보통신 용어사전'
시사상식연구소, 『똑소리 나는 일반상식』, 시대고시기획 시대교육, 2018.
박지원, '도강록' 『열하일기』, 북드라망, 2013.
박지원, '일신수필' 『열하일기』, 북드라망, 2013.
공지영, 『수도원 기행 2』, 분도출판사, 2014.
모니카 드레이크, 『작가님 어디 살아요? : 뉴욕타임즈가 기록한 문학순례』, 마음산책, 2018.
탁석산, 『보고서는 권력관계다: 탁석산의 글쓰기 4』, 김영사, 2006.

## 12장 완성으로 가는 글쓰기

전미옥, '스토리 발전소 월드컵을 잡아라', 경기일보 2018.7.3.
2016년 여성가족부 여성청년 멘토링 사업 지원자의 글
맑은소리스피치학원 2017.09.07.

## 13장 바로잡는 글쓰기

이오덕, 『우리 글 바로쓰기 1』, 한길사, 2009.

홍성호, '짧고 쉬운 문장이 최고?', 「생글생글 20호」 2005.11.21.
안정효, 『글쓰기 만보』, 모멘토, 2006.
한국 위키 백과
'아하! 한겨레' 누리집 (ahahan.co.kr)
서울시 국어바르게쓰기위원회, '국어순화용어집'

## 14장 끈기 있는 글쓰기

오한숙희, '수다체의 매력: 입말로 쓰는 글쓰는 즐거운 작업', 『글쓰기의 힘: 디지털 시대의 생존전략』, 한국출판마케팅연구소, 2005.
강원국, 『강원국의 글쓰기』, 메디치, 2018.

## 15장 글쓰기 일상의 즐거움

루시 모드 몽고메리, 『빨간머리 앤 이야기』, 시공사, 2011.
스티븐 킹, 『유혹하는 글쓰기: 스티븐 킹의 창작론』, 김영사, 2017.
이종길, '국내 전자출판 기술, 베이징 도서전서 통했다', 아시아경제 2018.08.25.

글과 사고

# 부록

## ■ 어려운 시사 경제 용어 풀이

- 무기명 투표

  투표용지에 투표하는 사람의 성명을 기재하지 않는 비밀투표제도.

- 민주주의

  민중에 의한 지배, 즉 국민이 국가의 주인으로서 국가 권력을 가지고 그 권력을 스스로 행사하는 정치

- 미국 독립 선언

  "모든 사람은 태어날 때부터 생명, 자유, 평등, 행복을 누릴 수 있는 권리가 있으며, 정부란 이 권리를 지켜주기 위해 구성된 것"임을 천명하여 민주 정치의 원리를 밝혔다.

- 빈부격차

  貧(가난할 빈)富(부자 부)隔(막히다 격)差(차이나다 차)는 말뜻 그대로 "가난한 사람과 부자인 사람의 차이가 매우 크다"라는 의미를 지니고 있다.

- 님비(NIMBY)현상

  "내 집 뒷마당에는 안 된다(Not in My Backyard)."라는 뜻으로 혐오 시설을 자기 집 주변에 두지 않으려고 지역 주민들이 정부의 정책에 반대하는 형상을 말한다.

- 다수결 원칙

  집단의 의사를 다수의견에 의하여 결정하는 원칙.

- 소수 의견의 존중

  민주 사회에서는 소수의 의견도 존중되어, 소수자가 다수의 의견을 자유롭게 비판할 수 있는 권리가 인정되어야 한다.

- 의회제

  모든 국민들이 정치에 직접 참여하기가 힘들기 때문에 각 지방의 대표들이 모여 의견을 나누는 회의.

- 간접 민주 정치 제도

  국민이 직접 뽑은 대표에 의하여 국민의 의사가 정치에 반영된다.

- 지역구 의원

  지역구에서 직접 선출된 의원

- 비례 대표 의원

  당의 총득표 수의 비례에 따라서 정해지는 의원

- 법률

  국회에서 법률이라는 형식으로 제정한 규범.

- 선거구 법정주의

  선거구는 반드시 국민의 대표 기관인 국회에서 제정하는 법률로 정한다.

- 선거 공영제

  선거에 필요한 비용의 일부나 전부를 국가에서 부담하면서 선거를 관리하여, 모든 입후보자에게 공정한 선거 운동과 기회 균등을 보장하는 데 그 목적이 있다.

- 복수 정당제

  정당이 여러 개 있는 정당 제도로서 모든 민주 국가에서 채택하고 있다. 이는 국민들의 복잡하고 다양한 이익과 정치적인 의사를 집약하고 조직화하여 국정에 반영하기 위해서이다.

- 정당

  정치권력의 획득을 목표로 정견을 같이하는 사람들이 공통된 정책에 입각하여 일반적 이익을 증진시키고자 결합한 정치결사.

- 헌법 재판소

  한 국가 내에서 최고의 실정법규범인 헌법에 관한 분쟁이나 의의(疑義)를 사법적 절차에 따라 해결하는 특별재판소.

- 지방 자치제(풀뿌리 민주주의)

  일정한 지역을 기초로 하는 지방자치단체가 중앙정부로부터 상대적인 자율성을 가지고 그 지방의 행정사무를 자치기관을 통하여 자율적으로 처리하는 활동과정.

- 광역 자치 단체

  지방자치법 제2조 1항 1이 규정하는 서울특별시 · 각 광역시 및 각 도의 행정기구와 의회.

- 기초 자치 단체

  지방자치제도에서 핵심적인 기능을 하는 각 시 · 군 · 구의 행정기관과 의회.

- 정책

  정부 · 단체 · 개인의 앞으로 나아갈 노선이나 취해야 할 방침.

- 법률안 거부권

  정부에 이송된 법률안에 대하여 이의가 있을 때에 대통령이 그 법률안을 국회로 환부하여 그 재의를 요구할 수 있는 권리.

- 탄핵 소추권

  고위직 공직자에 의한 헌법침해로부터 헌법을 보호하기 위한 헌법재판제도.

- 국정 감사권

  국회가 국정의 공정집행 여부를 감사하는 권한.

- 여론

  사회성원 전원에 관계되는 일에 대해서 사회적으로 제시되는 각종 의견 중에서 대다수의 지지를 받고 있다고 인정되는 의견.

- 정치과정

  국민의 뜻이 국가의 정책이나 입법에 반영되고, 그것에 대해 국민이 새로운 요구를 하거나 지지를 보내 다시 정책이나 입법에 반영되는 계속적인 과정을 말한다.

- 언론

  말이나 글로 자기의 사상을 발표하는 일, 또는 그 말이나 글.

- 이익집단

  정치권력의 획득이 아니라 정책 결정에의 영향력 행사를 목표로 한다.

- NGO(비정부 기구)

  국제연합(UN)에 여론을 반영하기 위해 설립된 각국의 민간단체.

- 주민 청원

  주민 청원은 시청이나 군청 또는 지방 의회의 대하여 의견이나 희망을 진술하는 것이다. 지방 자치 단체는 이것을 접수하고 심사할 의무를 지닌다.

- 정치 발전

  사회의 공공 문제를 해결할 수 있는 정치 체제의 능력이 신장되는 것을 말한다.

- 민주적 정치문화

  사회의 대다수 구성원이 공동체의 일원임을 인식하여 사회 문제 전반에 대하여 명확히 알고, 적극적이며 합법적으로 정치 과정에 참여하는 태도 및 가치관을 말한다.

- 자원의 희소성

인간의 욕구는 무한한 데 비하여 이를 충족시킬 수 있는 자원은 상대적으로 한정되어 있다.

- 기회비용

많은 것들 중에서 어떤 것을 선택함으로써 포기하는 것들의 가치들 중 가장 큰 것.

- 분업

분업은 각자 남보다 잘 할 수 있는 것의 생산에 전념하게 함으로써 보다 많은 생산물을 얻게 한다. 이러한 분업은 교환을 전제로 한다. 내가 만든 물건만으로는 자신의 욕구를 모두 충족시킬 수 없기 때문이다.

- 산업 혁명

방적 및 방직기의 발명, 제철을 위한 석탄 연료의 이용 및 증기기관의 도입 등 기술 혁신과 이에 따라 일어난 사회 · 경제 구조상의 일대 변혁을 말한다.

- 뉴딜 정책

미국 제32대 대통령 F. D.루스벨트의 지도 아래 미국 대공황 극복을 위하여 추진하였던 제반 정책.

- 국제화

한 나라가 정치, 경제, 사회, 문화적으로 다른 여러 나라와 교류하는 것을 말한다.

- 소비자 주권

생산자 주권에 대항해서 자원 분배의 주도적 선택권이 소비자에게 있다는 경제학적 관점을 나타낸 것이다.

- 소비자 권리

소비자 주권을 보장하기 위한 소비자 보호를 뜻한다.

- 기업가 정신

품질 개선 및 기술 혁신, 신상품 개발, 신 시장 개척 등을 위해 노력하는 기업가의 창의적인 정신을 말한다.

- 경제주체

경제 행위의 주된 역할을 담당하는 개인 또는 집단.

- 경제원칙

같은 비용이라면 효과를 최대화 할 수 있는 선택이 합리적인 경제 행위이고, 같은 효과라면 비용을 최소화할 수 있는 선택이 합리적인 경제 행위라는 것을 의미한다.

- 수요 법칙

사람들은 어떤 상품의 가격이 오르면 오를수록 그 상품을 적게 구입하려고 한다.

반대로 상품의 가격이 내리면 더 많은 양을 구입하려 한다.

- 공급 법칙

  생산자는 가격이 오르면 공급량을 늘리려 하고, 가격이 내리면 공급량을 줄이려 한다.

- 매점매석

  매점이란 물건을 사 모아 차지하고 있는 것을 말하고, 매석이란 더 높은 가격을 받기 위해 물건을 팔지 않는 것을 말한다. 즉, 상품의 유통 과정에서 물건을 사 모아 팔지 않고, 가격이 오른 때까지 기다려 파는 행위를 말한다.

- 사회 변동

  하나의 사화 질서가 다른 질서로 바뀌어 가는 과정을 의미한다.

- 남녀 고용 평등법

  남녀의 평등한 고용 기회와 대우를 보장하고, 근로 여성의 사회적 지위 향상과 복지 증진을 위해 1987년 만들어진 법이다.

- 지구촌

  1964년에 캐나다의 마셜 맥루한 교수가 처음 사용한 말로, 통신 기술과 전자 매체의 발달로 인해 세계가 하나의 거대한 공동체로 만들어지는 모습을 비유한 말이다.

- 산업화

  생산 활동의 분업화와 기계화로 2차 · 3차 산업의 비율이 높아지는 현상과 그에 따른 사회, 문화구조의 변화.

## ■ 쉽게 고쳐 쓴 전문 금융용어

- 개비(開扉) ⇨ 열다
- 개서(改書) ⇨ 새로 쓰다
- 경과(經過)하다 ⇨ (해당 시간을) 완전히 지나다
- 굴신(屈伸) ⇨ 괄호 안에 설명 기재(굽히고 펴기)
- 기(旣) 거래 ⇨ 이미 거래
- 기(旣) 납입 ⇨ 이미 납입(한)
- 기(旣) 설정 ⇨ 이미 설정
- 기(旣) 지급 ⇨ 이미 지급(한)
- 기(旣) 취급 ⇨ 이미 취급
- 날인(捺印)하다 ⇨ 도장을 찍다
- 도달일(到達日) ⇨ 도달한 날짜

- 만료(滿了) ⇨ 끝남, 마침
- 명도(明渡)하다 ⇨ (점유권을) 넘겨주다, 내어주다, 내주다
- 미(未)경과 ⇨ 지나지 않은
- 미(未)도래 ⇨ 도래하지 않은
- 미(未)지급 ⇨ 지급하지 않은
- 부기(附記) ⇨ 덧붙여 적음(덧붙여 적힌)
- 상위(相違)하다 ⇨ 서로 다르다, 서로 어긋나다
- 상환(相換)하다 ⇨ 맞바꾸다
- 익(翌)영업일 ⇨ 다음 영업일
- 절사(切捨) ⇨ 버림, 끊어 버림
- 제(諸) ⇨ 여러, 모든
- 제반(諸般) ⇨ 모든
- 지득(知得)하다 ⇨ 알게되다
- 타(他)(예: 타행) ⇨ 다른(예: 다른 은행)
- 통고(通告)하다 ⇨ 알리다
- 판명(判明)되다 ⇨ 밝혀지다
- 해소(解消) ⇨ (사유가) 해결되어 없어짐
- 해태(懈怠)하다 ⇨ 게을리 하다, 제때 하지 않다
- 개설(開設) ⇨ (계좌 등을) 새로 만듦
- 계좌원장(計座元帳) ⇨ 계좌거래에 필요한 중요장부
- 공부(公簿) ⇨ 공적 장부, 공문서 묶음
- 공탁(供託) ⇨ 유가증권 및 기타 물건의 보관을 위탁하는 것
- 금원(金員) ⇨ 금전
- 기장(記帳) ⇨ 장부 기록, 장부 기재
- 당발송금 ⇨ 해외로 보내는 외화송금
- 당해(當該) ⇨ 해당
- 대전(代錢)(처분대전) ⇨ 대금, 돈, 값, 가격 (처분금)
- 등사(謄寫) ⇨ 복사
- 본소(本所) ⇨ 주 사무소
- 부본(副本) ⇨ 원본의 내용이 그대로 기재되어 있는 문서)
- 불입(拂入) ⇨ 납입, 냄
- 산입(算入)하다 ⇨ 계산하여 넣다, 포함시키다
- 상당(相當)하다 ⇨ (어떤 기준 내지 규격에) 알맞다

- 소수거래원 ⇨ 소수거래자
- 소요액(所要額) ⇨ 필요한 금액, 드는 금액, 요구되는 금액
- 시(時) ⇨ (~을) 할 때, (~을) 할 경우
- 연착(延着) ⇨ 늦게 도착
- 예입(預入)대 ⇨ 예금 가방, 저금 가방, 입금 가방
- 위판(委販) ⇨ 위탁판매

## ■ 쉽게 고쳐 쓰는 행정용어

- 가매장 ⇨ 임시 매장
- 간수 ⇨ 교도관
- 간척지 ⇨ 개펄
- 감옥 ⇨ 교도소
- 거마비 ⇨ 교통비
- 견출지 ⇨ 찾음표
- 고박 ⇨ 묶기, 고정
- 고참 ⇨ 선임자
- 공란 ⇨ 빈칸
- 공병 ⇨ 빈병
- 공상 ⇨ 공무 중 부상
- 공지 ⇨ 빈터, 공터
- 교량 ⇨ 다리
- 교반 ⇨ (휘)저어 섞음
- 구릉 ⇨ 언덕
- 구배 ⇨ 기울기
- 글로벌 ⇨ 국제
- 금번 ⇨ 이번
- 낙뢰 ⇨ 벼락
- 내구연한 ⇨ 사용 가능 연한
- 내측 ⇨ 안쪽
- 냉암소 ⇨ 차고 어두운 곳
- 노이로제 ⇨ 신경쇠약
- 노후한 ⇨ 낡은
- 다년생 ⇨ 여러해살이
- 다운로드 ⇨ 내려받기
- 담수어 ⇨ 민물고기
- 도괴 ⇨ 무너짐
- 독거실 ⇨ 독방
- 독립가옥 ⇨ 외딴집
- 돈육 ⇨ 돼지고기
- 동등 ⇨ 같은 수준
- 등화 ⇨ 불빛, 등불
- 디렉터 ⇨ 탐지기
- 라이벌 ⇨ 맞수
- 레시피 ⇨ 조리법
- 로열티 ⇨ 사용료
- 로터리식 ⇨ 회전형
- 룰 ⇨ 규칙
- 리모델링 ⇨ 새단장
- 리스크 ⇨ 위험
- 매몰 ⇨ (파)묻음
- 매수인 ⇨ 산 사람
- 멀티탭 ⇨ 모둠꽂이
- 메세나 ⇨ 문예후원, 예술후원
- 메커니즘 ⇨ 구조
- 소분 ⇨ 작게 나눔
- 소손 ⇨ (타서) 손상됨
- 수검 ⇨ 검사받음
- 수의 시담 ⇨ 가격 협의

- 시건 ⇨ (자물쇠로) 채움, 잠금
- 시방서 ⇨ 설명서
- 여입 결의 ⇨ 회수 결정
- 예하기관 ⇨ 소속기관
- 오수 ⇨ 더러운 물
- 외기 ⇨ 외부공기
- 외측 ⇨ 바깥쪽
- 외함 ⇨ 바깥상자, 겉상자
- 원스톱(one-stop) ⇨ 바로, 한번에
- 의료 수가 ⇨ 진료
- 저류조 ⇨ (물) 저장시설
- 적치 ⇨ 쌓아놈(둠), 보관
- 적치하다 ⇨ 쌓아놓다
- 전면 ⇨ 앞면, 앞쪽
- 절취선 ⇨ 자르는 선
- 정온 ⇨ 평온함
- 제세동기 ⇨ 심장충격기
- 직하 ⇨ 바로 아래
- 차음 ⇨ 소리차단
- 차트 ⇨ 도표
- 첨부 ⇨ 붙임
- 체류지 ⇨ 머무는 곳
- 카운터 ⇨ 계산대
- 커리어우먼 ⇨ 전문직여성
- 컨펌 ⇨ 확인
- 쿼터제 ⇨ 할당제
- 타이틀 ⇨ 제목, 표제
- 타입 ⇨ 유형
- 탁도 ⇨ 혼탁도
- 탑클래스 ⇨ 정상급
- 텔레마케팅 ⇨ 전화판매, 통신판매
- 톨게이트 ⇨ 요금소
- 투잡 ⇨ 겹벌이
- 파랑 ⇨ 파도
- 파트너십 ⇨ 동반관계
- 파트타임 ⇨ 시간제근무
- 포커스 ⇨ 초점
- 하이테크 ⇨ 첨단기술
- 핫이슈 ⇨ 주요쟁점
- 행락철 ⇨ 나들이철
- 헤게모니 ⇨ 주도권
- 헬멧 ⇨ 안전모
- 후면 ⇨ 뒷면, 뒤쪽

## ■ 사자성어

- 개권유익(開卷有益) 책을 펴면 유익함이 있음
- 거두절미(去頭截尾) 머리와 꼬리를 잘라버림. 앞뒤의 잔사설은 빼놓고 요점만 말함.
- 건곤일척(乾坤一擲) 운명을 걸고 성패나 승부에 결정적인 영향을 주는 단판걸이의 행동
- 격세지감(隔世之感) 딴 세상의 느낌. 전보다 변화가 심하여 딴 세상처럼 달라진 느낌.
- 견물생심(見物生心) 실물을 보면 욕심이 생김
- 결자해지(結者解之) 매듭을 묶은 자가 풀어야 한다는 말로, 일을 저지른 사람이 그 일을 해결해야 한다는 뜻

- 경거망동(輕擧妄動) 경솔하고 분수없이 행동함
- 경전하사(鯨戰蝦死) 고래 싸움에 새우등 터진다는 말
- 경천동지(驚天動地) 하늘이 놀라고 땅이 흔들릴 정도로 세상을 놀라게 함
- 고진감래(苦盡甘來) 쓴 것이 다하면 단 것이 옴. 고생 끝에 즐거움이 옴
- 곡학아세(曲學阿世) 진리에 어긋난 학문으로 세상 사람에게 아첨함
- 관포지교(管鮑之交) 매우 다정하고 허물 없는 친구 사이
- 교언영색(巧言令色) 남에게 아첨하는 말과 알랑거리는 태도
- 군계일학(群鷄一鶴) 많은 닭 가운데 한 마리 학. 평범한 여러 사람 가운데 뛰어난 한 사람.
- 궁여지책(窮餘之策) 매우 궁박하여 어려운 끝에 짜낸 한 가지 꾀
- 권모술수(權謀術數) 목적을 위해 수단과 방법을 가리지 않고 교묘하게 남을 속이는 술책
- 근묵자흑(近墨者黑) 먹을 가까이 하면 검어진다는 말로, 나쁜 사람과 어울리면 그 버릇에 물들어 자신도 나빠진다는 뜻
- 금란지계(金蘭之契) 마음을 합하면 그 날카로움이 쇠와 같고 그 향긋함이 난초와 같다. 친구 사이의 두터운 정의를 말함
- 금상첨화(錦上添花) 좋은 것 위에 좋은 것을 더함
- 금시초문(今時初聞) 이제야 비로소 처음 들음
- 금지옥엽(金枝玉葉) 귀여운 자손을 가리키는 말
- 기사회생(起死回生) 다 죽게 되었다가 다시 살아남
- 난공불락(難攻不落) 공격하기 어려워 좀처럼 함락되지 않음
- 내우외환(內憂外患) 내부적인 근심과 외부적인 걱정
- 논공행상(論功行賞) 공을 논의하여 각각 알맞은 상을 줌
- 다다익선(多多益善) 많으면 많을수록 좋음
- 다사다난(多事多難) 일도 많고 어려움도 많음
- 대경실색(大驚失色) 너무나 놀래 얼굴빛이 질림
- 대기만성(大器晩成) 큰 그릇이 늦게 이루어진다
- 동고동락(同苦同樂) 같이 고생하고 같이 즐김
- 동병상련(同病相憐) 어려운 처지에 있는 사람끼리 서로 도움
- 두문불출(杜門不出) 집에만 있고 세상에 나가지 않음
- 만년지계(萬年之計) 아주 먼 훗날까지를 미리 내다본 계획
- 목불인견(目不忍見) 눈으로 차마 볼 수 없음
- 무위도식(無爲徒食) 아무 하는 일 없이 먹고 놀기만 함
- 박리다매(薄利多賣) 적은 이익으로 많이 판매하여 수익을 올림

- 박장대소(拍掌大笑) 손뼉을 치며 크게 웃음
- 백전노장(百戰老將) 온갖 세상 풍파를 다 겪은 사람
- 백절불요(百折不撓) 백 번 꺾여도 휘지 않음. 실패를 거듭해도 뜻을 굽히지 않음
- 백중지세(伯仲之勢) 서로 우열을 가리기 어려움
- 부화뇌동(附和雷同) 자기의 뚜렷한 소신 없이 남이 하는 대로 따라하는 것
- 분골쇄신(粉骨碎身) 뼈가 가루가 되고 몸이 부서진다는 뜻으로 최선의 노력을 다하여 힘쓰고 고생함
- 사고무친(四顧無親) 사방을 둘러보아도 의지할 만한 친척이 없음
- 사필귀정(事必歸正) 모든 일은 반드시 바른 이치대로 돌아간다
- 삼사일언(三思一言) 세 번 생각하고 한번 말하라
- 새옹지마(塞翁之馬) 인생은 변화가 많음
- 성실재근(成實在勤) 성공의 열매는 부지런함에 있다
- 순망치한(脣亡齒寒) 입술이 없으면 이가 시림(서로 떨어질 수 없는 밀접한 관계)
- 식자우환(識字憂患) 학식이 도리어 근심을 가져온다. 아는 것이 병
- 심기일전(心機一轉) 마음이 확 달라짐
- 유유상종(類類相從) 같은 무리끼리 서로 아가며 친하게 지냄
- 암중모색(暗中摸索) 어두운 가운데 길을 찾음
- 아전인수(我田引水) 내 논에 물을 끌어들인다는 뜻으로 자기에게만 이롭게 함
- 어불성설(語不成說) 말이 사리에 맞지 않음
- 역지사지(易地思之) 처지를 바꾸어 생각함
- 오리무중(五里霧中) 짙은 안개 속에서 길 찾기 어려움. 무슨 일에 대해 알 길이 없음
- 온고지신(溫故知新) 전에 배운 것을 연구하여 새로운 이치를 알아냄
- 요지부동(搖之不動) 흔들어도 꼼짝하지 않음
- 용두사미(龍頭蛇尾) 용의 머리에 뱀의 꼬리를 가리키는 말로, 시작은 좋았지만 끝이 흐지부지되는 것을 말함
- 용호상박(龍虎相搏) 용과 범이 싸움. 곧 강한두 사람이 싸운다는 뜻
- 우공이산(愚公移山) 남이 보기에 어리석은 일처럼 보여도 끝까지 밀고 나가서 언젠가 목적을 이룸
- 유구무언(有口無言) 변명할 말이 없음
- 육두문자(肉頭問字) 품격이 낮고 야비한 욕설. 상스러운 말
- 은인자중(隱忍自重) 밖으로 드러내지 않고, 참고 감추어 몸가짐을 신중히 함
- 음덕양보(陰德陽報) 보이지 않는 곳에서 덕을 베풀면 보답을 받는다
- 이심전심(以心傳心) 말을 하지 않아도 마음으로 뜻이 전달됨

- 이전투구(泥田鬪狗) 진흙 속에서 싸우는 개와 같이 엉망진창인 모습
- 일벌백계(一罰百戒) 한 사람을 벌주어 여러 사람의 경각심을 줌
- 입신양명(立身揚名) 출세하여 세상에 이름을 날림
- 자가당착(自家撞着) 자기가 한 말이나 글이 앞뒤가 서로 어긋나 모순됨
- 자승자강(自勝者强) 자신을 이기는 자가 가장 강함
- 자승자박(自繩自縛) 자기 줄로 자기를 묶다. 자기 스스로 망치게 하다.
- 적반하장(賊反荷杖) 도둑이 매를 든다는 뜻으로 잘못한 놈이 잘한 사람을 나무라지는 경우 쓰는 말
- 전광석화(電光石火) 번개나 부싯돌의 불이 번쩍이는 것처럼 극히 짧은 순간
- 전화위복(轉禍爲福) 화가 바뀌어 도리어 복이 됨
- 절차탁마(切磋琢磨) 옥이나 돌 따위를 갈아서 빛을 낸다는 뜻으로 기술을 노력하여 닦음
- 절치부심(切齒腐心) 몹시 분하여 이를 갈고 속을 썩음
- 점입가경(漸入佳境) 점점 재미있는 경지로 들어감
- 조족지혈(鳥足之血) '새 발의 피'라는 뜻으로 아주 적은 것을 가리키는 말
- 주도면밀(周到綿密) 아주 빈틈없이 두루 미침
- 주색잡기(酒色雜技) 술과 계집과 노름
- 중언부언(重言復言) 한 말을 자꾸 되풀이 함
- 지행일치(知行一致) 아는 것과 행동이 일치함
- 천신만고(千辛萬苦) 여러 가지로 애를 쓰는 무한한 고생
- 청출어람(青出於藍) 쪽에서 나온 물감이 쪽보다 더 푸르다는 뜻으로, 제자나 후배가 스승이나 선배보다 낫다는 것을 이르는 말
- 촌철살인(寸鐵殺人) 한치의 칼로서 능히 사람을 죽인다는 데서 온 말로, 간결한 말과 글로 핵심을 잡아 표현하는 말
- 침소봉대(針小棒大) 작은 일에 크게 허풍을 떨어 말함
- 타산지석(他山之石) 다른 사람의 하찮은 실수가 내게 큰 교훈이나 도움이 된다
- 탁상공론(卓上空論) 현실적이지 못하거나 실천할 수 없는 허황된 논의
- 표리부동(表裏不同) 겉과 속이 다름
- 함구무언(緘口無言) 입을 다물고 일체 말을 하지 않음
- 호구지책(糊口之策) 가난한 사림에서 그저 겨우 먹고 살아가는 방책
- 호연지기(浩然之氣) 도에 근거를 두어 굽히지 않고 흔들리지 않는 바르고 큰마음. 공명정대하여 부끄럼 없는 도덕적 용기를 말함
- 회자정리(會者定離) 만나면 반드시 헤어질 운명에 있다는 말

## ■ 많이 쓰이는 속담 100

- 가는 날이 장날.
  어떤 일을 하려고 하는데 뜻하지 않은 일을 공교롭게 당함을 비유적으로 이르는 말.
- 가는 말에 채찍질.
  부지런하고 성실한 사람에게 더 잘하라는 뜻.
- 가는 말이 고와야 오는 말이 곱다.
  자기가 먼저 남에게 잘 대해 주어야 남도 자기에게 잘 대해 준다는 뜻.
- 가물에 콩 나듯 한다.
  수가 너무 적다는 뜻.
- 간에 기별도 안 간다.
  먹은 것이 너무 적어 먹으나 마나 하다.
- 간에 붙었다 쓸개에 붙었다 한다.
  지조 없이 아무에게나 형편에 따라 아부한다는 뜻.
- 갓 쓰고 자전거 타는 격.
  상황에 전혀 어울리지 않거나 차림새가 다른 경우의 뜻.
- 강 건너 불구경하듯 한다.
  남의 일인 듯 무관심한 태도.
- 강물도 쓰면 준다.
  아무리 많아도 쓰면 곧 줄어드니까 아껴 사용하라는 뜻.
- 개도 닷새가 되면 주인을 안다.
  남의 은덕은 모르는 배은망덕한 사람을 꾸짖는 말.
- 거미도 줄을 쳐야 벌레를 잡는다.
  모든 일은 준비가 있어야 결실을 얻을 수 있다는 뜻.
- 걷기도 전에 뛰려고 한다.
  쉽고 작은 일도 못하면서 더 어렵고 큰일을 하려 한다는 뜻.
- 계란으로 바위치기.
  보잘 것 없는 힘으로 대들어 보아야 별수가 없음.
- 구슬이 서 말이라도 꿰어야 보배.
  아무리 좋은 솜씨와 훌륭한 일이라도 끝을 마쳐야 쓸모가 있다는 뜻.
- 굶어 보아야 세상을 안다.
  실제로 배고파 고생을 해 본 사람은 세상살이가 얼마나 어려운가를 안다는 말.

- 그물에 든 고기
  이미 잡혀 옴짝달싹 못하고 죽을 지경에 빠졌음을 비유적으로 이르는 말.
- 기르던 개에게 다리가 물렸다.
  도와주고 은혜를 베푼 사람에게 도리어 피해를 입었다는 말.
- 나무에 오르라 하고 흔드는 격.
  남을 위험하게 하고 궁지에 몰아 놓는다는 말.
- 날면 기는 것이 능하지 못하다.
  훌륭한 재주가 있는 사람이라도 모든 일을 다 잘할 수는 없음을 비유적으로 이르는 말.
- 남아 일언 중천금.
  사내의 말 한 마디는 천금같이 무겁다는 뜻이니, 말의 중요성을 강조한 말.
- 남의 말 하기는 식은 죽 먹기.
  남의 결점 드러내기는 자기의 허물을 말하기보다 쉽다는 말.
- 남의 밥에 든 콩이 굵어 보인다.
  '남의 떡이 커 보인다.'와 같은 뜻의 속담.
- 남의 잔치에 감 놔라 배 놔라 한다.
  쓸데없이 남의 일에 간섭한다는 뜻.
- 낮말은 새가 듣고 밤말은 쥐가 듣는다.
  아무도 안 듣는 데에서도 말은 조심하여야 한다는 뜻.
- 내 배가 부르니 종의 배고픔을 모른다.
  좋은 처지에 있는 사람은 남의 딱한 사정을 모른다. 자기 사정만 알고 남의 사정은 알지 못한다는 뜻.
- 내일은 해가 서쪽에서 뜨겠네.
  기대하지 않았던 일이 벌어지고 있다는 뜻.
- 누울 자리 봐 가며 발 뻗어라.
  다가올 결과를 생각해 가면서 모든 것을 미리 살피고 일을 처리하라는 뜻.
- 느린 소도 성낼 적이 있다.
  아무리 성미가 느리고 순한 사람도 화가 나면 상당히 무섭다는 뜻.
- 다 된 밥에 재 뿌리기.
  잘되어 가던 일을 갑자기 망쳐 실패가 되었을 때 쓰는 말.
- 닭에게는 보석이 보리알만 못하다.
  잘해줘도 욕 얻어먹으니 수준에 맞게 해주는 게 좋다는 뜻.

- 닭 쫓던 개 지붕 쳐다보듯 한다.

  하려고 애쓰던 일이 실패로 돌아가거나 같이 애를 쓰다가 남에게 뒤떨어져 어찌할 도리가 없이 민망할 때 이르는 말.
- 도둑놈 문 열어 준 셈.

  나쁜 사람에게 나쁜 일을 할 기회를 만들어 주고 자신이 도리어 손해를 입었다는 말.
- 도둑에게 열쇠 주는 격.

  믿을 수 없는 사람을 신용해야 한다는 뜻.
- 도둑을 맞으려면 개도 안 짖는다.

  재수가 없으려면 계속해서 일이 안 되게만 된다는 뜻.
- 도둑이 없으면 법도 쓸데없다.

  도둑질이 가장 나쁘다는 말. 즉, 법은 도둑 때문에 생겼다는 뜻.
- 도둑이 제 발 저리다.

  죄를 지은 자가 그것이 드러날까 걱정이 되어 너무 두려워 한 나머지 도리어 자기도 알지 못하는 사이에 그 사실을 나타내게 된다는 뜻.
- 돌다리도 두드려 보고 건너라.

  어떤 행동을 취하기 전에는 모든 전후 상황을 고려하라 하란 뜻.
- 등잔 밑이 어둡다.

  등잔 밑이 어두운 것처럼 오히려 너무 가까운 곳에서 생긴 일을 상당히 먼 곳에서 벌어진 일 보다 잘 모른다는 뜻.
- 떡 줄 사람은 생각도 않는데 김칫국부터 마신다.

  해줄 사람은 생각치도 않는 데 일이 다 된 것처럼 여기고 미리부터 기대한다는 뜻.
- 똥 묻은 개가 겨 묻은 개 나무란다.

  자신의 처지도 모르고 남을 핀잔줄 때를 두고 하는 말.
- 말로 온 동네를 다 겪는다.

  말로만 남을 대접하는 체한다는 말.
- 말 안하면 귀신도 모른다.

  누구나 마음속으로만 애태울 것이 아니라 말을 하여야 한다는 뜻으로 말을 함으로써 이로움 점이 있다는 뜻.
- 말이 고마우면 비지 사러 갔다 두부 사 온다.

  사소한 것 같은 말투 하나에도 정감이 있으면 이왕이면 좋은 쪽으로 상대방은 선택하게 되어 더 좋은 결과를 얻는다는 말.
- 망건 쓰다 장 파한다.

  장에 가려고 망건을 쓰고 나서니까 장이 끝났다는 말. 어떤 일을 하는데 준비가 너무 길어 그만 때를 놓쳤다는 뜻.

• 맞은 놈은 펴고 자고 때린 놈은 오그리고 잔다.

남을 괴롭힌 사람은 뒷일이 걱정되어 마음이 불안하나, 해를 입은 사람은 마음만은 편하다는 말.

• 모기 보고 칼 뺀다.

보잘것없는 작은 일에 지나치게 큰 대책을 세움. 또는 사소한 일에 화를 내는 소견이 좁은 사람에 빗대어 하는 말

• 모난 돌이 정 맞는다.

말과 행동에 모가 나면 미움을 받는다는 뜻.

• 모르면 약 아는 게 병.

차라리 아무것도 모르고 있으면 마음이 편하여 좋은데, 좀 알고 있으면 도리어 걱정거리가 생겨 편치 않다는 말.

• 목구멍이 포도청.

먹고살기 위하여, 해서는 안 될 짓까지 하지 않을 수 없음을 이르는 말.

• 물에 빠진 놈 건져 놓으니 보따리 내놓으라 한다.

남에게 은혜를 입고서도 그 고마움을 모르고 생트집을 잡음을 이르는 말.

• 믿는 도끼에 발등 찍힌다.

잘되리라고 믿고 있던 일이 어긋나거나 믿고 있던 사람이 배반하여 오히려 해를 입음.

• 바늘 도둑이 소 도둑 된다.

작은 도둑이라도 진작 그것을 고치지 않으면 장차 큰 도둑이 된다는 뜻.

• 바다는 메워도 사람의 욕심은 못 채운다.

사람의 욕심의 그지없음을 이르는 말.

• 발 없는 말이 천리 간다.

소문은 빨리 전달되므로 말조심 하라는 뜻.

• 배부른 흥정.

되면 좋고 안돼도 크게 아쉽다거나 안타까울 것이 없는 흥정

• 사공이 많으면 배가 산으로 간다.

주관하는 사람 없이 여러 사람이 자기주장만 내세우면 일이 제대로 되기 어려움을 비유적으로 이르는 말.

• 사람 나고 돈 났지 돈 나고 사람 났나.

아무리 돈이 귀중하다 하여도 사람보다 더 귀중할 수는 없다는 뜻으로, 돈밖에 모르는 사람을 비난하여 이르는 말.

- 새끼 많이 둔 소 길마 벗을 날 없다.
  자녀를 많이 둔 부모는 쉴 사이가 없다는 말.
- 새벽달 보자고 초저녁부터 기다린다.
  일을 너무 일찍 서두른다는 뜻.
- 서당 개 삼 년이면 풍월을 읊는다.
  무식한 사람이라도 유식한 사람과 오랫동안 같이 있으면 자연히 견문이 생긴다는 말.
- 설마가 사람 잡는다.
  '그럴 리야 없겠지'하고 속으로 믿고 있는 일에 큰 낭패를 보게 된다는 뜻.
- 소도 언덕이 있어야 비빈다.
  의지할 데가 있어야 무슨 일을 할 수 있다는 말.
- 소 잃고 외양간 고친다.
  준비를 소홀히 하다가 실패한 후에야 후회를 하고 뒤늦게 수습을 한다는 말.
- 손톱 밑에 가시 드는 줄은 알아도 염통 안이 곪는 것은 모른다.
  눈앞에 보이는 작은 일에는 영리한 듯 하나 당장 나타나지 않는 큰 손해는 깨닫지 못함을 이르는 말.
- 수염이 열 자라도 먹어야 양반.
  아무리 훌륭하고 점잖은 사람도 먹지 않고는 살 수 없다는 뜻.
- 숭어가 뛰니까 망둥이도 뛴다.
  자신의 처지는 생각하지 않고 저보다 나은 사람을 모방한다는 뜻.
- 숯이 검정 나무란다.
  자기 흠이 더 큰 사람이 도리어 흠이 적은 사람을 흉본다는 뜻.
- 신선놀음에 도끼 자루 썩는 줄 모른다.
  어떤 부질없는 일에 탐닉해서 해야 할 일을 하지 않는다는 뜻.
- 쏟아 놓은 쌀은 주워 담을 수 있어도 쏟아 놓은 말은 주워 담을 수 없다.
  사람이 한번 입으로 말한 것은 책임이 뒤따르므로 말함에 있어서 다른 사람에게 피해가 되지 않도록 신중하게 말하라는 뜻.
- 아는 길도 물어 가라.
  제아무리 잘 하는 일이라도 많이 생각하여 실패가 없도록 단단히 해야 한다는 뜻.
- 아흔아홉 가진 사람이 하나 가진 사람보고 백 개 채워 달라 한다.
  재산을 많이 가지면 가질수록 재산에 대한 욕심이 더욱더 크게 생김을 비유적으로 이르는 말.
- 앞에서 꼬리치는 개가 뒤에서 발꿈치 문다.
  앞에 와서 좋은 말만 하고 살살 비위를 맞추기에 급급한 사람일수록 보이지 않는

데서는 험담을 하고 모해함을 비유적으로 이르는 말.

- 얌전한 고양이가 부뚜막에 먼저 올라간다.
  겉보기에는 조신해 보여도 그 속은 오히려 엉큼한 경우를 일컫는 말.
- 양지가 음지 되고 음지가 양지 된다.
  운이 나쁜 사람도 좋은 수를 만날 수 있고 운이 좋은 사람도 늘 좋기만 하는 것이 아니라 어려운 시기가 있다는 말로, 세상사는 늘 돌고 돈다는 말.
- 열 번 찍어 안 넘어가는 나무 없다.
  꾸준히 지속적으로 노력하게 된다면 결국에는 얻을 수 있다는 말.
- 오르지 못할 나무는 쳐다보지도 말아라.
  자기의 능력 밖의 불가능한 일에 대해서는 처음부터 욕심를 내지 않는 것이 좋다는 말.
- 옷이 날개다.
  꾸미는 것에 따라서 사람이 달라 보일 수 있다는 뜻.
- 웃는 낯에 침 뱉으랴.
  웃는 낯으로 대하는 사람에게 침을 뱉을 수 없다는 뜻으로, 좋게 대하는 사람에게 나쁘게 대할 수 없다는 말.
- 원수는 외나무다리에서 만난다.
  남에게 악한 일을 하면 그 죄를 받을 때가 반드시 온다는 말.
- 자라 보고 놀란 가슴 솥뚜껑 보고 놀란다.
  어떤 사물에 몹시 놀란 사람은 비슷한 사물만 보아도 겁을 냄을 이르는 말.
- 저 먹자니 싫고 남 주자니 아깝다.
  몹시 인색하고 욕심이 많음을 이르는 말.
- 제 눈에 안경이다.
  보잘것없는 물건이라도 제 마음에 들면 좋게 보인다는 말.
- 종로에서 뺨 맞고 한강에 가서 눈 흘긴다.
  욕을 당한 그 자리에서는 아무 말도 못하고 화풀이를 딴 곳에 가서 함으로써 엉뚱한 데서 새삼스럽게 분풀이를 함을 비유적으로 이르는 말.
- 죄지은 놈 옆에 있다가 벼락 맞는다.
  나쁜 일을 한 사람과 함께 있다가 덤터기로 죄 없이 벌을 받거나 누명을 쓰게 된다는 뜻.
- 죽어 석 잔 술이 살아 한 잔 술만 못하다.
  죽은 뒤에 아무리 정성을 들여도 살아 있을 때 조금 생각한 것만 못한다.

- 쥐구멍에도 볕 들 날 있다.
몹시 고생을 하는 삶도 좋은 운수가 터질 날이 있다는 말.
- 지렁이도 밟으면 꿈틀한다.
미천하거나 약한 사람일지라도 지나치게 업신여기면 성을 낸다는 뜻.
- 집에서 새는 바가지 들에서도 샌다.
본래 제 천성이 좋은 않은 사람은 어디 가든지 똑같다는 말.
- 참새가 방앗간을 그냥 지나랴.
자기가 좋아하는 곳은 그대로 지나치지 못함을 비유적으로 이르는 말.
- 천 리 길도 첫 걸음으로 시작된다.
아무리 큰일이라도 처음에는 작은 일부터 시작된다는 뜻
- 칼로 물 베기
다투다가도 좀 시간이 흐르면 이내 풀려 두 사람 사이에 아무 틈이 생기지 않는다는 뜻.
- 콩 심은 데 콩 나고 팥 심은 데 팥 난다
모든 일은 원인에 따라 결과가 생긴다는 말.
- 티끌 모아 태산
작은 것이라도 모이면 큰 것이 된다는 뜻.
- 핑계 없는 무덤 없다
무엇을 잘못해 놓고도 여러 가지 이유로 책임을 회피하려는 사람을 두고 하는 말.
- 하늘의 별 따기
지극히 어려운 일을 두고 하는 말.
- 하늘이 무너져도 솟아날 구멍이 있다
아무리 큰 재난에 부딪히더라도 그것에서 벗어날 길은 있다는 뜻.
- 하룻강아지 범 무서운 줄 모른다
아직 철이 없어서 아무 것도 모르는 것을 두고 하는 말.
- 한 귀로 듣고 한 귀로 흘린다
남이 애써 일러 주는 말을 유념해서 듣지 않고 건성으로 듣는 것을 이름.
- 한 술 밥에 배 부르랴
무슨 일이고 처음에는 큰 성과를 기대할 수 없다는 말. 힘을 조금 들이고는 큰 효과를 바랄 수 없다는 이야기.
- 함흥차사라
어떤 일로 심부름 간 사람이 한 번 떠난 뒤로 돌아오지 않거나 아무 소식이 없다는 뜻.

## ■ 잘못 알고 쓰는 말

- 아들은 주구장창 게임만 하고 있다 (×)
  아들은 주야장천 게임만 하고 있다 (○)
- 백짓장도 맟들면 낫다 (×)
  백짓장도 맛들면 낫다 (×)
  백지장도 맞들면 낫다 (○)
- 문화계의 내노라하는 사람들이 모였다(×)
  문화계의 내로라하는 사람들이 모였다(○)
- 염치 불구하고 치킨 좀 먹겠습니다(×)
  염치 불고하고 치킨 좀 먹겠습니다(○)
- 여름 햇빛이 뜨겁다 (×)
  여름 햇볕이 뜨겁다 (○)
- 어리버리하던 애가 요즘 영악해졌어 (×)
  어리바리하던 애가 요즘 영악해졌어 (○)
- 그 아이하고 실갱이 하다가 늦었다(×)
  그 아이하고 실랑이 하다가 늦었다(○)
  그 아이하고 승강이 하다가 늦었다(○)
- 휴게소에 들리지 맙시다(×)
  휴게소에 들르지 맙시다(○)
- 두리뭉실하게 말하지 말고 자세히 좀 말해 봐(×)
  두루뭉술하게 말하지 말고 자세히 좀 말해 봐(○)
- 여러분들, 오시느라 고생하셨죠? (×)
  여러분, 오시느라 고생하셨죠? (○)
- 공부를 하던지 말던지 맘대로 해 (×)
  공부를 하든지 말든지 맘대로 해 (○)
  *~든지 : 아직 하지 않은 일이나 지금의 상태가 어떻더라도 상관없음을 말할 때 쓰는 어미
- 얼마나 밥을 허겁지겁 먹든지 체할까봐 걱정이 된다 (×)
  얼마나 밥을 허겁지겁 먹던지 체할까봐 걱정이 된다 (○)
  * ~던지 : 이미 한 일에 붙이는 어미
- 제대로 왔는지 갯수 좀 세어봐라 (×)
  제대로 왔는지 개수 좀 세어봐라 (○)

- 걘 우리랑 틀려(×)
  걘 우리랑 달라(○)
  *다르다: 차이 ⇨ 틀리다: 옳고 그름
- 부시시한 머리 때문에 나갈 수가 없다 (×)
  부스스한 머리 때문에 나갈 수가 없다 (○)
- 오늘은 웬지 입맛이 없다 (×)
  오늘은 왠지 입맛이 없다 (○)
- 그 소식을 듣자 웬지 불길한 생각이 들었다 (×)
  그 소식을 듣자 왠지 불길한 생각이 들었다 (○)
  *왠지: '왜인지 모르지만'이라는 말로 바꿔 쓸 수 있을 때, '왠지'라는 행태로만 쓸 수 있다.
- 왠 걱정이 그리 많아? (×)
  웬 걱정이 그리 많아? (○)
- 왠일로 니가 밥을 다 사냐? (×)
  웬일로 니가 밥을 다 사냐? (○)
  *웬: '어떠한' '어찌된'이라는 의미일 때. 단독으로 사용 가능하며 다른 단어를 꾸며주는 역할을 한다.
- 우뢰와 같은 박수소리가 들렸다 (×)
  우레와 같은 박수소리가 들렸다 (○)
- 저기 아지랭이 보이니? (×)
  저기 아지랑이 보이니? (○)
- 고모가 오랫만에 오셨다 (×)
  고모가 오랜만에 오셨다 (○)
- 오빠는 오랜동안 소식이 없었다 (×)
  오빠는 오랫동안 소식이 없었다 (○)
- 윗어른을 보면 인사드려라 (×)
  웃어른을 보면 인사드려라 (○)
  *웃돈, 웃옷(겉옷), 웃어른처럼 아래 위 맞섬(대칭)이 없는 말은 '웃-'으로 쓴다. '아래 어른'이라는 대칭 말은 없기 때문에 '웃어른'.
- 그는 오자마자 우리 가운데 가장 웃사람이 누구인지 물었다 (×)
  그는 오자마자 우리 가운데 가장 윗사람이 누구인지 물었다 (○)
  * '윗마을 · 아랫마을', '윗니 · 아랫니'처럼 아래 위 맞섬(대칭)이 있는 말은 '윗-'을 쓴다. '아랫사람'이라는 대칭 말이 있기 때문에 '윗사람'.

- 물이 넘치니 수도꼭지를 잠궈야 합니다 (×)
  **물이 넘치니 수도꼭지를 잠가야 합니다 (○)**
- 김치를 직접 담궈 드세요? (×)
  **김치는 직접 담가 드세요? (○)**
- 아버지는 옷을 마추어 입는 걸 좋아하세요 (×)
  **아버지는 옷을 맞추어 입는 걸 좋아하세요 (○)**
- 대장쟁이 집에 쓸 만한 칼이 없다 (×)
  **대장장이 집에 쓸 만한 칼이 없다 (○)**
  *'-장이'는 물건을 만들거나 수리하는 사람을 뜻할 때. (옹기장이, 땜장이, 미장이)
- 어린 동생은 고집장이였다 (×)
  **어린 동생은 고집쟁이였다 (○)**
  *'-쟁이'는 사람의 성질이나 습관 행동 등을 나타낼 때. (욕쟁이, 허풍쟁이, 개구쟁이, 욕심쟁이)
- 그 영광은 이미 빛바란 채로 다 지난 일이 되었다 (×)
  **그 영광은 이미 빛바랜 채로 다 지난 일이 되었다 (○)**
  *'바래다'는 빛이나 색이 옅어진다는 뜻
- 나의 바램은 올림픽에서 금메달을 따는 것이다 (×)
  **나의 바람은 올림픽에서 금메달을 따는 것이다 (○)**
  *소망이 이뤄지기를 꿈꿀 때는 '바라다'

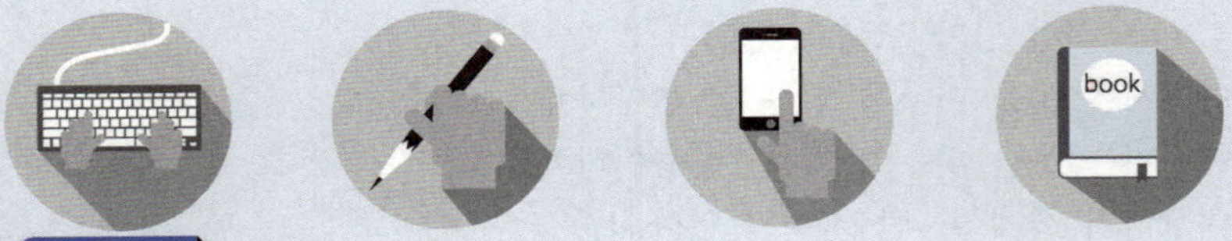


# 마치는 말

## 읽고 쓰기는 모든 학문의 중심

시카고 대학은 인류의 지적 유산인 인문 고전도서 100권을 읽지 않은 학생은 졸업시키지 않는다. 지적 능력이 평균 이하였던 어린 아인슈타인이나 어린 에디슨을 천재적인 두뇌를 가진 인재로 변화시킨 건 독서라는 사실을 알고 있다. 로버트 허친스 총장은 의무적으로 동서양 고전을 읽는 '시카고 플랜'을 시행했는데, 오늘날 시카고 대학 출신의 노벨상 수상자는 하버드대보다도 많다.

시카고 플랜은 첫째, 자신에게 가장 알맞은 닮고 싶은 위인을 한 명 선택하라. 둘째, 인생의 좌우명이 될 수 있는 가치를 발견하라. 셋째, 스스로 발견한 가치를 추구하기 위한 꿈을 가져라. 처음에는 아무런 변화가 없었지만, 학생들의 책읽기가 30권, 50권을 넘어가면서 뚜렷하게 변하기 시작했다. 위대한 고전을 쓴 저자들의 사고가 학생들의 머릿속에 서서히 자리 잡기 시작하면서부터다.

미국에서의 글쓰기 교육은 1636년에 시작되었다 하니 역사가 약 100년 이상이다. 영어를 배우러 많은 유학생들이 미국으로 건너오고 글쓰기 강좌는 이미 독립 학문으로 자리잡았다. 하버드 대학의 경우 매주 12시간 정도 글쓰기 수업을 한다. 자습과 독서, 논문 작성, 리포트 작성 등을 감안하면, 매주 30시간 정도 글쓰기에 투자하는 셈이다. 메사추세츠 공과대학(MIT)은 매년 수백만 달러를 투자한다. 글쓰기를 가르치는 사람들은 소설가 · 에세이 작가 · 시인 · 번역가 · 전기 작가 · 역사가 · 과학자로 다채롭다.

미국 대학 교육은 글쓰기로 시작해서 글쓰기로 끝난다. 읽고 쓰는 것은 모든 학문의 기초이자 중심이고, 사실 그 모든 것이다. 읽지 않고 쓸 수 없고, 쓰는 사람이 없으면 읽을 수 없다. 공대생이 무슨 글을 쓸 일이 있을까? 미대생이 무슨 글을 쓸 일이 있을까? 경영대생이 무슨 글을 쓸 일이 있을까? 위대한 과학자 가운데는 위대한 작가가 많다. 예술가 중에도 위대한 작가가 많다. 그들의 글쓰기 능력이 그들의 생각과 학문적 연구에 날개를 달아준 것이다.

글쓰기는 아주 필수적인 도구다. 기술이 빠르게 변하는 정보화 시대에 커뮤니케이션은 매우 중요한 역할을 한다. 이제 글쓰기는 단순히 생각이나 지식을 전달하는 것이 아니라, 생각을 만들어내고 지식을 구성하는 데 중요한 역할을 한다. 글을 잘 쓰는 사람이 사고가 명확한 건 원래 뛰어나서 글을 잘 쓴 것이라기보다, 글을 쓰면서 뛰어난 사고력을 갖게 된 것이라는 편이 더 설득력 있다. 고급인력일수록 글쓰기에 뛰어난 능력을 발휘하는 것으로 알려져 있다. 직장인의 경우 제출하는 보고서가 결국 '승진청원서'가 되는 건지 모른다.

사회로 나아가지 전에 갖게 되는 대학의 글쓰기 교육은 정말 소중한 시간이다. 학생들은 작가의 꿈이 아니라 해도 커뮤니케이션 도구로서 활용하기 위해 글쓰기를 좀 더 체계적으로 공부하는 데 앞으로 힘을 기울여주었으면 한다. 이제 끝이 아니라 지금부터 재미있게 글쓰기 할 수 있는 시작이다. 글쓰기는 하면 할수록 여러분에게 소중한 재산이 된다는 것을 실감하게 될 것이다. 여러분을 성장시키고 여러분을 한 차원 다른 길로 안내하기 때문이다.

저자 약력

## 전미옥

- 저자 전미옥은 한글날 태어나 '글'과 관련된 일을 직업으로 해왔다. 도서출판 열화당에서 '책'을 만들었고, 대우중공업 홍보실에서 사보 '잡지'를 만들었으며, 서울경제신문사 〈어린이서울경제〉 편집장으로 '신문' 매체를 만들었다. 그동안 강연, 방송, 집필, 저술 활동을 통해 스토리 전문가, 콘텐츠 전문가로 활동해왔다.
- 2018년부터 중부대학교 교양학부 교수로서 대학생을 위한 인생설계와 진로설계, 대학생의 글쓰기와 말하기 등을 강의하면서, 대학생들이 스스로 가진 콘텐츠를 발견하고 표현함으로써 자기 역량을 높일 수 있는 길을 고민해왔다. 이 책은 그런 고민의 결과물이자 제안이다.
- 쓴 책으로는 『저는 일보다 사람이 어렵습니다』, 『대한민국 20대 말이 통하는 사람이 돼라』, 『오래 뜨겁게 일한다』, 『스토리라이팅』 등이 있다.

## 권정언

- 저자 권정언은 사람, 성장, 상호작용에 대해 관심을 갖고 공부하며 일해 왔다. 이화여대에서 심리학 학사, 교육공학 석사, 중앙대에서 인적자원개발학(HRD) 박사학위를 받았다. 교수설계자이자 컨설턴트로서 PSI컨설팅, 토마스인터내쇼날, 한국생산성본부에서 일했고, CJ인재원과 CJ ENM 등 CJ그룹에서 인재개발 팀장이자 부장으로 역할을 수행했다.
- 현재 중부대학교 원격대학원 진로직업컨설팅학과 학과장으로 삶의 이유와 가치를 세워 미래를 만드는 진로 여정의 최고 전문가 양성 기관을 만들고자 노력하고 있다. 특히 학부생을 대상으로 한 '창의적사고' 과목을 통해 4차 산업혁명시대에 걸맞은 문제해결력과 창의적 마인드를 갖춘 인재양성에도 힘쓰고 있다.
- 쓴 책으로는 『새로운 관점을 디자인하라』, 『기업교육 프로그램 개발의 이론과 실제』 등이 있으며, 환경부와 근로복지공단 자문교수로 활동 중이다.

대학생을 위한 글과 사고

2018년 9월  5일 초판 1쇄 인쇄
2018년 9월 10일 초판 1쇄 발행

지은이 전미옥 · 권정언
펴낸이 진욱상
펴낸곳 (주)백산출판사
교 정 편집부
본문디자인 오행복
표지디자인 오정은

저자와의 합의하에 인지첩부 생략

등 록 2017년 5월 29일 제406-2017-000058호
주 소 경기도 파주시 회동길 370(백산빌딩 3층)
전 화 02-914-1621(代)
팩 스 031-955-9911
이메일 edit@ibaeksan.kr
홈페이지 www.ibaeksan.kr

ISBN 979-11-88892-89-1 03800
값 18,000원